Histoire Du Mont Saint-Michel Et De L'ancien Diocèse D'avranches: Depuis Les Temps Les Plus Reculés Jusqu'à Nos Jours, Volume 2

Jean Jacques Desroches

Histoire

DU
MONT SAINT-MICHEL

ET DE
L'ANCIEN DIOCÈSE

D'AVRANCHES

DEPUIS LES TEMPS LES PLUS RECULÉS JUSQU'A NOS JOURS,

PUBLIÉE D'APRÈS LES CHARTES, CARTULAIRES ET MANUSCRITS TROUVÉS
AU MONT SAINT-MICHEL, A LA TOUR DE LONDRES ET
DANS LES BIBLIOTHÈQUES DE LA FRANCE
ET DE L'ÉTRANGER,

PAR

L'ABBÉ DESROCHES,

CURÉ DE FOLLIGNY.

TOME SECOND.

CAEN,

CHEZ MANCEL, LIBRAIRE, EDITEUR DES MÉMOIRES
DE LA SOCIÉTÉ DES ANTIQUAIRES, DES OUVRAGES DE L'ABBÉ DE
LA RUE, ET D'UN GRAND NOMBRE DE PUBLICATIONS
RELATIFS A LA NORMANDIE.

1838.

CHAPITRE XIV.

XIVe. SIÈCLE.

L'AN 1299, Guillaume-du-Château succéda à Jean
Le Faë, abbé du Mont St.-Michel. Un nécrologe latin de
l'abbaye fut rédigé vers ce temps et continué dans la
suite (1). On y trouve les noms des abbés, des religieux,

---

(1) L'écriture est de ce temps ; on a mis entre deux crochets ce qui
est d'une écriture plus récente.

des bienfaiteurs, des amis, des associés du monastère, qui étaient décédés. Voici les noms de ceux qui jouissaient de quelque célébrité dans le monde.

JANVIER.

Aux nones de janvier mourut Martin, abbé.

Le II des nones, Jean, abbé; le VII des ides, les abbés Hildebert et Téodoric, et aux ides, l'abbé Robert. Les abbés Robert, Jean, Richard, Guillaume, Robert et l'évêque Geoffroi moururent également en ce même mois, le XIX, le XVIII, le XV, le XI et le IX des calendes de février.

FÉVRIER.

IIII	nones	Hamelin, évêque.
VI	ides	(Pierre du Homme).
IIII	—	Jean, abbé.
III	—	Guillaume, abbé.
	—	Jean, abbé.
XVI	calendes	de mars. Jean, abbé.
XIIII	—	Jean, abbé.
XIII	—	Vivien, évêque de Coutances.
XI	—	Nicolas, abbé.
X	—	le comte Conan et Richard du Hommet.
X	—	Thomas, abbé.
IIII	—	Gonor, femme.
II	—	(Pierre, abbé de Savigny).

MARS.

XVII	calendes	d'avril. Robert, abbé (et maître Pierre-le-Charpentier, père de Raoul).
XIII	—	Roger, abbé.
V	—	Guillaume de Brae (et Gui de Curé dans le XIV°. siècle).

IIII calendes (Nicolas de Savigny).

AVRIL.

		(Jean, abbé).
IIII	nones	(Agnès de Brécey).
IIII	ides	Guillaume, comte de Poitiers.
	—	Louis, comte de Chartres.
XVIII	calendes	Hildebert, abbé.
XII	—	Robert, abbé.
XI	—	Robert, évêque.
VI	—	Guillaume, abbé.
IIII	—	Robert, abbé.
III	—	Anne, mère de R. de Carnet.

MAI.

		Mathilde, reine d'Angleterre.
XIII	calendes	Geoffroi, abbé.
VIII	—	les abbés Pierre et Guillaume.
VII	—	l'archevêque Robert.

JUIN.

		Robert, abbé.
IIII	ides	Robert, abbé.
II	—	Radulphe, abbé.
XIII	calendes	les abbés Radulphe et Roger.
VI	—	Main, archevêque.
V	—	Guillaume, abbé.
IIII	—	Geoffroi, clerc des Pas.
II	—	Nigel, écuyer.

JUILLET.

V	nones	Flaud, écuyer.
III	—	Aubert, évêque.
II	—	Osmond, évêque.

VIII	ides	Geoffroi, abbé.
V	—	Geoffroi, abbé.
XVII	calendes	Jean, abbé.
VIII	—	le comte Geoffroi.

AOUT.

		Radulfe, abbé.
VIII	ides	les abbés Radulphe et Geoffroi.
III	—	(Guillaume de Savigny).
XVIII	calendes	(Pierre de Savigny).
XVII	—	Roger, abbé.
XVI	—	Jean, abbé.
XII	—	la comtesse Alfride.
VII	—	Richard, abbé.
V	—	la comtesse Mathilde.
IIII	—	Radulfe, abbé.

SEPTEMBRE.

II	nones	le comte Guillaume.
VIII	ides	le comte Geoffroi.
VII	—	le comte Herbert.
III	—	le comte Geoffroi.
II	—	le comte Lanbert.
	—	l'abbé Bernard.
XII	calendes	(Radulphe de Savigny).
V	—	Hugues, évêque.
III	—	(deux pélerins décédés en ce Mont l'an M. CCCC III).
III	—	la comtesse Mabile.
II	—	Guillaume, abbé.

OCTOBRE.

VI	nones	Pierre, abbé.

V	nones	le comte Henri.
VII	ides	Eudes de Cherrué.
V	—	Guillaume, comte d'Arondel.
XVI	calendes	Robert, abbé.
XIIII	—	Radulfe, abbé.
XIII	—	Theobalde, évêque.
V	—	le comte Hugues.
III	—	Roger, abbé.
II	—	le comte Robert.

NOVEMBRE.

VIII	ides	le comte Robert.
IIII	—	Roger.
III	—	Alger, évêque. (Pierre de Savigny.)
XVI	calendes	la comtesse Emme.
XV	—	Tustin, abbé.
XII	—	Robert, abbé.
II	—	(Guérin des Pas).

DÉCEMBRE.

		Michel, archevêque, et la comtesse Berthe.
VIII	ides	Guillaume, abbé.
VI	—	Hubert, évêque.
IIII	—	Roger, abbé.
XVI	calendes	Richard, abbé.
VII	—	Theoderic, abbé.
IIII	—	Robert, abbé (1).

Guillaume-du-Château, qui était avant son élection moine profès de ce Mont, fut bénit par l'évêque d'A-

---

(1) Voyez le manuscrit ou une collection de manuscrits, n°. 14, à la bibl. d'Avranches.

6

vranches. Sa prudence et ses autres bonnes qualités le firent estimer du roi Philippe-le-Bel. Pendant son gouvernement, le 13 juillet 1300, la foudre tomba sur l'église, les cloches furent fondues, les toits de l'église, du dortoir et de plusieurs autres bâtimens furent brûlés ; l'incendie gagna la ville et dévora presque toutes les habitations. C'était la cinquième fois que ce monastère devenait la proie des flammes. Six ans après, l'église fut entièrement réparée, et l'abbé fit ensuite reconstruire les bâtimens de la cité. Dans un pélerinage qu'il fit à ce Mont, le roi Philippe vint au secours de ces pauvres religieux; l'évêque d'Avranches, Nicolas de Lusarches (1), qui avait succédé à Geoffroi-le-Charpentier ou plutôt le Boucher (2), visita aussi deux fois ce saint lieu, mais avec des pensées bien différentes : la première fois, c'était pour y conférer les ordres sacrés, ce qui était contraire au privilége des religieux ; et la seconde fois, c'était comme maître. L'abbé parut devant lui, la crosse en main et la mitre sur la tête, environné de ses religieux. On doit à cet abbé un manuscrit ou registre ouvert par ses ordres, pour y insérer les actes publics de son temps (3). Voici ce qui nous y a paru de plus remarquable : il établit garde de la porte de l'abbaye,

(1) Lusarches est une petite ville de l'île de France.

(2) Voici ce que nous avons trouvé dans le livre vert du chapitre d'Avranches : anno domini m° cc° nonagesimo tercio fuit electus magister Gaufridus dictus Carnifex de villa Dei thesaurarius Abrin. et canonicus Parisiensis in episcopum Abrin.

(3) L'écriture est du commencement de ce xiv°. siècle ; il est intitulé : Registrum litterarum sub sigillis nostris confectarum. Voyez le manuscrit ou collection n°. 34.

l'écuyer Pierre de Toufou, et il lui assigna pour pension deux pains par jour et vingt-cinq sous de monnaie commune chaque année. Guillaume-le-Carpentier
acheta une place dans la ville du Mont St.-Michel, entre
la maison de Robert Pironant et la propriété de Raoul
Bouchot, au prix de trente sous, monnaie de Tours.
Un autre fit une offrande à St. Michel de 14 livres de
pension annuelle, et les religieux s'obligèrent de lui
donner pendant sa vie, chaque jour, deux pains blancs,
une robe et un tonneau de vin du couvent chaque année.
Le même abbé accorda une quarte de vin de Bryon à
Étienne Bouchart et à Pierre Toufou, trois quartes du
même vin à Jean-le-Barbier, tous les jours ; et tous les
ans un tonneau dans la vendange à Yvon Jamin et à
Jeanne son épouse, et deux tonneaux à Guillaume Pa-
lière et à son épouse Thomasse de Dragey. Ce vin de
Bryon, dans la paroisse de Genest, était fort estimé
par les moines du Mont St.-Michel, et les manuscrits at-
testent qu'il était excellent (1). Il y est aussi beaucoup
parlé du vin de Gascogne ; l'abbé Guillaume en reçut dix
tonneaux l'an 1310, et en accorda un à Richard du
Parc et d'autres récompenses pour vingt-cinq livres de
rente qu'il en avait reçues (2).

(1) Noverit universitas vestra... Petrus de Toufou armiger... eidem dedimus duos panes unum pichinum unum conventualem... xxv solidos
monete currentis pro calciamentis et aliis suis necessitatibus.... In
nostra porta custodienda... nos Guillelmo Carpentar tradidimus
quamdam plateam.... Nicholae unum dolium vini conventualis...
duos panes albos... unam robam consimilem clericis nostris... Stephano Bouchart unam quartam vini de Bryon.... tres quartas vini
boni de Brion... unum dolium vini de Brione in vindemia Ivoni...
Voyez le manuscrit Registrum litterarum, etc.

(2) A dicto Remondo de Vinaris presbitere... decem dolia vini Vascon.... Ricardi de Parco et Agnetis ejus uxoris.... duas robas consi-
miles magnis clericis nostris et unum dolium vini Vascon..... Manuscrit Registrum, etc.

Enfin , on trouve encore que cet abbé établit Robert Roussel , écuyer , son procureur pour le service dû au roi dans son armée de Flandres (1) ; il mourut à Mont-Ruant , le 11 septembre 1314. La même année , le chapitre , afin de soutenir ses droits devant la justice du roi d'Angleterre , envoya en ce royaume Olivier-le-Moyne, avec plein pouvoir de régler tous les différends ; parce qu'alors on leur contestait quelques-unes de leurs possessions. A cette même époque , dans l'église collégiale de Aukland , deux chanoines , appelés Robert Avenel et Geoffroi de Vezins , furent condamnés à recevoir des vi-caires et à leur faire une pension (2). Apparemment que ces religieux n'étaient pas assez fidèles à s'acquitter de leurs devoirs.

Le chapitre du Mont St.-Michel choisit pour succéder à Guillaume-du-Château le prieur de St.-Pair, Jean de la Porte. Le nouvel abbé se présenta pour être bénit au chapitre d'Avranches ; le siége étant vacant (3). Nicolas de Lusarches , qui laissa peu de souvenirs , avait eu pour successeur Michel de Pontorson , qui se rendit recommandable par sa grande douceur et par son af-fection envers ses diocésains , et particulièrement en-

(1) Quòd nos Robertum Roussel constituimus procuratorem nos-trum .. pro sermencio debito regi faciendo in exercitu suo Flan-drensi.... Manuscrit Registrum, etc. , anno m° ccc° xm.

(2) Monasticum Anglic. t. m, p. 4t.

(3) Impetrata... ad regi Philippo... vocatis omnibus... Joannem de Porta priore de sancto Paterno.... presentatus fuit sede vacante... dederunt licentiam.... iter arripuit ad regem... se obtulit ad fidelita-tem prestandam.... data ei littera cujus tenor talis Philippus Dei gra-rex Francie ballivo constant. salut. abbatem monasterii S. Michaelis per prestato nobis juramento fidelitatis in quo nobis tenetur de que ipsum usque ad..... Pentecostes... non compellas aliquatenus aut me lestes ejusdem... m° ccc° uno decimo. Manuscrit Registrum , etc.

vers son clergé. La mort l'enleva trop tôt ; il ne gouverna ce diocèse que dix-sept mois. Jean de la Mouche, fils de Jean de la Mouche écuyer, mort en 1302, et Jean Tesson, curé de la paroisse de la Godefroy, prétendirent avoir droit sur ce siége ; c'étaient deux seigneurs également puissans. Le pape évoqua cette cause à son tribunal, et la jugea en faveur de Jean de la Mouche.

Cet évêque était né dans le château de la Mouche, au diocèse d'Avranches. On voit encore les ruines de ce château, ainsi que celles de la chapelle de ce vieux castel, qui était autrefois une église paroissiale appelée St.-Pierre de Plane.

On lit dans quelques vieux titres, qu'un troisième compétiteur, nommé Guillaume, se présenta pareillement pour occuper ce siége, mais sans succès. Jean de la Porte, dans cet intervalle, fut renvoyé par le chapitre à l'évêque de Dol, qui le bénit, en présence de l'abbé de la Luserne ; ensuite il se rendit vers le roi pour lui jurer fidélité, et il en obtint une lettre, où il était défendu de lui causer quelque dommage. A son arrivée au monastère, il s'occupa de ses propriétés en Angleterre, et le roi Edouard lui recommanda un de ses clercs, appelé Jean de Fontene (1). Les religieux du

(1) Eduardus Dei gra. rex Anglie dominus Hybernie et dux Aquitanie dilectis omnibus in Christo abbati et conventui Montis S. Michaelis salutem cum vos ratione nove creationis vestre prefate abbas teneamini unum de clericis nostris quod vobis... in quadam pensione annua de domo vestra quo usque per vos de beneficio ecclesiastico.... permissum fuerit percipiend. at nos dilectum nostrum Johannem de Fontene vobis ad hoc dignum vocandum vobis mandamus rogamusque eciam eidem clerico nostro talem pensionem annuam de domo vestra predicta concedatis... has nostras litteras....
Ad rogatum predicti excellentissimi regis consideratis litteris memoratis sperantes dictum clericum in nostris negociis patrocinia pres-

Mont St.-Michel possédaient encore alors en ce royaume presque tous leurs anciens biens ; dans le chapitre tenu en ce Mont en 1316, ils nommèrent deux de leurs frères pour aller y occuper leurs deux prieurés.

Ceux qui les tenaient s'étaient démis de leur charge pour cause d'infirmités ; c'est ce que nous lisons dans le grand registre des actes publics de cette abbaye, continué par Jean de la Porte (1), où nous trouvons également une lettre de ce même abbé à la reine de France, ainsi conçue : « A tres excellente dame ma-
« dame Johane par la grace de Dieu, reine de France et
« de Navarre, ses humbles chappelains l'abbé et le cou-
« vent du Mont St.-Michel, en peril de la mer, salut en
« N. S. tres excellente dame et reine sous la regle
« nous somes touz sostenus come vous en avez mande
« par vos lettres que nous recussions Guillemin de Govez
« en frere et en moigne jusque en hadministration
« vivre et vetement comme il appartient et comme au-

titurum eidem clerico quinque marchas argenti per manum prioris nostri de octritonnia quousque eidem permissum extiterit de beneficio ecclesiastico .. anno Dom. M. ccc° xv°.

(1) Anno ab incarnatione domini M° ccc° decimo sexto die mercurii in vigilia sancti Johannis Baptiste abbate conventu omnibus prioribus et sociis eorumdem presentibus in capitulo quatuor exceptis socio de cornubia socio de octritonia socio de Ithou et socio cenom. injuncta fuit obedientia fratri Ricardo de Altodono ire ad prioratum de octritonia et eadem die juravit in capitulo omnibus predictis presentibus venire ad abbatiam de triamo in triamum ni in contrarium excusationem legitimam pretenderet et efficacem necnon redderet pensionem consuetam pro ut predecessores reddere consueverant. Anno et die supradictis omnibus prenominatis presentibus in capitulo constitutus fuit frater Petrus de Harvilla prior prioratus de cornubia et juravit venire ad abbatiam post triamum quotiescumque super hoc fieret requisitus ni legitima se excusatione valeret excusari.......
Prior de cornubia corporis laboribus debilitatus.... eodem modo resignavit frater Robertus Louel prioratum de octritonia ut superius continetur in resignatione fratris prioris de cornubia... Voyez n°. 34.

« trefeiz le nous avez mande sans feson a vostre ex-
« cellence et a vostre commandement obeisson bonne-
« ment et obeiron touzjors et aurions mile grace que
« il vous pleust de se faire que le dit Guill de qui
« navions nulle connoissance fut tele personne que
« il tournast au profit et au salu de lame de vous
« et que nostre religion et nostre monastere en vaustest
« plus en temps advenir. »

C'est ainsi que dans ce temps, les rois d'Angleterre
et les reines de France recommandaient aux abbés de ce
Mont quelques-uns de leurs fidèles serviteurs. Ce même
abbé fieffa plusieurs maisons et plusieurs pièces de terre
à divers particuliers ; une de ces maisons, à Thomas
Cohihée, chantre de la cathédrale d'Avranches, située
dans la paroisse de Ste.-Marie des Champs près d'A-
vranches, touchant la rue appelée la Dorée (1). Voici
un accord que cet abbé fit avec un habitant de l'ancienne cité des Biards :

« A touz ceus qui ces letres verout ou oirout labbe
« et le couent du Mont seint Michel saluz en nostre
« segnor come Johan Pochey ne des Biards fust tenu
« a nos pouveirs de VII** tonaus de vin de Gastoigne
« deu teror de Bergerac por mil e cinc cenz e v lib e
« nos lieuson balle nostre anagneur de Breteville por
« XVIIIᶜᶜ en toute deus por des diz vins en nos enten-
« dant le outre plus sti lest a savoir IIIᶜᶜ lib v souz memes.

(1) Manuscrit Registrum, etc , où on lit : in perpetuum feodum
quamdam domum una cum orto in quo fundatur.... et butat ex uno
buto ad hebergamentum heredum. Michaelis Le Plevoin pro quadraginta sol....... quamdam peciam terre una cum quadam domo ibidem
situata.... butante ex uno capite ad viam per quam itur de Genez
apud Brion.... peciam terre apud Ardevon que butat ad aquam de
Bolenois et ex alio ad cheminum de Marisco.... etc.

« Sachent touz que nos nos tenons apaiez des ditz vins
« et de la dite ferme por cette anee passee le dit Jehan
« chalangeant a nos demander aucune restitucion de la
« presente des diz tonauz de vin et fesant en pro-
« testacion e nos deu contrere en tesmoing de ce nos
« avons selees ces presentes letres donne lan de grace
« mil et ccc xvii lendemein de la seint Martin dette (1).

Cet abbé augmenta son abbaye de plusieurs belles
possessions, tint tout dans un très-bon ordre, et
eut un soin très-particulier de l'observance régulière ;
il marchait lui-même dans la voie de la patience et de
la charité, et Dieu l'avait donné pour modèle aux religieux de son abbaye.

Le Mont St.-Michel avait été exempt de garnison jusqu'à son temps. L'an 1324, Guillaume de Merle, capitaine des ports et des frontières de Normandie, sous
le règne de Charles IV, envoya de son autorité et de
son chef un soldat avec cinq serviteurs pour garder
cette place ; ils furent reçus par Jean de la Porte, et
logés dans la demeure ordinaire des portiers. On vit
reluire le courage et la prudence de cet abbé dans
cette circonstance difficile. Bientôt ces soldats prétendirent au nom de leur chef être payés des deniers de
l'abbaye ; l'abbé leur résista, eut recours au roi
Charles-le-Bel, et l'an 1326, le monarque fit expédier
une lettre adressée aux sieurs Bertrand, Boniface et
Pierre de Macery, ses conseillers et réformateurs des
états de Normandie, leur commandant d'apporter tous
leurs soins à cette affaire. Il fut reconnu que, depuis

(1) Manuscrit Registrum, etc.

708, l'abbaye s'était gouvernée elle-même, et maintenue en l'obéissance de ses légitimes souverains. Les
chanoines s'étaient fait garder par leurs domestiques ;
les religieux établirent des défenseurs illustres pour les
secourir, et les ducs de Normandie et les rois de France
approuvèrent une garde si honorable.

Jean de la Porte fit compulser les anciens titres de son
abbaye, et des extraits qui en furent tirés et écrits dans
ces temps, et qui nous ont été conservés, font voir
quels étaient les seigneurs qui, dans le XIIe et le XIIIe.
siècle, en temps de guerre, devaient en l'acquit des
religieux de ce Mont le service militaire, et veiller
à la garde de leur monastère. Dans le XIIe. c'étaient
Foulques Painel, de l'antique maison des Paisnel (1) ;
Guillaume de St.-Jean-le-Thomas, si célèbre dans les
fastes de la *Normandie*; Aschulphe de Suligny, un des
seigneurs les plus riches de l'Avranchin ; Guillaume
d'Avranches, qui voulut être enterré au Mont St.-Michel ;

(1) Le titre : anno domini mo co lxxii facta est hec intitulatio de
Humo milite et vavass. hujus ecclesie ex precepto dom. regis Henrici
secundi.

Anno Domini m°c° lxxii convenerunt omnes barones Normannie Ca-
domi in nativitate beate Marie Virginis ex precepto regis Henrici secundi et ibi recognitum fuit ab unoquoque baronum ante justiciam
regis quot milites unusquisque baronum debet ad servicium regis et
quot haberet ad suum proprium servicium et unusquisque baronum
fecerunt duos breves unum cum sigillo alterum sine sigillo in sigillato
autem erat tantummodo numerus militum quos debebant regi in al-
tero non sigillato erant nomina eorumdem militum et partes et divi-
siones et omnes isti breves baronum tam sigillati quam non asportati
sunt et positi in thesaurario regis et pro hoc fecit Robertus abbas hanc
intitulationem.

Anno Dom. mo co liiii Robertus abbas venit ad regimen ecclesie
montis. Ut de minimis taceamus isti barones fecerunt ei homagia de
tenementis que tenebant de ecclesia beati Michaelis Fulcho Pagi-
nellus apud sanctum Paternum Guillelmus de sancto Johanne.........
Voyez la continuation du cartulaire du Mont St.-Michel à la bibl.
d'Avr.

Guillaume Avenel, guerrier célèbre, pour le fief du Mesnil Adelée ; Guillaume, fils d'Aschulphe de Suligny ; Gillebert d'Avranches, Jourdain Tesson et Radulphe Tesson. Un seigneur appelé Radulphe Tesson, fils de Guillaume Paisnel, donna au chapitre d'Avranches, l'an 1254, toute la dîme de Monviron qu'il possédait par droit héréditaire (1).

Les maréchaux de Bretteville, Robert de Briencourt et Geoffroi de Venoiz ; Guillaume, chambellan de Tancarville ; Guillaume de Braie, Eudes de Tanis et autres barons de l'Avranchin ; Robert de St.-Jean, pour le fief d'Alain, dont il avait épousé la fille ; Hugues, fils d'Hamelin, et Rainald Grimbold ; Jean de Cherbourg, échanson, pour le village de Melverne ; Guillaume de Orval, Robert de Tot et Rainald du Mesnil, Jean de Suligni, Hugues Malherbe, Guillaume de Muneville, Robert de Missi, Raoul de Cléci, Robert Taillebois, le comte de Chester, pour la moitié du fief de Bacilly, de Vergoncey, de Plomb et de la Beslière : voilà les barons, qui, en ce siècle, vinrent faire hommage à l'abbé du Mont St.-Michel pour les fiefs qu'ils tenaient de lui. Il devait sept chevaliers avec leurs cuirasses, pour le service du roi ; trois dans l'Avranchin, trois dans le Cotentin et un dans le Bessin. Dans l'Avranchin, le comte de Chester, pour son fief de Bacilly, et Guillaume de St-.Jean, pour celui de St.-Jean-le-Thomas, devaient un chevalier ; Raoul de Fulgère, pour celui

---

(1) Ego Radulfus Tesson miles de Rocha salutem.... pro salute a me patris mei Guillelmi Paganelli et anniversario faciendo sing annis pro illo in ecclesia Abrinc. dedi decimam totam in Monteviri jure hereditario habebam.... 1254. Livre vert.

de Bouillon, de Chavoi et d'une partie de Lolif, en devait un second ; mais ce service devait être fait en son acquit par Bertrand de Verdun, fils de Normand. Néanmoins Raoul devait encore un tiers de chevalier pour son fief de Moidrey ; Eudes de Tanis, Thomas de Beauvoir et Roger Baillard devaient un second tiers, dont deux parties étaient dues par Eudes seul, et l'autre par les deux autres seigneurs ; et de cette troisième partie, deux tiers par Thomas de Beauvoir, et l'autre tiers par Roger Baillard : enfin le dernier tiers de ce troisième chevalier était achevé par Guillaume d'Avranches, pour le fief de Noyent, qu'il tenait de St.-Michel, et par Hamon et Ruall seigneurs de Macé ; toutefois Guillaume d'Avranches en devait trois parties et les deux autres n'en devaient que la quatrième.

Dans le Cotentin, Foulques Paisnel était obligé de fournir un chevalier pour les fiefs de Bricqueville et de Unnoville ; mais ce seigneur avait chargé de ce service Geoffroi de Bricqueville. Guillaume de la Mouche en devait un second pour le Mesnildrey et St.-Ursin ; Robert Dubois devait le troisième. A ce dernier service militaire devaient contribuer le fief de Croan, que tenaient Geoffroi de Bricqueville et Guillaume de Verdun, la masure Herix tenue par Robert de Montaigle, et enfin Guillaume de Lesaux. Le secours qu'ils portaient à Robert Dubois, c'était d'aller se rendre au Mont St.-Michel, quand les bruits de guerre se faisaient entendre, et de le défendre contre les assauts de l'ennemi (1).

_____

(1) Robertus de Boscho debet unum militem et auxiliatur ei ad hoc servicium feudum de Croem quod tenent Gaufredus de Briccheville et Will de Verdun et masura Herix quam tenet Rob. de monte

16

Mais voici ceux qui étaient la garde et qui faisaient la force des religieux : d'abord les vavasseurs de l'Avranchin devaient le service à l'église du Mont avec le bouclier et la lance ; Hoel, avec le bouclier et la lance ; c'était un libre vavasseur, et de même Eudes de Tanis. Ce dernier possédait deux vavassories ; l'une à Huynes et l'autre à Ardevon, tenue de lui par Ruelin du Homme. Guillaume Chauceboeuf tenait également deux nobles ou libres vavassories, le fief de Badelun et le fief de son père. Thomas de Beauvoir avait aussi sa vavassorie franche et noble. Le fief de Roger-le-Roux et celui de Roger de Curé jouissaient du même privilége. Géduin de Aucey, Geoffroy fils de Michel, Aschille Bresard, Guillaume de Braie, Ruelin de Macey et Hamon de Macé étaient des vavasseurs nobles et libres. Tous ces seigneurs, célèbres dans les vieilles chroniques de l'Avranchin (1), se reconnaissaient chevaliers de St.-Michel, et juraient de défendre son église et la religion avec le bouclier et la lance.

Dans la baronnie de la Croix, en Avranchin, Richard de Villiers, Guillaume de Braie, Maurice de Ruffigni et Amelin de Bourdonnet, étaient obligés de garder une des portes du château de Saint-James, lorsque l'armée de Normandie combattait ailleurs. Leurs vavassories étaient

Aquile et Will. de Leseaux. Auxilia Rob. de Boscho faciunt custodiam apud montem.
Isti sunt vavassores de Abrincatino ad servicium ecclesie monti cum scuto et lancea.
Hoel lib vavassor cum scuto et lancea.
Eudo de Tania similiter.
Voyez la continuation du beau cartulaire du Mont St.-Michel.

(1) Voyez la continuation du beau cartulaire du Mont St.-Michel.

aussi franches et nobles (1). La baronnie de Genest
en avait trois de cette qualité : le fief de Hugues-le-Pane-
tier, celui de Guillaume, fils de Morin, et celui de Raoul,
fils de Guimond, que tint ensuite Guillaume de Verdun.
Dans la baronnie de Saint-Pair, le comte d'Arondel possédait la noble et franche vavassorie de Longueville, et de
même la moitié de Donville ; l'autre moitié était tenue
également en libre et noble vavassorie par Alain de
Saint-Pierre. Les fiefs de Chanteloup, de Saint-Martin-
le-Vieux, de la moitié de Bréville, de Tortezavate, de
Tiffy et de Foulbec, étaient tenus par Foulques Paisnel,
avec le même privilége. Mahire-Chanceboeuf était aussi
libre vavasseur. Il avait plu aux religieux de recevoir, au
lieu de Raoul de Poterel, Nicolas de Tot en libre vavasseur
pour le fief de Hérengaville. Il devait aussi servir avec
le bouclier et la lance. Le seigneur Geoffroi Baudouin
était encore un libre vavasseur ; mais voici ceux qui tenaient de Saint-Michel des vavassories non franches :
Philippe de Leseault, Ranulphe de Névil, Reginald de
Bréville, vavasseur de Pirou et du service de Saint-Pair ;
Guillaume de Saint-Jean qui possédait à Iquelon les quatre
vavassories de Malleregard, de Geoffroi de Gremville, de
Marsite et de Nigel de Gremville ; Hugues de Granville
avait le fief de Granville ; Guillaume de Gastigny, ceux
de Prime et de Gâtigny ; Philippe de Gremville était vavasseur à Gremville, et Roger de Pacy à Anscheteville,
du ministère de la Lande ; le comte de Chester tenait le
fief de la Beslière ; Foulques-Paisnel, le fief de Uchin, à

(1) Isti supradicti faciunt custodiam apud Montem preter illos de
honore crucis qui servant unam portam de castello sancti Jacobi
cum exercitus Normannie alicubi progreditur. Cartulaire du Mont.

Saint-Sauveur-la-Pommeraye ; Guillaume de Saint-Jean, les fiefs de Geoffroy-Meisme, de Torgelin et de Cornard, dans la même paroisse de la Pommeraye ; Richard de la Table était pareillement vavasseur dans celle de Saint-Jean-des-Champs ; enfin le fief de la Colombe, que tenait Jourdain Tesson, faisait la dixième partie de tout le service envers la baronnie de Saint-Pair.

Quand l'abbé du Mont Saint-Michel sortait de sa ville, il devait être entouré de ces guerriers armés de leurs boucliers et de leurs lances, et les hommes de ses vavassories vilaines portaient son linge et celui de ses moines ; mais quand on avait traversé les rivières et visité la cité d'Avranches, ou qu'on était arrivé dans quelque manoir prochain, ces seigneurs pouvaient se retirer pendant la nuit à leurs vieux castels ; tel était l'usage (1).

Guillaume-le-Camérier de Tancarville et Guillaume de Brée possédaient deux vavassories libres dans la baronnie de Bretheville ; mais les religieux n'avaient point affranchi les autres vavassories de Robert Bellet, qui tenait le fief d'Ardevon, de Robert de Missi, de Hugues de Maleherbe, de Radulphe, fils d'Auvred, et de Raoul Taillebois.

Les vavassories de Puncelin, de Raoul de Cléci, de Goel de Mundeville, de Gendevin de Verson et du moulin que Jourdain Tesson tenait de Saint-Michel et qu'il avait afféagé à Guillaume Patrice, continuèrent de payer sommage, service de cheval, deniers ou rentes.

(1) Isti supra notati de honore sancti Paterni qui sunt liberi vavassores faciunt custodiam apud Montem et procedunt cum scuto et lancea cum abbate si inde fuerint summoniti ad capiendum nummum vel ad alia negocia ita ut eodem die possent reverti domos suas et preter istos alii minuti vavassores quam plurimi faciunt custodiam apud Montem et portant pannos monachorum.

(Cartulaire.)

Dans le Bessin, les vavasseurs de Saint-Michel fournissaient un chevalier avec sa cuirasse et ses armes pour le service du duc de Normandie (1).

Les vavasseurs de Verson et de Breteville tenaient plusieurs terres de Saint-Michel; Guillaume de Tancarville, chambellan, possédait quarante acres de terre et 30 autres avec un moulin; Alexandre, chambellan du roi, 50 acres, et Richard de Verson, maréchal du roi, 60 acres. Guillaume de Brée, Godevin de Verson, Patrice, les maréchaux de Breteville, vavasseurs d'un moulin de Saint-Michel; Raoul Taillebois, de celui de Tourneht; Puncelin, Goel de Mundeville, Raoul de Cléci, Raoul, fils d'Alvrede; Robert de Missi, Hugues de Maleherbe, Robert Belet et Robert de la Martre, Roger, fils de Turstin; Guillaume, fils de Thierry; Robert de Bueville; Jean, fils de Robert, fils de Bernard; Francou, Gremville et Robert-le-Prêtre faisaient cultiver 840 acres de terre de Saint-Michel, qui redevinrent par leurs soins et par ceux des religieux, leurs seigneurs, des sources fécondes de richesses nationales; car les moines se livraient à l'agriculture; grâce à leurs travaux, les lieux marécageux se changeaient en plaines fertiles, et la nature reprenait un aspect plus riant.

Il fut également reconnu par les commissaires du roi que, dans le XIII°. siècle, une garde courageuse et honorable veillait aux barrières du Mont, et que les religieux en temps de guerre envoyaient au roi des chevaliers braves et fidèles. Foulques Paisnel en leur acquit (2) dé-

(1) Vavassores de Boiocasino inter Ounam et Viriam faciunt unum militem cum lorica et armis ad servicium domini Normannie... Continuat. du cartulaire du Mont, n°. 80.

(2) Anno Domini x° cc° xl° quinto regnante Ludovico rege Francie

vait en envoyer un pour son fief de Briqueville; Jean
de la Mouche, un second pour celui du Mesnildrey et
pour ce qu'il tenait des religieux dans la paroisse de Granville; le troisième, c'était le chevalier Robert Dubois qui
le devait fournir, et le hameau de Croan, dans la paroisse
de Saint-Aubin, l'aidait pour faire ce service. Le quatrième était dû dans l'Avranchin; Foulques Paisnel, pour
le village de Moidré, qui lui était fieffé, devait un tiers de
ce chevalier; Raoul du Mesnil Adelée, fils du seigneur
Guidon, chevalier, pour le village de Noiant, du second tiers, en devait trois parties (1), et le village
de Macey, la quatrième. Le village de Tanis faisait
deux parties du troisième tiers; celui de Beauvoir et le
fief de Roger-Baillard, la troisième; de sorte cependant
que, de cette dernière, le village de Beauvoir en devait
deux parties, et Roger-Baillard, l'autre. Le cinquième
chevalier était dû pour les fiefs de Verson et de Breteville (2).

filio Ludov. submoneri fecit idem Ludovicus exercitus suos per Normanniam ut irent in expeditionem in terram que Provincia nuncupatur ad quod tenementum Ricardus abbas Montis tunc temporis
submonitus fuit per Ballivum regis videlicet per Johannem de Do-
mibus ut haberet suos milites quos regi debebat apud Senonnensem
certa die ad quem diem et locum presentati fuerunt milites dicti abbatis mandato domini regis. unus militum fuit pro Fulc. Paganel....
secundus.... et pro hoc quod tenet de nobis in parrochia de Granvill.... Cont. du cartul.

(1) Et tunc satisfecit dictus Radulfus pro dictis tribus partibus abbati predicto iii decim libras Turon. pro se et participibus suis...
Cont. du cartul.

(2) Quintus vero miles fit per homines nostros de Verson et de
Bretevilla ita tamen quod solvunt vigenti libras Turon. et nichil
amplius et hoc est intelligendum quod per quadraginta dies per
quos miles moratur in expeditione huic decem solidos pro stipendiis
et sic sunt vigenti libre verum si miles intra brevem ternementum
videlicet octo dies aut păr măg aut păr minus reverteretur de li-
cencia regis non tamen propter hoc dicti homines solverent minus
quam vigenti libras domino abbati aut ejus mandato. Cont. du
cartul.

Mais voici les chevaliers et les écuyers qui devaient faire la garde au Mont Saint-Michel en temps de guerre, et qui rendirent hommage à l'abbé (1) : Guillaume le chambellan de Tancarville, les seigneurs Olivier Paisnel, Guillaume Paisnel, Robert de Brée, Geoffroi de Sacey, Guillaume de Brée, Geoffroi de la Champagne, Guillaume de Leseaux, Raoul d'Argouges et Normand de Chavoi, tous seigneurs très-distingués ; ceux qui suivent paraissaient l'être un peu moins. Ils ne sont point appelés seigneurs ; c'étaient Colin de Saint-Denys, Thomas Consel, pour son fief de Gâtigny ; Guillaume Baudouin, Raoul de Lavalay et Robert de Ver.

Tous ces titres furent produits aux réformateurs des états de Normandie ; ils citèrent devant eux Guillaume de Merle, qui refusa de comparaître. Les commissaires n'en jugèrent pas moins l'affaire ; les religieux furent déchargés du soin d'entretenir ces nouveaux soldats qu'ils n'avaient point appelés, et le roi confirma cette sentence. Le même monarque ayant appris que Guillaume Paisnel, qui avait succédé à la charge de Guillaume de Merle, marchait sur les traces de son prédécesseur et commandait à Robert de Brée, qu'il avait envoyé au Mont avec une garnison, de se faire payer des deniers de l'abbaye, défendit par ses lettres patentes d'imposer cette charge aux religieux ; l'abbé parvint même à renvoyer ces soldats et fit garder la place par ses hommes et ses serviteurs.

(1) Anno Domini Mᵒ ccᵒ ʟxᵒ quarto annotata fuerunt in ista pagina nomina militum et armigerum et eorum qui debent custodiam Montis tempore guerre qui fecerunt hommagia Nicholdo Alexandro tunc abbate ejusdem loci existente et eodem anno predicto... Continuation du cartulaire du Mont St.-Michel, vers la fin, nᵒ 80.

Jean de la Porte s'occupa dans ces temps de la re-
cherche de tous les titres de son abbaye ; il fit faire de
toutes les bulles, les chartes et les pancartes, un inventaire
qui nous est parvenu ; et voici ce qui nous y a paru de
plus curieux : il fit suspendre à un fil de soie, dans une
armoire privilégiée, plusieurs bulles des souverains pontifes (1). Il y en avait vingt-deux ainsi suspendues : c'é-
taient celles d'Alexandre III , d'Alexandre IV, d'Eu-
gène III , d'Adrien IV , de Clément V , de Grégoire
VIII , d'Innocent III , d'Innocent IV, de Honorius III,
de Boniface VIII , de Nicolas IV , et enfin celle de
Jean XXII , dont la bulle octroyée l'an 1330, fut ajou-
tée avec les autres. Dans les unes ; les souverains pontifes prenaient sous leur protection les religieux ; dans
d'autres , ils accordaient des indulgences aux pélerins , « a perpetuite , disait un historien du Mont au
« xv°. siècle, a tous visitans en estat de grace leglise
« du Mont seint Michel en péril de la mer le jour de la
« resurrection de nostre Seigneur Alexandre le quart
« octroiea c. jours , pape Jehan XXII°. c. jours. Pape
« Urban le Quint i an et xl jours , item en chascun jour
« de la dite octave de la dicte resurrection le dict pape
« Alexandre c. jours le dict pape Jehan xl jours (2). »

Dans d'autres bulles les souverains pontifes confirmaient
les biens des religieux : « à tous mes enfans dans le Seigneur,
disait Alexandre III , salut et bénédiction. Que l'on res-

---

(1) Privilegia in filo Serico. privilegia autem in filo cannabi non
hic intitulantur.

In armariolo privilegio.... in quo privilegia apostolica..... Manusc
Registrum... n°. 54.

(2) Chronique française du manuscrit , n°. 24.

pecte et que soient conservés les biens de ce monastère, le lieu où il est, la ville et les églises situées sur ce Mont, les villages et les églises d'Ardevon, d'Huisnes, de Beauvoir, des Pas, de Curé; le village de la Croix, Villiers, Balan et tout ce qui en dépend; le bourg de Beuvron, ses huit moulins et les terres qui sont à l'entour; les églises de Caugé et de Boucey, celle de Pontorson, une terre à la porte de cette ville et la dîme de tous les revenus du château; le village de Genest, l'église, les moulins et le marché; l'église de Dragey, le village, les vignes et le moulin; le village de Saint-Michel et 100 sous, monnaie du Mans, que doivent chaque année les chanoines de la Luserne, Bacilli et ce qui en dépend; le moulin du Comte, l'église de St.-Michel des Loups avec ce petit bourg; le moulin de la Haye, la forêt de Bivie, les pâturages et autres propriétés; enfin tous ses droits dans l'église d'Argouges. » C'est ainsi que parlait le souverain pontife; ensuite il expliquait quels étaient les biens des religieux dans les autres diocèses, et prononçait des anathèmes contre ceux qui entreprendraient d'y causer du dommage ou de s'en emparer; suivaient les souscriptions des cardinaux.

On voit plus en détail dans l'inventaire quels étaient les biens de l'abbaye dans le diocèse d'Avranches. Philippe-le-Bel lui avait fait la concession de la pêche des esturgeons et de la baleine dans toute l'étendue de la baronnie de Genest (1). Robert de Vains avait légué dix

---

(1) Littera libertatis pro sturgione a' dom. Philippo magno rege Francorum.

Item copia ejusdem sub sigillo Balliv. octogesimo iiii°.

Littera pro balena sub sigillo Balliv. constant. quod jus balene ad nos pertinet 1290.

sous de rente annuelle pour la lampe de Tombelaine ;
le prieur de Tombelaine recevait chaque année de la
prévôté de Genest treize livres, monnaie de Tours, et
trois saumons du cuisinier de l'abbaye. Ranulphe de
Champeaux donna aux religieux deux gerbes des dîmes
de ce village ; Robert de Ducé, la terre de Fulgère, en
présence de Roger de Brafais, de Raoul de Vains, de Guillaume de Viré et de plusieurs autres seigneurs. Guillaume
de Ducey confirma la donation de son père, et les religieux lui firent présent d'un superbe cheval, digne d'un
si grand homme, dit la chronique (1).

Un seigneur de Aucey avait donné les dîmes de sa
terre de Lusmeths, et les religieux avaient promis de
prendre soin de ses dépouilles mortelles, lorsqu'il ces-
serait de vivre ; de les transporter au Mont, de les

Donatio Roberti de Veino pro lampade de Tumbahelene videlicet x
sol. redditus.
  Prior de Tumbahelene debet sumere in prepositura de Genez xiii
lib. Turon: et iii salmones a coquinaria.
  Littera Rualem et Juliane uxoris ejus ad lampadem de Tumbahe-
lene mo co nonagesimo.
  Littera de redditu quod debet Guill. epis. Abrin. infirmario Montis
apud Boucey.
  Littera Ricardi Bellebouche super quibusdam domo et celario apud
Montem.
  Litteræ Hamonis de Bellovisu de patronatu ecclesie de Bellovisu et
super donationes reddituum de Bello visu et de Passibus de quodam
homagio in paroch. de Taneia de Passibus et de Cruce.
  Littera presentationis ecclesie de Curey.
  Confirmatio Fulc Paganelli super donum ecclesie de Servon
1239.
  Littera Petri de Landell de molendino capelle Hamelini.
  Chyrographum de molendino de Tisseel inter nos et Guill. de
Verduno.

  (1) Guillelmus de Duxe concessit.... per brachium sancti Auberti
super altare.... et abbas unum palefredum tanto viro dignum.... Cartulaire du Mont.
  Littera Roberti de Duxeio super donatione de Fougere. Inve
taire.

déposer dans un tombeau honorable, et d'écrire son nom dans leur nécrologe parmi leurs amis (1).

Un autre seigneur, appelé Guillaume de Verdun, fit construire un moulin à Tisseel sur celui des religieux, et, pour les apaiser, il leur en donna la moitié. Pierre de Landelles reconnut que les hommes de ses six masures dans cette paroisse étaient tenus d'aller au moulin de la chapelle Hamelin, qui appartenait aux religieux ; ce fut dans les assises d'Avranches, en présence du chevalier Richard de Carnet. Nicholas de Jautée et Doete, son épouse, firent aussi une convention avec eux pour un moulin de Beuvron ; Michel de Carnet reconnut à St.-Michel deux quartiers de froment ; Guillaume de la Cervelle, écuyer, l'an 1324, vint au Mont St.-Michel, et y fit un certain accord. L'an 1522, les religieux rappelèrent leurs droits sur les moulins de la vallée de Beuvron, dont quelques-uns sont nommés de Brullé, du Bore, du Déluge, de Beuvron et de Bige. Ils obligèrent Guillaume-le-Breton de tenir en bon état les écluses du moulin de Bige, dans la vallée de Beuvron. On trouve également dans cet inventaire que Guillaume Tardif devait tenir en bon état l'écluse sur les eaux de la ville de Beuvron. La maison de Dieu de cette ville est aussi rappelée dans un titre, et les religieux du Mont firent la concession au prieur et aux frères de cette maison du fief de la Croix, de Villiers et de Plancé, pour cinq sous de rente annuelle. Regi-

(1) Per argenteum sancti Autberti brachium imposui eo tenore ut quando hominem exiero... monachi me ad montem deferent... honorifice sepeliant et tumulabunt et in Kualendario inter suos familiares.... Cartulaire.

Littera de decimis de Aucé. Inventaire.

nald de la Croix , chevalier, avait , avant cet accord , joui
de ce fief ; l'an mil trois cent , un nouveau titre fait
encore mention de cette concession (1). Plus tard la
chapelle St.-Ermel de St.-James, ou la maladrerie, fut réunie à ce prieuré (2).

L'inventaire fait encore mention de plusieurs chartes
qui nous apprennent qu'un nombreux cortége de seigneurs était venu au Mont St.-Michel prier et faire
l'aumône (3) : nous venons, y disaient les uns aux religieux , vous aider de notre crédit , et vous soutenir
de notre protection ; mais quand nous voudrons prier
avec vous, ou que, pendant les guerres, nous chercherons
ici un asile , nous participerons au pain et au vin servis sur votre table. D'autres parlaient ainsi : vous pouvez bien sans doute vous passer de nos dons ; les maîtres
des trésors du ciel n'ont pas besoin de nos richesses
passagères ; mais nous voulons imposer sur nos biens
un tribut pour les pauvres , et si quelqu'un ose vous
en priver , que le feu éternel soit son partage , avec
Pilate , Caïphe et le traître Judas. D'autres concluaient

(1) Universis presentes litteras inspecturis Ricardus humilis abbas...
quod nos priori et fratribus domus dei sancti Jacobi super Beurone
concessimus et presentibus litteris confirmamus quod ipsi teneant et
de cetero possideant libere pacifice et quiete totum feodum quod
habent apud villam que dicitur La Croix in Abrincatino et apud
Villiers et Planco quod feodum Raginardus de Cruce miles quondam
tenuit de nobis. Reddendo inde nobis annuatim quinque solidos Turon. ad manerium nostrum de Ardevrone nec propter hoc aliquid
aliud facere debent nobis. actum anno cco quadragesimo quarto. Con-
firmat. du cartulaire, n°. 80.

Littera domus Dei de sancto Jacobo de Beuron n° ccc° vixisse. Inventaire, n°. 34.

(2) Titre déposé à l'hôpital de St.-James.

(3) Voyez l'inventaire des chartes au milieu du manuscrit Registrum, etc., n° 34, et le cartulaire, n°. 80.

Ces deux manuscrits se complètent , et l'un sert à l'intelligence de
l'autre.

ainsi leurs chartes : que celui qui attentera à vos droits soit anathème, maranatha ! Un autre souhaite à l'injuste détenteur la société de Simon le magicien. D'autres seigneurs disaient encore : il n'est pas juste que nous soyons assis à une table qui plie sous l'abondance, et que vous manquiez du nécessaire ; c'est pourquoi recevez des vignes et du froment. Ceux-ci craignaient les feux du purgatoire et faisaient une offrande ; il est écrit à la tête du livre, ajoutaient ceux-là, que le refus de l'aumône sera le premier titre de notre jugement ; c'est pourquoi acceptez cet héritage que nous avons reçu de nos ancêtres : c'est peu ; mais l'obole de la veuve et la barque et le filet de Pierre leur valurent le ciel (1).

Quelquefois c'était un intendant qui était venu au nom de son maître offrir un présent. Mon maître, disait-il, revenait de Rome, où il était allé visiter les tombeaux des saints Apôtres. En s'en revenant, il est tombé malade ; ses amis, affligés de le voir sur un lit de douleur, lui ont donné le conseil de recourir au prince des Anges ; il m'a envoyé ici vous offrir les vignes qu'il a plantées et élevées lui-même (2).

D'autres seigneurs s'étaient faits religieux et avaient donné leurs biens : tel le vicomte Gaudin, qui se rendit religieux et donna sa terre de Villahenne, et son fils consentit à cette donation en présence de Enard de

---

(1) Valuit vidue quadras et Petro rete et navis.... Cartul.

(2) Ego Gauterius qui et dives vocitor limina apostolorum Rome adire volui... cum regrederer incidi in egritudine valida.... ab amicis admoneor... quasdam vineas quas propia manu edificaveram..... hic heu miser lecto decubans per Martinum feneratorem meum fidelem super altare archangeli ponendam trado.... Cartulaire et inventaire.

Montitier. Quelques-uns, un peu moins généreux, retenaient quelque service : vous nous donnerez, disaient deux guerriers, quand nous irons au combat, deux chevaux sellés et bridés, et, après les guerres, ils vous seront renvoyés. Les religieux en étaient convenus, et même la charte était jurée avec cet anathème : que celui qui violera cet accord partage le sort du parjure Achitophel ! Néanmoins, les religieux se voyant ruinés par ce traité, demandèrent grâce aux deux chevaliers. A d'autres, les religieux promettaient le secours de leurs bonnes œuvres ; mais un évêque de Rennes demanda un cheval bai et bon coureur, et un autre seigneur 40 sous pour aller à Jérusalem (1).

L'inventaire fait encore mention de quinze titres ou chartes qui concernaient les biens du monastère dans le territoire de Pontorson, et à la tête du chapitre est une vue dessinée du château de cette ville (2), de la même époque que cet inventaire, c'est-à-dire, du commencement de ce xive. siècle. On voit aussi un vaisseau de ce même temps à la tête du chapitre des titres concernant la baronnie de St.-Pair (3), dont, en ces derniers temps, relevaient 47 paroisses. Parmi les chartes octroyées dans la baronnie de Genest, on en trouve une de la sibylle de Dragé : c'était une femme puissante à qui on rendait hommage, et qui, dans la vieillesse,

---

(1) Ego Mainus Redonensis episcopus... atque unius equi badii bene ambulatorii... si quis irritum... ait maledictus amen amen fiat fiat ....

Ego Balduinus Blondel.... quadraginta solidos Esterll ad victum et viam in Ierosolimis perficiendam.... Cartulaire et inventaire.

(2) Château de Pontorson au xive. siècle. (V. l'Atlas.)

(3) Vaisseau de la baie du Mont St-Michel au xive. siècle. (V. l'Atlas.)

vendit ses biens et ses honneurs. Une autre jeune sibylle, appelée Kelée Frestelou , fit présent à l'archange St.-Michel d'une partie de ses biens (1). On lit à la fin de

(1) Titres principaux : Conventio inter nos et Guillelmum de la Cervelle armiger (1324).

Recognitio Michaelis de Carnet de duobus quarteriis frumenti (1232).

Littera Nicholai de Jautest et Doete ejus uxor. super molendinum de Beuron (1213).

Littera Nichol. de Breceyo pro excambio nemorum abbatis (1294).

Littera Roberti d'Isigny super XXII sol. et partibus aliis redditus videlicet Petro de Passibus (1277).

Littera domini Petri de sancto Hyllario militis de decima de Bouceyo.

Carta Hammelini de Capella pro mouta de Terragasta.

Carta Jobelli Belengier de Capella Hamelini.

Littera Ade de Romille de manerio de Capella.

Carta Guillelmi de sancto Bricio.

Carta emptionis de Balan facte per priorem Philippum a Stephano de Vescey.

Carta de mouta Ricardi de Viliers super quam accepimus duo quarteria frumenti.

Littera de dono domini Roberti de Granvill. militis ecclesie B. M. de Chausey videlicet.

II sol. cenom. super masuram filii Hugonis de Hacquevill.

Carta Guillelmi Martini et Petronille ejus uxoris in parrochia de Granvill.

Carta Michaelis Fornel in parroch. de Granvill.

Littera quibus Oliverus Paganellus habuit ex nostra gracia terram nostram de Karoles.

Littera quitationis turris de Gavreyo.

Littera Alani de Sto. Petro de portione Bivie pro X quart. frument.

Littera quod homines baronie sancti Paterni non debent solvere coustumiam in nundinis du Repast.

Carta Hoel apud sanctum Paternum quod renonciat omni juri quod clamabat in tota terra.

Inter capellam sancti Gaudii usque ad mare.

Littera regis de feriis de Genez.

Littera grangie de Sartilleio de compositione sentenciata a vir. venerab. Guill. de Viliers milite et decano Abrincens. (1294).

Littera donationis vavassorum Renaldi de Cantille apud Genest (1251).

Carta vinditionis Roberti Roussel de campo de castello Willelmo de Gastigny (1222).

Littera Thome Osmon nepotis Guillelmi Ruffi de Genest in campo de Rollo, p. 11, quart. frumenti (1221).

Littera domus dei de Genest de dimidia acra vinee in campo

l'inventaire, qu'il fut fait l'an 1326, le mardi après l'Octave de la Nativité de la Ste.-Vierge, par quelques religieux de l'abbaye. Ils prient les lecteurs de les excuser
des fautes qu'ils y ont commises (1). Jean de la Porte,
l'an 1329, reçut parmi ses religieux Robert Dubois ; le
duc de Bretagne, l'an 1332, et son épouse le prièrent
d'en recevoir encore un autre appelé Libard, qu'ils
protégeaient. Le registre manuscrit, continué par cet
abbé, contient une lettre du roi de France, datée de
l'an 1331, conçue en ces termes :

« J. Fauvel de Vadencour baillif de Costent. au vis-
« conte dAvrench saluz

« Nous avons receues les lettres du Rey nostre sire
« contenant la forme qui ensuit.

« Philippe par la grace de deu roy de France au bail-
« lif de Costent ou a son leutenant saluz

« Nous avons entendu ores et autrefeiz que plusors
« commisseres deputez de court et du siege de Rome
« sunt en nostre royaume tant entabaillie comme
« allours en diverses parties pour lever les annels et
« les fruits des benefices des quex la colation est fete
« par la dite court donc les personnes qui les diz bene-
« fices tiennent ou doivent tenir funt mout grevez et
« mout expressez des diz commisseres par sentences

Denarioso redd. nobis annuatim antiquum redditum (1226).
    Carta Dyonisie La Sibile de Dragey quod vendidit octo solidos....
cum homagio in eadem parochia (1268).
    Donatio Sibille Kelee Frestalou de dimidia acre terre (1231).

(1) Hec extractio facta fuit anno Domini m° ccc° vicesimo vi°
die mentis post octavam Nativitatis B. M. virginis per aliquos fratres
de istius et quorum multa in continentia forte inutilia vel defectuia
in aliquo ipsi rogant legentes ut eos habeant excusatos nam ipsi
collegerunt harum cyrograph seu cartarum istarum breviter ut me-
lius potuere.

« de escumeniement et en aultres plusours et diverses
« manieres si que le service nostre segnour en est for-
« ment appetisez et fait chescun jor la quele chose nous
« en cuidon pas que soit de la volente de nostre sainct
« Pere le pape si voulons pour cause et demandons que
« touz ceus commisseres que tu pourras trouver et sa-
« ver en ta baillie ou au resort tu adjornes par devant
« nous ou que nous soyons a la huitaine de cette sainct
« Michel prechaine en lour enjougnant de par nous que
« toutes lour commissions et pouers que ils ont de fere ces
« choses ils aportent avecqs eus et aient a la dicte jornee
« a la quele nous certefie par tes lettres de tout ce que
« feit envers et des noms de tous ceus que tu auras
« adjornez si comme dit est item comme plusours pri-
« ourez et aultres mesons de religion fondees et donnees
« grandement de nos predecessours des barons nobles
« et aultres de nostre royaulme pour le salut des ames
« et pour lacreissement du divin service es quiex sou-
« leit aver grant nombre de moynes et aultres servi-
« tours pour fere le diz service et pour preir pour les
« ames des fondatours et es quiex len souleit tenir
« granz hospitalitez et faire granz aumosnes et moult
« daultres biens aient estey donnez au genz seculiers car-
« dinaux et aultres et aucuns a purs leiz et les dits moynes
« et aultres servitours esteiz des dits lieux nous te man-
« don que sanz nul delay tu tenformes bien et diligam-
« ment des diz priourez et autres mesons estant dedans
« ta baillie et en resort qui si comme dit est auront
« este donnez comme ils sunt a present gouvernez et
« maintenuz et par quex gent et qui les tient et par
« quiel titre et ausi le service nostre signour comme esteit

« lors feit et par quex gens et comme il est fet or endreit
« de souz ceus qui les tiennent et de quex revenues
« et rentes et de quele venue ils sunt par an et de
« toutes les autres circonstances et de tout ce que con-
« tenue en auras nous envoie enclos sous ton scel a la
« dicte huitaine de la St. Michel.

« Donne a Peisse le XXVI jour daoust lan de grace
« mil CCC XXXI. »

Ce même monarque envoya en Flandre l'évêque d'A-
vranches ; c'était alors Jean de Vienne qui gouvernait
ce diocèse. Il avait passé de l'évêché d'Evreux à celui
d'Avranches, l'an 1329, ainsi qu'il se voit par les actes
consistoriaux des registres du Vatican. Le roi l'envoya
faire raser la citadelle de Courtray et celle des autres
places de Flandre, qui étaient sous la domination française, et abattre les portes de la ville d'Ypres, afin
d'humilier l'arrogance des Flamands rebelles (1). A son
retour, l'évêque obtint de l'abbé du Mont St.-Michel
la permission de chasser dans le bois de Neron. Il fut
bientôt transféré à Terouenne, et de là à Rheims. Son
successeur, Jean Haut-Frine, homme habile, éloquent,
et d'une grande autorité, parut devant le roi, pour lui
faire des représentations au sujet des impôts devenus
excessifs ; il plaida courageusement la cause des communes, et obtint la conservation des libertés et des
priviléges des états de Normandie (2).

(1) Eadem tempestate rex Philippus animo volvens quàm proclives
Flamingi ad seditionem semper exstitissent, misso Johanne Abrincensi antistite portas Iprensis oppidi atque Curtaci et aliarum arcium
munitiones dirui confestim jubet. Robert Gaguin.

(2) Super confirmatione privilegiorum... discant ergo posteri uni-
formiter exemplo istorum pro libertatibus patriæ vigilare. Gall.
christ. t. XI.

Il y avait en ces temps, dans l'église d'Avranches, des chanoines d'un grand mérite. L'un, nommé Robert Le Féyre, fut médecin du roi de France; un autre, appelé Philippe Dubois, fut établi maître des requêtes de son hôtel; Guillaume Pinchon fut honoré de plusieurs lettres du roi au sujet des greniers à sel que ce monarque venait d'établir (1); ils furent tous les trois archidiacres. Jean d'Euse, chanoine et trésorier, fut créé cardinal-diacre; son mérite et sa vertu le firent élever à cette dignité. Il est souvent parlé de lui dans l'histoire des cardinaux : il était petit-neveu du pape Jean XXII (2). Pierre de la Paluelle, né à Saint-James, fut nommé patriarche titulaire de Jérusalem, et envoyé par le roi de France pour traiter avec le soudan de la paix et des moyens de recouvrer les lieux saints. Il est auteur de beaucoup d'ouvrages théologiques, d'un livre intitulé : *Des guerres du Seigneur*, et d'une chronique des rois de Jérusalem (3). Jean Haut-Frine ne le cédait en rien à tous ces grands hommes; il a laissé aussi des souvenirs d'une éminente piété. Il se montra généreux envers son église et envers l'abbaye du 'Mont Saint-Michel, où il passa un mois entier avec les religieux. Alors un concours innombrable de pélerins se rendaient à ce Mont; plusieurs religieux nous ont laissé par écrit les choses mémorables qui y arrivèrent l'an 1333.

(1) Universis præsentes litteras inspecturis Robertus Faber archidiaconus Abrincensis regisque Francorum clericus salutem. Voyez les Frères de Ste.-Marthe et le Neustria pia, les manuscrits du d. Cousin à Avranches, etc., etc.

(2) Voyez l'hist. des cardinaux, à la biblioth. d'Avr.

(3) Annales de Sponde, t. II; in-fol., p. 457, et chartrier de M. de Guiton.

Plusieurs historiens ne conviennent pas de sa naissance dans le pays d'Avranches, ni de sa parenté avec aucune famille de ce pays.

34

« Si l'on avait eu plus desoin de conserver les anciens
« écrits , nous serions instruits d'un nombre infini de
« miracles dont il a plu à Dieu d'honorer ce lieu vénéra-
« ble; c'est la remarque d'un historien de cette abbaye (1).
« Durant les nuits , les anges remplissaient l'église de ce
« Mont d'une lumière fort éclatante et faisaient entendre
« une mélodie divine , ce qui a duré pendant plusieurs
« siècles. Dans tous les temps on a aussi parlé au Mont
« Saint-Michel et dans les paroisses voisines de la clarté-
« Saint-Michel. C'était un feu qui paraissait au milieu de
« la nuit , sur le haut du Mont, surtout lorsque les peuples
« étaient menacés de guerre : cette lumière rendait cette
« place aussi claire que dans les plus beaux jours ; mais
« jamais elle ne parut avec autant d'éclat que dans ce
« quatorzième siècle (2), où l'Angleterre fit à la France
« une guerre si longue et si opiniâtre. » L'ange voulait-il
montrer par ce signe qu'il prenait la défense de ce lieu
vénérable ? C'est ce qu'ont pensé les anciens religieux.
Mais voyons les événemens qui y arrivèrent l'an 1333 ,
miracles éclatans que Dieu fit à la prière de l'Archange en
faveur des pauvres pèlerins. Les religieux racontent
d'abord un miracle plus ancien à peu près en ces termes :
ls mercredi après l'Octave de Pâques , un habitant de
Fougères, qui ne pouvait marcher et qui avait perdu l'usage
de ses membres, se fit apporter à ce Mont. Sa foi était
grande ; il se prosterna devant l'autel de Saint Michel ,
priant avec larmes le Dieu des prodiges. Le sacristain ,

(1) Jean Huynes, Manuscrit , nº, 22.
(2) Anno Dom. millesimo trecent. tricesimo tertio in nocte ultime
diei Pentecostes in primo sompno visa fuit maxima claritas supe
magnam turrim... Chronique latine du manuscrit , nº. 24.

touché de son affliction, s'approcha pour le consoler et
l'exhorter au repentir de ses fautes et à la confiance en la
protection de l'Archange. Le pélerin sentit sa confiance
s'augmenter encore ; il fit l'aveu de ses fautes, pria étendu
par terre au milieu des religieux, qui, affligés de son état,
prièrent tous avec lui, et la miséricorde de Dieu, ne pouvant résister à tant de voix gémissantes, rendit la force
et la santé à ce pauvre pélerin (1). Une femme, qui avait
également perdu les forces du corps et l'usage de ses
membres, aperçut quelques autres femmes qui se rendaient au Mont. Son affliction fut grande de ne pouvoir les
y accompagner, et, les faisant appeler : priez pour moi, dit-
elle ; la puissance de Dieu est sans bornes. Je désire ar-
demment d'aller avec vous ; je crois fermement que, par
l'intercession de son glorieux Archange, il peut me donner
des forces pour accomplir ce voyage ; aussitôt elle essaya
de se lever de son lit, sentit ses forces renaître, et, d'une
voix animée, dit qu'elle allait les suivre. Elle vint courageusement à pied avec elles bénir Dieu et remercier le
saint Archange (2) ; c'était l'an 1333. En cette même
année, Dieu délia la langue d'un enfant au berceau : cet
enfant publia les louanges du saint Archange, ce qui fut entendu de plusieurs, et la mère de ce jeune enfant vint l'ap-

(1) **De quodam homine contracto...**
Ex Fulgeriensi pago quidam homo nomine Andreas... Manuscrit 1er.,
no. 34. Ante altare Sti Michaelis pristine sanitati restituto. Première
chronique, ou chronique latine du no. 24, manuscrit à la bibl.
d'Avr.

(2) **A longis temporibus tantum viribus corporibus destituta...** gra-
tia divina ita sunt soliditate bases ejus et plante. Manuscrit 1er., du
no. 34.

Sine potentiotis nequibat ire...Manuscrit 1er., n°. 24.

porter entre ses bras à ce Mont (1). Vers le même temps une femme mondaine, s'adressant d'un ton moqueur à de jeunes pélerins, leur demanda où ils se rendaient ainsi avec leurs chapelets, et prononça plusieurs paroles scandaleuses contre leur pélerinage. Dieu vengea l'insulte faite à ses serviteurs ; elle se sentit attaquée d'une maladie affreuse. Sa famille désolée offrit des vœux, et tous ses amis et ses parens prirent la résolution de venir prier le saint Archange. Cette femme, que l'affliction avait changée, se sentant soulagée, vint elle-même accomplir leur vœu (2).

La même année, plusieurs jeunes gens, pendant leur voyage, entrèrent dans une hôtellerie, et, après avoir réparé leurs forces épuisées, ne trouvèrent pas la somme que l'hôte demandait. Leur affliction fut profonde ; l'hôte les accabla d'injures et les frappa brutalement. Il rentra chez lui encore tout en colère, et, jetant les yeux sur la table à laquelle ils s'étaient assis, son étonnement fut extrême en apercevant dans un verre l'argent qu'il leur avait demandé. Courant aussitôt après eux, il leur demanda pardon et les conjura de prendre cet argent ; les pélerins le refusèrent, sentirent s'accroître leur confiance en Dieu et reprirent leur route avec joie (3).

(1) Eodem anno puerum parvulum quem alebat... matri sue dixit ut ipsum deferret apud Montem... Manuscrit 1er. du no. 24.
Retulerunt nobis plures... Manusc. n°. 34.

(2) Elata corde que parvulos et alios venientes increpabat irridendo... Manusc. 1er. n°. 34.
In civitate Carnotensi... Manuscrit 1er. du n°. 24. Il ajoute un autr miracle semblable :
Simili modo contigit de duabus domitellis qui similiter parvulo irridebant...

(3) Maxima multitudo parvulorum venientium apud Montem ac cesserunt in quamdam villam et introeuntes quamdam domum i qua vinum et alia victualia vendebantur ad mensam sedentes co

Un autre miracle semblable à celui-ci arriva peu
après. Treize pélerins, venant de fort loin, passèrent
par un village appelé Yssie, où ils achetèrent un pain
pour leur repas ; il leur coûta deux deniers. Ils en
mangèrent tous et furent tous rassasiés. Il leur servit
même pendant plusieurs jours, et beaucoup d'étrangers
voulurent encore y participer. Un grand nombre d'habitans de ce village vinrent à ce Mont, et assurèrent qu'ils
avaient été témoins de ce miracle (1).

Une multitude de pélerins racontèrent aussi aux religieux qu'ils avaient entendu des voix dont ils ne pouvaient rendre compte, qui les avaient encouragés à ce pélerinage ; des prêtres mêmes se sentaient inspirés de suivre
leurs paroissiens, et partaient sur-le-champ, laissant
leur demeure ouverte. Un de ces pasteurs raconta aux
religieux qu'il n'avait pas même pris le temps de rentrer chez lui, et un forgeron, qu'il avait laissé son fer
chaud sur l'enclume (2).

<hr />

mederunt et biberunt usque ad saturitatem et tam in pane quam in
vino sex solidos non habentes autem unde solverent recedere vo-
luerunt sed campo seu dominus hospitii retinuit... flagellati recesse-
runt,... Manuscrit, n°. 24.

In quodam vase vitreo repperit ipse sex solidos in pecunia nume-
rata... Manuscrit, n°. 34.

(1) In villa quadam que dYssie vocitatur venerunt tredecim pas-
torelli qui de longinquis partibus itinerantes tamen refectionis et
requiei panem unum de pretio solummodo duorum denariorum....
remansit magna copia fragmentorum et istud miraculum viderunt
aliqui homines digni fide qui in predicta villa residebant.... Manuscrit, n°. 24.

Per quos quidem homines hoc videntes ad nos venit presens relatio
quam verissimam affirmabant. Manusc. n°. 34.

(2) Ex partibus quam plurimis longinquis ad Montem confluxit
innumerabilis multitudo qui pastores vocabantur venientes congregati
alii successive quorum multi dicebant se voces spirituales audisse
eisdem dicentes vade... vidimus quemdam presbiterum qui pergens
ad domum suam que non longe distabat in ipsam domum non li-
cuit intrare pre maximo desiderio veniendi post parochianos suos vi-

Dans le diocèse de Séez , deux enfans du village d'Eschouchie se présentèrent devant leur père et leur mère, les suppliant avec larmes de les laisser venir prier à ce Mont ; les parens s'y refusèrent et les renfermèrent dans leurs chambres. Le lendemain quand ils voulurent voir leurs enfans , ils étaient à genoux les mains élevées vers le ciel , et ils n'existaient plus (1).

Un homme digne de foi raconta qu'après avoir consulté les médecins et épuisé tous les secours de l'art , il n'avait pu guérir son fils ; il avait fait alors un vœu au Seigneur , et il ramenait avec lui son enfant parfaitement guéri, pour remercier Dieu et l'archange St. Michel à qui ils étaient redevables de cette guérison miraculeuse (2).

Vers le même temps , à Mortain, dans le diocèse d'Avranches , un homme s'efforça de détourner des jeunes gens, qu'il tenait en pension, d'aller en pélerinage au Mont St.-Michel. On ne sait pas quels moyens il employa ; mais c'était sans doute pour un motif peu louable , car la main de Dieu s'appesantit sur lui ; il pleura et reconnut sa faute. Nous le vîmes venir à ce Mont, disent les religieux ; le Seigneur, qui l'avait frappé, l'avait guéri. Il nous racontait encore en pleurant les circonstances de cet événement , et un prêtre vénérable de la même ville , qui l'avait accompagné, confirmait son récit (3).

sitatum... missam celebravit in ecclesia Sti Michaelis....: audivimus similiter de quodam fabro qui super incudem suam ferrum ignitum dimisit velociter iter arripuit ista nobis verbo tenus enarravit. Manusc. n°. 34.

(1) Ipsos in quoddam serrato loculo concluserunt... paxillo temporis post hec transacto pater illorum corpora invenit humi jacentia.. Manusc. n°. 34.

(2) Fide dignus .. Manusc. n°. 34.

(5) In villa Moritonii... secum habens comitem presbiterum di

Il arriva encore dans ce même diocèse un événement mémorable; c'était à Sourdeval. Trois tailleurs de pierre vomirent un torrent d'injures contre certains pélerins qui se rendaient au Mont ; on dit même qu'ils y mêlèrent des blasphêmes. La patience de Dieu est grande ; néanmoins, dès la nuit suivante , ils se sentirent saisis de douleurs violentes ; ils se rappelèrent alors le mal qu'ils avaient fait , et promirent de le réparer. Touchés, confus, sans oser lever les yeux , ils prirent le chemin du Mont, et vinrent faire l'aveu public de leur faute et remercier Dieu de leur avoir rendu la vie (1).

La veille de la fête des apôtres St. Pierre et St. Paul, il arriva en cette église une compagnie de vingt-sept pélerins, d'un village nommé Sap, du diocèse de Lisieux. Un d'eux, sourd-muet, se mit à genoux, et pria comme il pouvait; l'Eternel ne dédaigna pas son humble prière. On le vit se lever tout-à-coup de sa place, et faire quelques pas en criant: St. Michel, aidez-moi; ce qui remplit d'étonnement tous ceux qui le connaissaient. Les religieux furent appelés ; on demanda à ce pauvre homme quel nom il portait ; il répondit qu'il n'en savait rien , et, entendant une voix dans la foule: Pierre doit être ton nom! il voulut être ainsi appelé (2).

loci... facta fuit nobis hec revelatio per ipsum predictum hominem ipso presbitero presente et sermonem illius confirmante cum sequentibus testimoniis plurimorum assistentium qui viderant et audierant omnia... Manuscrit, n°. 34.

(1) In quadam villa que vocatur Sordeval erant tres homines latomii qui confabulantes ad invicem hujus modi pastorellos seu peregrinos huc venientes irridendo... nobis predicta referendo.... Manusc. n°. 34.

(2) De surdo et muto a nativitate qui loquelam et auditum receperit in ecclesia beati Michaelis... Manuscrit , n°. 24.
In vigilia beatorum apost. Petri et Pauli... Petrus erit nomen tuum... Manuscrit , n°. 34.

Le lendemain de cette fête, il se présenta sur le soir une compagnie de trente pélerins de Mortain. Un de cette compagnie avait perdu la parole soudainement : nous étions arrivés, dirent les pélerins, au pied de la montagne qu'on appelle Montjoie ; elle est éloignée de ce mont d'environ six lieues. Il a gravi ce rocher en courant, afin de saluer le premier ce lieu vénérable que nous venions visiter, et qui paraissait dans le lointain. Le vent était chaud ; arrivé sur le sommet, tout-à-coup sa voix s'éteignit, et depuis ce temps il ne put faire entendre une seule parole. Il se mit néanmoins en prières, se prosterna devant l'autel St. Michel, et en présence de tout le couvent qui venait d'achever Complies, la parole lui fut rendue, et il rendit grâces à Dieu au milieu d'une multitude de fidèles (1).

En la ville de Coutances, une femme désira de venir en pélerinage à cette église. Elle partit malgré son mari, qui, se voyant attaqué d'une grave maladie, tâcha de l'en détourner ; peut-être venait-elle accomplir un vœu qu'elle avait fait pour lui au Seigneur. Elle était éloignée de la ville d'une demi-lieue, lorsqu'elle voit accourir un serviteur qui la pria de revenir ; elle ne pense qu'au danger où se trouve son mari, et oublie son vœu. Rentrée chez elle, le Seigneur la frappa à son tour. Ses amis la voyant sans pouvoir parler, la conduisirent à l'église cathédrale devant l'autel de la bienheureuse

(1) De Moritonio... quorum unus bonam loquelam habebat qui a dicta villa recessit sed ut venit ad primum montem Gaudii alias Montjole gallice quod distat ab loco ut dicitur sex leucis.... presente conventu dictam horam completorii copiosa multitudine testium tam ejusdem sociorum in itinere quam aliorum presentium... Manusc. no. 34.
Ante altare Sti. Michaelis usum loquendi .. Manusc., no. 24.

Marie du Puits, où très-souvent s'opèrent des miracles éclatans à la gloire de J.-C. et de sa sainte mère, ajoutent ici les historiens du Mont que nous suivons. Un des chapelains lui dit d'accomplir sa dévotion envers St. Michel, et, partant aussitôt, à peine arrivée au lieu où elle s'était arrêtée la première fois, elle recouvra la santé, et poursuivit avec joie son voyage. Nous l'avons vue, disent les religieux; elle nous a fait ce récit en présence de plusieurs témoins. En présence de Dieu, nous l'avons écrit comme nous l'avons entendu, sans y rien ajouter (1).

Une autre femme de la ville de Bayeux, appelée Gillette, veuve de Maurice Aubert, avait perdu la vue depuis six ans; elle entendit parler des miracles que Dieu opérait à ce Mont, ce qui lui fit prendre la résolution d'y venir en pélerinage. Sa confiance ne fut point trompée; Dieu l'exauça et lui rendit la vue, et, avec plusieurs témoins, elle assura par serment la vérité de cette guérison miraculeuse (2). Le même jour l'épouse d'un nommé Richard Hugier, de la paroisse de la Poterie, au diocèse de Bayeux, empêcha sa fille d'accomplir ses vœux. Sans doute que la foi était pres-

(1) In civitate Constantiensi erat quedam mulier.... Manusc. n°. 24.

Deduxerunt eam ad matricem ecclesiam ante altare beate Marie de Puteo in quo loco multe virtutes et mirabilia frequentius fiunt ad laudem D. N. J. Ch. et reverentiam matris ejus.....

Apud quemdam capellanum dicte ecclesie consulta fuit... hec ipsa nobis testante cum testibus aliis quam plurimis esse vera et deo teste scribi fecimus eo modo quo audivimus nec de nostro aliquid adjecimus... Manuscrit, n°. 34.

(2) Sex annos videndi usu totaliter privabatur pro ut ipsa cum testibus multis per suum sacramentum fideliter asserebat... Manuscrit, n°. 34.

In civitate Baiocensi.... Manuscrit, n°. 24.

qu'éteinte dans le cœur de cette mère ; car Dieu lui ôta le pouvoir d'abuser de son autorité : sa fille pria pour elle, et arrivées toutes les deux au Mont St.-Michel, l'innocence de l'enfant obtint le pardon de la coupable, et la voix lui fut rendue (1).

On raconta encore aux religieux qu'un homme brutal, nommé Feret, avait repoussé avec injures quelques pauvres pélerins, qui, pressés par la nécessité, avaient, sur le bord du chemin, cueilli quelques-unes de ses cerises ; que lui-même était tombé de cet arbre quelques momens après, et qu'on l'avait trouvé sans vie. Nous avons entendu bien d'autres événemens miraculeux, ajoutent les religieux ; il serait trop long de tous les raconter. Néanmoins ils méritent notre croyance ; c'étaient des personnes très-dignes de foi qui nous les ont appris (2). Mais voici un événement qui n'est pas le moins extraordinaire :

Dans ce même quatorzième siècle, un cavalier, qui venait en pélerinage à ce Mont, fut surpris par la mer au milieu des grèves ; il se crut perdu. Les flots mugissaient autour de lui ; la mer était sillonnée de vagues longues et élevées, et le cavalier descendait tantôt dans les abîmes et tantôt était élevé au haut des montagnes d'eau ; il fut ainsi tout le jour entre la vie et la mort, emporté par tous les courans. On le vit non

(1) Quedam mulier uxor Ricardi Hugier... monasterium hoc visitavit... Manusc. no. 24.
Dicta mater et filia et multi testes verissima esse ut supra retulimus affirmabant... Manusc. no. 34.
(2) Multa alia mirabilia de ipsis pastorellis a pluribus fide dign audivimus enarrare que longum et tœdiosum esset enarrare singulater sed producta tanquam a veridicis audita quibus fidem adhiben secure scripsimus. Manusc. n°. 34.

loin du Pontaubaut, et, quelques momens après, rejeté jusque sous le Mont, on l'entendit crier à travers le bruit des flots : « Saint Michiel aide moy et je yrai a ta merci. » On le trouva à Tombelaine encore plein de vie, son cheval mort sous lui (1).

Un autre cavalier, peu d'années après, fut aussi entraîné par la mer, poussé au loin par les flots et les courans ; il se voua au saint Archange, et il a dit lui-même depuis, que de ce moment, il se ranima et espéra comme si cent millions d'hommes et de chevaux courageux l'eussent protégé, quoique cette multitude elle-même n'eût pu échapper à la moitié de ce danger que par un miracle éclatant. Rejeté par les flots vers la rive de St.-Jean-le-Thomas, il toucha la terre plein de vie avec son coursier fidèle, qu'il amena en ce Mont ; il le fit entrer dans l'église en présence d'une foule immense ; il raconta ce qui lui était arrivé, et bénit Dieu (2).

« Assurément que nous n'avons rapporté, dit un his-

_____

(1) Non indevote a piis mentibus est considerandum de peregrino qui fere per septem leucas scilicet de latis prope Montem in magno fluxu et accessu pungenti per mare fuit portatus usque ad locum qui dicitur *Pontaubaut* gallice et iterum ultra locum qui dicitur Tumbahelene equo suo mortuo fuit vivus receptus. Qui dum transiret per ante Montem portatus ymo quasi raptus absortus populo audiente a longe clamabat alta voce : Sainct Michiel aide...... Manuscrit 1er., no. 34.

Ad locum qui de Pontaubault.... Manuscrit, no. 24.

(2) Simile miraculum vel fere de..... militis de Normannia qui per tantumdem maris spatium sicut proveictus usque ad locum qui dicitur sanctus Johannes de Thomas reportatus fuit per equum vivum qui dicebat non timuisse postquam se vovit beatissimo Michaeli archangelo confitens itaque si ibi fuissent mille millia hominum et equorum fortium nisi per divinam virtutem possent evadere medietatem illius periculi qui salvatus et liberatus sicut predicitur venit nudus et adduxit equum suum usque sursum ante altare sancti Michaelis et quasi infatigatus et illesus comes..... multis astantibus... Manusc. 1er., no. 34.

Voyez aussi manusc. no. 24.

44

« torien de ce Mont, aucune chose que nous n'ayons
« trouvé bien approuvée par les escripts des moynes de
« cette abbaye qui pour la pluspart les ont veu et les
« voyant nous les ont laissé par escrit avec tous les tes-
« moignages qu'on pouvait désirer en cette ma-
« tière (1) »

Jean de la Porte, qui fut témoin de presque tous ces
miracles, termina ses jours l'an 1334, le vendredi saint.
Presque dans le même temps, voici comme les religieux
du Mont St.-Michel parlaient de cet abbé au souverain
pontife : très-saint-père, voilà dix-huit ans et plus que
notre abbé Jean de la Porte gouverne notre monastère
avec la plus grande fidélité, selon Dieu et selon notre
règle ; il a établi nos biens dans un état florissant et les a
augmentés ; il a été, il est encore recommandable par
toutes ses autres vertus ; ses mœurs sont pures et sans
tache ; l'innocence de sa vie est empreinte sur les traits de
son visage ; sa piété est profonde ; la plus grande humilité
reluit en lui ; il a su conserver la paix avec tout le monde ;
il a une patience admirable ; sa conversation inspire à
tous ceux qui l'écoutent le respect et l'honneur ;
enfin il est doué d'une prudence consommée dans les
affaires temporelles ; il est la lumière des âmes religieuses (2).

(1) Manuscrit de Jean Huynes, n°. 22, où sont aussi rapportés les
mêmes miracles.
(2) Sanctissimo in Christo Johanni summo pontifici sui humiles
oratores religiosi viri conventus monasterii Montis... pedum oscula
beatorum sanctitati vestre significamus et simul affirmamus fratrem
Johannem de Porta abbatem nostrum et nostri monasterii a tempore
decem et octo annorum et amplius... nos et bona bene et fideliter et
secundum Deum et regulam nostram rexisse.... bona in statu debito
consignasse.... augmentasse et fuisse et esse religiosum et virum et

Ce pieux abbé eut pour successeur Nicolas-le-Vitrier, qui était né au Mont St.-Michel ; il était alors prieur de cette abbaye. L'évêque d'Avranches le bénit, et, à son arrivée au Mont, ses moines le reçurent revêtus de chapes. Cet abbé fit continuer le registre des actes publics de son abbaye ; l'écriture et la date sont de ce temps. Les religieux possédaient à Avranches un manoir dans la paroisse de St.-Saturnin, auprès du chemin qui conduit du village du Pucey à l'église St.-Gervais ; ils en firent la concession à l'archidiacre d'Avranches, Guillaume Pinchon, pour une redevance de six livres de rente (1). On lit encore dans ce registre que Nicolas-le-Vitrier établit Guillaume-le-Loroor son sénéchal dans l'île de Jersey. Voici les droits de l'abbé dans les îles de l'Archipel normand :

« Ci sont les franchises mons labbe du Mont St.-Michel
« primo monsieu a ses plez ses homages et ses ventes
« et ses forfaytures et les biens du forfait porquoy il
« vienge dancies que le roi.

» Item il a sa batalle et la vene de ses chemins apres la
« vene le re ou valle.

« Item il a la suyte de ses espagneries franchement de
« touz ses homes resseans et si a la coustume du maquerel
« et du herenc aussi come le roy a de ses homes.

« Item il a sa garende en la cloison du Val et de Lihou

honestum humilitate pietate pace magnum cordis et corporis munditia plenum et justum et in tribulationibus et persecutionibus propter justiciam patientem bone vite bone fame et conversationis honeste et aliis in spiritualibus et temporalibus dei gracia circonspectus...... n° ccc° tricesimo tercio die martis post festum beati Martini hyemalis.

(1) Manerium situm in parrochia Sti. Saturnini Abrincis inter metas manerii dicti dom. archid. et iter Putū per quod itur de vice de puteolis ad ecclesiam Sti. Gervasii Abrincis....

« et de Guetehou franchement à sa chace par tout le pais
« comme franc gentilhomme.

« Item il a sa vrec quante et les aventures de la mer par
« tout le valle et en Guetehou et en Lihou par la vene le
« roy excepte or en plate sore sans ouvrer (1) et escalate
« en mantel sans ataches et si a la quarte partie de tout le
« vreec et de toutes les aventures de la mer venantes par
« soy ou par ayde de dautres en lisle de Guerneseye.

« Item il a la suyte de ses moullins franchement et a
« son monnier son prevost et son chir bordir franc de
« firmage et si a le firmage de ses hommes de Lihou coylli
« par la main du baillif.

« Item il a le cours de la rousse mare et la moytie de la
« clere et si a la moytie du marest dAlebec et si a la grant
« escluse franche et le marest du Valle.

« Item il a ses chiers plez. III. fois lan enpres les chiers
« plez le roy et meme le roy. III. fois lan o le dit abbe luy
« quint. III. de cheval et. II. de pie et le dit abbe o le roy
« aussi. »

Voici encore d'autres droits dont les religieux jouissaient
dans ces temps (2) :

« Ce sont les usages coustumes et trespas qui appar-
« tiennent a labbe et au couvent du Mont St.-Michel en
« leurs villes coustumieres en leveschie dAvrenches.

« Premierement ou trepas du Mont St.-Michel les
« hommes le roy de Cerences et de Gavray demourant

---

(1) Carta regis Anglorum Eduardi de verecis et adventuris maris in
insula de Ballia de Guernerrio et Lihou et Guetehou salvo sibi vereco
terre nostre sancti Clementis et exceptis auroserica non operata scal-
lata non scissa et palliis scallate sine tachiis. Inventaire.

(2) L'écriture est du commencement du xv°. siècle , et cet article
se trouve dans deux manuscrits , le cartulaire , vers la fin , et le manuscrit registrum , etc. , dans la collection n°. 34.

« es bourgs purement resseans le roy par an et par jor
« couchans et levans faisant foy sont quittes dudit trespas
« et coustume de vendre et dacheter en la dite ville sont
« quittes par denciene coustume.

« Item les genz de Rouen alleguent franchise a la quelle
« nous ne les avons point oiz ou tems passe.

« Item les homes de lospital et de Savignie alleguent
« franchise et nous contretant il ont touz jours paie.

« Item les bourgois de Pontourson sont frans de trespas
« et de coustume (1).

« Item les bourgois de St.-Jame de Beuron paient
« coustume et sont quittes de trespas sauf ce que il met-
« tront hors du royaume soit en mer ou ailleurs.

« Item les homes mons. dAvrench de la ville de Pons
« du Val St. Pere et dAvrenche resseans purement soubz
« levesq par an et par jour sont frans de vendre et dache-
« ter es villes de Genez du Mont St.-Michel et dArdevon
« et aussi sont frans les homes a labbe du Mont dArdevon
« du Mont et de Genez es foires et es villes a levesq pour
« ce que mons saint Aubert donna les dites villes quent il
« fonda le Mont.

« Item labbe de Caen est frans et ses homes de St.
« Lienart au Mont et ceulz du Mont sont frans a St. Lie-
« nart.

« Item il est assavoir que touz ceulz de la vicomte
« dAvrenches sont franz de ce que il vendront de leurs

---

(1) Ricardus humilis abbas.... noverit universitas vestra quod omnes burgenses de ponte ursonis et eorum heredes infra clausturam
murorum residentes sunt liberi quieti et immunes per totam terram
nostram et semper fuerunt ab omni costumia passagio panagio navigio
in diocesi Abrin. in cujus rei testimonium dedimus dictis burgensi-
bus de communi assensu presentes litteras sigilli nostri munimine ro-
boratas valete. M cco quinquagesimo quarto.

« estoremens ou acheteront pour leur user sanz nulle
« parchonde come de leur labour et de leur user dont il
« oseront faire foy et est assavoir quen maniere de mar-
« chandise il ne sont pas frans.

« Item le fieu de Baudenge le fieu Hoel et le fieu de
« Canon sont frans ceulz qui y sont resseans.

« Item il est assavoir pourquoy ceulz de Muleville veu-
« lent estre frans et nous entendons que il ne doivent estre
« nemes soubz le roy pour ce que il doivent garder la
« foire de Montmartin.

« Item nous entendons que les foires du Mont St.-
« Michel sont dantel condition come les foires de Genez
« et de St. Lienard.

« Item sachent touz que un porc doit maille de trespas.
«   vache maille un asne un denier.
«   ii agneaux une maille.
«   iii chatris i denier.
«   i cheval ii deniers.

« Item un fardel de laine ou de peaux o laine deux
« deniers le fardel a un cheval.

« Item agnelmo sacquittent par le pois i denier le
« pois.

«   Et file lange et linge i denier le pois et chanvre
« ii deniers la somme.

« Item le cent de peaux dangnel iiii deniers.

« Item i tonel de gaede ou cuede xvi deniers et la
« charrete autant et unce de cendre clave lee.

« Item somme de saumons xvi deniers et aussi daloses
« et de lampraies.

« Item la somme de poisson i denier somme de plume
« xvi deniers.

« Item cent de toute chuise de pois chacuns cent IIII
« deniers.

« Item charretee de ble grande ou petite II deniers
« comme de poisson I denier le collier maille. »

Nous lisons encore dans de vieux manuscrits de ce
temps que l'abbé de Marmoutier, délégué du pape, vint au
Mont St.-Michel l'an 1337, et, de concert avec l'abbé et
le couvent, régla que deux religieux de ce monastère seraient envoyés à Paris pour les études générales et en-
tretenus aux dépens des prieurés, et il taxa chacun en particulier ainsi qu'il suit :

Le prieur de St.-Brolade, à 20 livres, qu'il devait chaque année à l'abbaye, et de plus à 60 sous ; celui de
Labbaiette, à 16 livres, dont il était aussi redevable tous
les ans, et de plus à 20 sous ; ceux de Genêt, de Brion,
de St.-Germain-sur-Ay, de St.-Victur et du Val, dans
l'île de Guernesey, furent taxés à 60 sous chacun ; et ceux
de St.-Pair, de Tombelaine, de Villamer, de Goheré, de
Pontorson, de St.-Clément, dans l'île de Jersey, et de la
Haye, dans la même île, à 40 sous. On imposa celui de
Balan, à 30 sous ; de Mont-Dol, à 10 ; de Lihou, dans
l'île de Guernesey, à 20, et le sacristain de ce prieuré à
la même somme. Les deux écoliers reçurent de surplus
23 livres (1). Un autre ancien volume, écrit aussi dans

(1) Statutum fuit in hoc capitulo anno Dom. mil. trecentesimo tricesimo septimo xxv mensis februarii de consensu et voluntate reve-
rendi in Christo Nicolai divina providencia abbatis hujus monasterii
religiosorumque et conventus ejusdem per reverendum in Christo pa-
trem Symonem permissione divina majoris monasterii humilem abbatem autoritate apostolica ad reformationem totius religionis sancti
Benedicti in Rothom et Turonen provinciis legatum seu commissa-
rium inter cetera super modum mittendi duos religiosos hujus monasterii et conventus a modo ad studia generalia..... victualibus et neces-
sariis.....

Prior de sancto Broladio a modo tenetur solvere dictis duobus xx

ce même siècle, nous apprend qu'outre ces prieurés, il y
en avait encore d'autres dépendant de ce Mont, et qu'ils
furent tous taxés par le pape Urbain V, pour la dîme
de l'abbaye (1), du temps de Nicolas-le-Vitrier.

L'abbaye fut imposée à trois livres; Tombelaine, à
28 livres 5 sous; Pontorson, à 55 livres; le prieuré de
Brion, à 76 livres et demie, et celui de Balan, à 41 livres
5 sous et demi. Le prieur de Genêt devait la somme de
65 livres; le chantre du Mont St.-Michel, celle de 11 livres;
le trésorier, 60, et l'infirmier, 43. Ces prieurs répandirent
la lumière de l'évangile et civilisèrent nos campagnes,
adoucirent les mœurs, défendirent l'orphelin et moururent pour la justice.

Dans le diocèse de Coutances, celui de St.-Pair fut
taxé à 550 livres, et le prieuré de St.-Germain-le-Bin-
gart à 120 livres. Ce dernier fut fondé par les prédécesseurs de Guillaume du Hommet, chevalier, ainsi qu'on le
voit par sa confirmation l'an 1225; Guillaume de Morte-
mer augmenta encore les biens de ce prieuré.

Dans le diocèse de Bayeux, les manoirs de Bretteville
et de Domjean furent imposés à 700 livres. C'était la duchesse Gonnor qui les avait donnés à l'abbaye du Mont
St.-Michel; le duc Richard lui avait laissé cet héritage.
Entraînée par les sentimens de charité qui l'environnaient
dans le palais des ducs de Normandie, elle le légua aux
religieux de ce Mont.

---

lib. quas tenebatur solvere huic monasterio de annua pensione....
ultra predictam pensionem LX sol..... Manuscrit de la collection n°.
14, à la bibl. d'Avr.

(1) Taxationes ad decimam abbatie Montis et membrorum ejusdem
secundum moderationem per dominum Urbanum papam V factam.
primo in diocesi Abrincensi abbatia Montis III lib. prioratus... Manusc. de la collection no. 14.

Dans l'évêché de Dol, le prieuré de St.-Brolade dut son origine à plusieurs seigneurs. Un d'entr'eux, Trihan, fils de Brient, consacra toute sa fortune au bonheur des hommes, et honora ses richesses par l'usage qu'il en fit. Celui de Mont-Dol fut fondé par un archevêque de Dol, et le manoir de Mont-Rault fut donné par un duc de Bretagne pour le salut de sa mère et de ses enfans, si Dieu lui en accordait, et pour la conservation de son royaume, ce qui fut signé par tous les grands de Bretagne (1). Le premier prieuré fut taxé à 70 livres; le second, à 30, et Mont-Rault, à 50. Les religieux possédaient dans celui de St.-Malo le prieuré de St.-Meloir, taxé à 60 livres; et, dans le diocèse de Rennes, ceux de Villamer et de Roquillat; le premier taxé à 40 livres et fondé par un duc de Bretagne. D'autres bienfaiteurs, dont les noms sont perdus, vinrent au Mont St.-Michel, et donnèrent le prieuré de Treveur encore dans la Bretagne. Deux prieurés furent fondés dans le diocèse du Mans; St.-Victur, taxé à 75 livres, dut son origine à Rainard et à Hersente sa mère, et fut augmenté par Hugues, comte du Maine, et par Rodolphe, son vicomte; l'Abbaiette, taxée à 25 livres, paraît devoir son origine à un seigneur nommé Yves, qui se distingua par sa vertu et par ses bonnes œuvres. Ses ancêtres avaient déjà fait cette donation au Mont St.-Michel; les ravages des Normands la lui firent perdre. Ce seigneur la rendit aux religieux, qui étaient alors établis dans ce lieu, du consentement de ses deux sœurs, de ses

---

(1) Mons Sti. Michaelis qui est satis proximus nostre regioni situs intra Abrincatensem pagum.... terre... prima super fluvium qui vocatur Coismun... aliam villam positam quodam medio fluviolo inter currente que vocatur Monsrohalt.... dono,.. Cartulaire.

oncles Seimfroy, évêque, et Guillaume (1). On voit dans
sa charte que ce prieuré consistait en huit villages, situés
dans le Maine, sur les confins du diocèse d'Avranches.
Les religieux possédaient encore dans l'évêché de Chartres
deux prieurés : les seigneurs Théoderic et Gautier, sur-
nommés OEil-de-Chien, donnèrent celui de Goheré, en
présence de Hosmond de Malconseil. Gautier voulait aller
en Espagne, et il fit son offrande au prince de la mi-
lice céleste pour obtenir un heureux voyage (2) ; à
son retour il se rendit au Mont St.-Michel et confirma
sa donation. Le second prieuré, dans le même évêché, dut son origine à Gaudin d'Orléans, et fut confirmé
par Regnaut, évêque de Chartres. Dans l'Anjou, le
prieuré de Cran, taxé à 16 livres et demie, avait été
fondé par Gausbert Gatevin et Hugues Chalibot, son
gendre. C'est ainsi que ces seigneurs enrichirent les
religieux du Mont St.-Michel, et leur conférèrent leurs
églises. Le même vieux manuscrit contient toutes les
cures qui dépendaient du Mont St.-Michel, et la taxe
imposée par le pape : l'abbé conférait de plein droit la
juridiction au curé de St.-Pierre du Mont ; il n'est plus
parlé alors de l'église St.-Etienne. L'abbé et ses religieux
possédaient le patronage de celles de Huisnes, taxée à
10 livres ; de Servon, à 40 livres ; de Beauvoir, des Pas,

---

(1) Ego Yvo notum volo... terram quam mei antecessores pro sua-
rum salute animarum jam olim loco ejusdem sancti Michaelis dona-
verant sed irruente Normannorum infestatione locus ipse per multo-
rum curricula annorum amiserat.... reddidi predictam terram villas
scilicet vinto. nuncupatas his vocabulis Villarenton Cantapia Valan-
drain Lacerina Montgulfon Cardun Larcellosa Genei sitas in territo-
rio Cenomannico in confinio Abrincatensis regionis........ actum... regnante Rotberto rege Francorum. Cartulaire.

(2) Gauterius oculus canis volens ire in Hispaniam... ut sanctus
Michael duceret eum sanum et incolumen reduceret... Cartulaire.

de Pontorson, imposées à 15 livres chacune. Ils desservaient encore l'église et la chapelle de la léproserie d'Ardevon, l'église de Curé, taxée à 12 livres 10 sous, et celle de Boucey, à 17 livres 10 sous : cette dernière cure avait été donnée, dans le xiie. siècle, par Pierre de St.-Hilaire, seigneur de Boucey. Les cures de la chapelle Hamelin et de Sartilly leur appartenaient encore, la moitié de celle de Bacilly, et celle de Macé, taxée à 22 livres 10 sous. La cure de Genêt était imposée à 15 livres ; le chevalier Jean Dubois présentait aux religieux, pour la léproserie de cette paroisse, un clerc orné des qualités convenables ; on l'appelait la chapelle de Ste.-Catherine du Mont Couvin ou Corin (1). Les religieux et les bourgeois de Genêt présentaient tour-à-tour à l'hôtel-Dieu de cette même paroisse (2). Enfin, les religieux possédaient encore les cures de Dragey et de St.-Michel-des-Loups, taxées l'une et l'autre à 32 livres 10 sous. Il y avait aussi dix cures dépendantes de cette abbaye, dans l'évêché de Coutances, parmi lesquelles on comptait celles de St.-Pair et de Notre-Dame-du-Petit-Monastère, que l'on appelle aujourd'hui Kairon. Il est probable que ce petit village fut, dans l'origine, un monastère établi par St. Pair, évêque d'Avranches. Dans les îles de Jersey et de Guernesey, qui dépendaient encore alors du diocèse de Coutances, les religieux possédaient cinq cures : trois dans l'évêché de St.-Malo, une

---

(1) Capella beate Katarine de Monte Cuniculi. Manuscrit du xive. siècle, dans la collection no. 14.

Dans le cartulaire, ce mont est appelé Corin, et dans le manuscrit de Jean Huynes, no. 22, il est appelé Couvin.

(2) Domus Dei de Genecio abbas et providemus una vice et burgenses dicti loci altera... Même manuscrit dans la collection no. 14.

dans celui de Dol , deux dans celui de Rennes , quatre
dans celui du Mans, une dans celui d'Angers, et une autre
dans celui de Chartres ; cinq dans l'évêché de Bayeux ,
une encore à Rouen et deux en Angleterre.

Les religieux ne couraient point après les richesses,
et néanmoins les seigneurs de Normandie, de Bretagne ,
de France et d'Angleterre , s'étaient plu à les combler de
bienfaits. Ils les reçurent pour faire du bien , et dans tous
leurs registres on n'en trouve aucun usage qu'on puisse
blâmer. On vit quelques seigneurs puissans qui employèrent la violence pour usurper les droits des religieux, et
qui souvent s'emparèrent de leurs propriétés. Les religieux
n'opposaient que la douceur : l'injuste ravisseur, disaient-
ils , a été vu ; il sera traité selon ses œuvres. C'est ainsi
qu'ils perdirent les petites îles de l'archipel normand (1) ;
dans la vallée de Rodhuil , la terre de Bernard, père de
l'abbé Hildebert ; à Genêt, la terre de Morin-le-Panetier.
Hugues-le-Chambrier usurpa la masure de Rainer-OEil-
de-Verdier, et une autre qui rapportait autrefois cinq sous
aux religieux (2). Robert , fils de Morin, occupait la
maison de Geoffroi Pihan, le sicaire de St.-Michel, dont
les religieux avaient perdu la coutume; ils avaient perdu
également la terre et les maisons que Drogon-le-Lavendier
avait reçues de St.-Michel, pour laver le linge du couvent.
Plusieurs femmes mêmes dépouillèrent les religieux de

---

(1) Et insulam que dicitur Serc et Alrene et Erm.... Cartulaire.

(2) Rainerii oculum verderii.... Gaufredi Pihan sicarii Sti. Michaelis.... Drogo Lavendarius..... domum Osberni marescali et domum vaiferavi sui... unam acram quam Tison dedit ei de dominico
sancti Michaelis quia fuit ad nuptias suas..... Robertus Morini cepit
ad Goolt de terra rusticorum sancti Michaelis et fecit unum pratum.... Cartulaire. Le Goolt , dont il est ici question , était dans la
baronnie de Genêt.

leurs biens : l'une s'empara d'une terre ; une autre d'une maison. Un seigneur , nommé Liger , occupait la maison d'Osberne-le-Maréchal et celle de son vicomte , et les religieux en avaient perdu la coutume. Un autre, appelé Gautier, reçut une acre de terre que Tison lui donna du domaine des religieux , parce qu'il l'avait invité à ses noces ; la terre de Belleville, et une partie de celle de Goolt furent envahies également ; Vauquelin se saisit de cinq maisons et de quatre salines ; un autre de quatre autres salines et de la maison de Serlon ; Drogon donna la maison de Hugues-Fine-Oreille, franche, et en fit perdre la coutume aux religieux. Le seigneur Hilger se mit en possession de plusieurs propriétés de St.-Michel , et pendant long-temps il empêcha dans Ardevon de garder du vin , du pain et de la viande ; car il s'en saisissait aussitôt. Un autre, dans la baronnie de St.-Pair, se rendit maître d'une grande partie de la terre de Leseaux. Ils perdirent tous ces biens dans le diocèse d'Avranches , ainsi qu'on le lit dans leur cartulaire (1).

La même année 1337, Nicolas-le-Vitrier , abbé du Mont-St.-Michel , porta au chapitre de l'ordre de St.-Benoit , tenu au monastère de St.-Pierre de la Couture, un rôle de tout le revenu de son abbaye , où il dit qu'il y avait ordinairement en ce Mont quarante moines , et qu'il n'en pouvait nourrir davantage. Il allégua plusieurs difficultés, et surtout qu'il en coûtait extrêmement à faire venir et monter les provisions ; on ne sait pas ce qui fut décidé sur ce point. On ne trouve dans les actes de cette

---

(1) Hilgerius... aliud malum quod facit in Ardevone quod nemo hominum est ausus habere nec panem nec vinum nec carnem propter suam credituram quia per violentiam aufert illis omnia ista.......
Cartulaire.

assemblée, écrits à cette époque et conservés au Mont St.-Michel, que des statuts généraux ; il fut défendu aux abbés et aux prieurs de se faire accompagner dans leurs voyages par des séculiers, de faire des courses à cheval avec eux, à moins qu'ils n'eussent à craindre pour leur sûreté, ou pour leurs biens, ou que ce fût en temps de guerre (1). L'abbé du Mont St.-Michel eut la douleur de voir tomber encore le feu du ciel sur son monastère. Une grande partie des bâtimens furent renversés et brûlés ; il fit travailler sur-le-champ à leur restauration, et il y réussit en peu de temps.

Au milieu de tous ces soins, il fallut encore défendre sa forteresse contre les Anglais ; il fit lui-même la garde pour conserver cette place au roi. Il se rendit si recommandable, que Charles V, n'étant encore que duc de Normandie, établit le premier les abbés de ce Mont gouverneurs et capitaines de la ville et abbaye du Mont St.-Michel ; Nicolas-le-Vitrier mérita le premier cet honneur.

Les Anglais, profitant des troubles qui la désolaient, avaient envahi la France ; le diocèse d'Avranches était tout en feu. Thomas d'Agorne, capitaine anglais, qui soutenait en Bretagne le parti de Jean de Montfort, s'était pratiqué des intelligences dans la ville de Fougères. Le 21°. jour de juillet 1346, le roi Edouard, son maître, lui envoya en aide Renaud de Gobehen avec deux bannières ; ils brûlèrent les faubourgs d'Avranches, ruinèrent le manoir et le bourg de Ducey, et allèrent donner l'as-

(1) Presentes personas seculares equitantes pro uno monacho secum ducere nisi guerre discrimine vel personarum seu rerum periculum timeatur. Manuscrit dans la collect. n°. 14, à la bibl. d'Avr.

saut au château de St.-James ; mais ils en furent repoussés avec perte. Philippe de Valois reconnut « que Raul Gui- « ton escuyer a tenu et gouverne le fort de St.-Jacques « de Beuron bien et loyaument et la tenu françois a grants « couts frais et missions tant par deux peines de siege « que les Anglais mirent devant comme autrement... en « juing 1348 (1). » Ce Raoul Guiton, capitaine de St.- James, défendit cette place contre les Anglais pendant les années 1346 et 1347. Sa famille se distinguait par son attachement à son roi et à la foi de ses pères. Robert Guiton, prêtre, et son frère Guillaume, écuyer, l'an 1304, avaient donné au chapitre d'Avranches une rente annuelle de trente sous sur la terre de Curey ; et, quelques années auparavant, un Raoul Guiton avait aussi fait une donation aux religieux du Mont St.-Michel (2). Le manoir de Carnet leur appartenait, ainsi qu'une petite chapelle où les pélerins venaient de toutes parts invoquer St°.-Anne.

Raoul Guiton, capitaine de St.-James, mourut en cette ville, et sur sa tombe on grava ces mots : « Cy git Raul « Guyton esc. capitaine du fort de Leans pour le roy

---

(1) Trésor des chartes, t. ii, p. 299.

(2) Hec sunt consuetudines reddende per manum custodis altaris coquinarii et cellarii ad festum sancti Michaelis debentur hec.... ab- batia de Hambeia tria parva pondera cere in festo sancti Auberti. Carpentarius miles iii panes et iii mensuras vini monachorum et tres nummos cenom. Willelmus de Leisels i parvum pondus cere et Alanus de Guigois perspicit ad pascham et sui participes iiii panes albos ii mensuras vini et ad pascham et ad festum sancti Michaelis et ad na- tale ii cereos remanentes ad sanctas vesperas Sti. Michaelis. In festo omnium sanctorum pro Monte Roaudi de altari vi denarios et ii ce- reos et de celario iiii panes albos et ii prellos et ii sextelia vini ad sextarii camerarii et hoc helemosinavit nobis Radulfus Guiton. Cartu- laire.

« nostre sire qui trespassa le XIV juing lan de grâce 1349
« priez Dieu pour lame de ly. »

Le diocèse d'Avranches était alors rempli de guerriers
illustres : Jean Paisnel , sire de Marcey , établi capitaine
de St.-James , avait sous lui quatre chevaliers , trente-
deux écuyers, trente-neuf arbalétriers, combattant à pied ,
et neuf archers à cheval ; Yves de Cheruel , qui assista au
combat des Trente. Guillaume de Thieuville , appelé seigneur de Chantore , paraît l'an 1312. Dans les comptes
de Jean Flamant , trésorier des guerres ; on voit un Robert
de Crux , et deux autres qui portaient le nom de Jean de
Crux , Jean Dubois de St.-Quentin , et Guillaume d'Argouges , qui épousa la fille du chevalier de Cambray,
seigneur de Sacey. Les seigneurs de Husson , dont le fief
s'étendait en la vicomté de Mortain , ne furent pas moins
distingués ; ils descendaient de Gui de Husson , chevalier
sous Philippe-Auguste , et un de leurs successeurs ,
Olivier de Husson , devint chambellan du roi de France.
Son fils fut connu parmi les principaux seigneurs de
France sous le nom de Jean de Husson , comte de Ton-
nerre. L'an 1356 , Pierre de Viliers , qui avait hérité de la
seigneurie du Grippon , fut nommé capitaine de St.-James
et de Pontorson ; il résidait dans cette dernière ville avec
treize chevaliers , cent trente-six écuyers, trente archers
à cheval et soixante et onze à pied. Pendant qu'il défendait
vaillamment cette place, celle de St.-James fut prise et
ruinée plusieurs fois. Jean Toustain , Vigor de St.-Ga-
briel et Jean de Gay , seigneur de St.-Quentin , et plusieurs autres nobles vicomtes défendirent Avranches (1).

(1) Manuscrits du docteur Cousin à la bibl. d'Avr.

Charles-le-Mauvais, fils de Philippe-le-Bon, roi de Navarre, était alors comte de Mortain. Il assassina Charles de la Cerda, vicomte d'Avranches, et se vanta de ce meurtre aux yeux de la cour épouvantée. Le roi de France, qui lui avait donné sa fille en mariage, pleura sur cette alliance et sur la mort de son ami Charles de la Cerda. L'assassin rit de sa douleur; s'entendant avec l'Angleterre, il remplit le diocèse d'Avranches d'Anglais et de Navarrois, et nomma des capitaines à Avranches et à Mortain. Les anciens titres les appellent Jean Ruys Dayvar, gentilhomme navarrois; Martin Vaignes, Robert et Guillaume Doissey; et Jean de Cambray (1).

Duguesclin fut appelé pour s'opposer à tous ces désastres : ce héros se retirait souvent à Sacey, sur les terres de sa mère Jeanne de Malesmains, fille de Gilbert de Malesmains, seigneur de Sacey, dans l'Avranchin; il s'y délassait de ses campagnes laborieuses, et il y renfermait, au fond de son donjon, les prisonniers de guerre. Dans cette contrée se conserve encore le souvenir des combats particuliers qu'il y a soutenus. Ici, dit-on, il défit un Anglais d'une taille gigantesque, dont les armes étaient enchantées; plus loin il livra avec ses compagnons d'armes un combat mémorable, et l'on compta cent vingt Anglais tombés sous sa hache. Voici le lieu où il gagna cent florins d'or; ses armes étaient bénites, et il fit mordre la poussière à un chef anglais; là il prit le capitaine Jean Felleton, le plus renommé des ennemis de la France.

Le roi de France lui donna bientôt une compagnie de

(1) Chartrier de M. le vicomte de Guiton.

cent lances et le gouvernement de Pontorson. Plusieurs
guerriers de l'Avranchin se joignirent à lui, et l'un d'eux,
Fraslin de Husson, épousa la plus jeune de ses sœurs. Ils
ne déposèrent point les armes avant que les ennemis
ne fussent chassés de l'Avranchin. Ce pays eut beaucoup à
souffrir : on n'y voyait presque plus que des ruines et des
hameaux abandonnés. Plusieurs religieux furent massa-
crés, et à leurs prières ils avaient tous ajouté : Dieu protecteur, sauvez-nous de la fureur de l'ennemi. Les Anglais avaient fait de Montmorel une prison ; c'était
là qu'ils déposaient leur butin. Robert de Brécey en
était alors abbé. Ceux qui, dans ce XIV°. siècle, l'a-
vaient précédé, furent Guillaume de Frecy, Guillaume Godard, Jean de Lappenti et Etienne de Lappenti.
Personne ne nous a transmis leurs actions ; on ne connaît
que le jour de leur mort. Robert de Brécey fut remis en
possession de son abbaye par Duguesclin, qui tailla en
pièces les ennemis ; il eut pour successeur Guillaume de
la Chaise, qui vit renaître l'ordre et la tranquillité dans
son monastère. L'abbaye de la Luserne fut aussi presque
détruite dans ces guerres désastreuses, qui empêchèrent
les abbés de s'appliquer aux sciences. Il ne nous reste
que leurs noms dans quelques calendriers : ce sont Thomas Barbou, Raoul Leclerc, Thomas Tacon, Jean du
Rocher, tous du diocèse de Coutances, et Jean de Tale-
vende. Les religieuses de l'abbaye Blanche furent telle-
-ment effrayées du bruit des armes, qu'elles se creusèrent
des grottes dans leurs rochers, où elles s'enfermaient pendant la nuit. Elles ne nommèrent que des prieures : ce
furent Clémence de Sousvillers, Mathilde et Marguerite
de Creully. Celles du prieuré de Moutons se sanctifièrent

dans leur asile pauvre et inconnu. Une d'elles, nommée Opportune, mourut en odeur de sainteté ; les autres sont appelées Louise du Pont , Blanche de Mauni , Tanneguide, Pétronille de Caugé, Martine de Crepon, Laurence de Coujon, Gondrée du Val et Nicole Sevestre.

Les religieux de Savigny ne perdirent point leur ferveur. Un moine de Foucarmont , appelé Thomas , vint les gouverner ; après lui ce furent Pierre Dondaines et Raoul de Jouy , abbés de St.-André de Goufer ; Jean de Terville, Richard , Nicolas , Michel de Chateaudun , Samson , Robert , Julien et Jean-le-Verrier.

L'évêque, qui occupait alors le siége d'Avranches , était aussi très-distingué par son esprit , sa science et sa piété ; on le nommait Robert Porte. Jean Haut-Frine était décédé à Rouen , dans l'abbaye de St.-Ouen , où il s'était retiré à cause du tumulte des guerres, l'an 1358, et il y fut inhumé, ainsi que le porte un ancien manuscrit de ce monastère (1). Son successeur , Foulques-Bardoul , de la maison du Plessis-Bardoul , au diocèse de Rennes , fut garde-des-sceaux ; il ne gouverna ce diocèse qu'un an. Il abdiqua et mourut 21 ans après. Robert Porte, qui lui succéda , était natif de Caen. Au XIIIe. siècle , le manoir de la Pigacière, dans le territoire de cette ville , appartenait (2) à la noble et ancienne famille de Robert Porte, qui devait tous les ans , le jour St.-Jean , présenter un chapel de roses à l'abbesse de Caen , en sa chaire abbatiale.

(1) In capella sancti Andree jacet Johannes de Hautfrine episcopus Abrincensis qui fato functus est anno 1358. Voyez les manuscrits de M. Cousin, qui réfutent des erreurs sans nombre sur les évêques d'Avranches, en particulier celles de Nicole, de Bessin , etc.

(2) Essai historique sur la ville de Caen , par M. l'abbé de la Rue.

Cet évêque était d'un mérite remarquable, professeur et docteur en droit canon, et versé dans toutes les sciences. Son savoir et ses vertus lui concilièrent l'estime et le respect de tout le monde ; il posséda la confiance du roi de Navarre, qui l'établit son lieutenant en Normandie.

Quand il prit possession de son évêché, il négligea un ancien usage, ce qui fut cause d'un procès qu'il perdit. Voici la sentence : l'homme de loi qui la rédigea, n'y mit ni points, ni virgules, ni accens.

« A tous ceulx que ces letres veront ou oiront Jehan
« Covillant clerc garde des sceaulx des obligations de la
« ville et vicomte dAvranches pour monsieur le roy de
« Navarre saluz comme il soit ainsi que des long temps a
« que contredit et empeschement sur quoy proces deffet et
« descors avoit este meu par entre homme sage et discrept
« monsieur Robert Porte par permission divine evesque
« dAvranches dune part et messire Henry Regnault escuyer
« seignenr des Regnauldieres et de Romyre et sergeant
« heredital des ressorts de Bretaingne fils et seul héritier
« de feu monsieur Sanson Regnault escuyer capitaine de
« Baieulx sieur des Regnauldieres et de Rochefort et du
« manoir de sainct Gervese assis en la cite dAvranches
« fils de feu messire Guillaume Regnault chevalier sieur
« du chasteau Regnault et des Regnauldieres de la Boussac
« et Espiniac et du Moutier et de la Pignellaye au pays et
« duche de Bretaingne et Pierre des Touches escuyer et
« damoiselle Philippotte de Touchet jadis sa femme fils de
« Pierre des Touches escuier seigneur en partie de la ville
« de Montmartin sur la mer et de damoiselle Johanne
« Regnault sa femme appelee dame Johanne des Touches

« seur dudict Henry Regnault escuyer presence de mon-
« sieur Berthault le Gabellier rectour et vicaire de la
« chapelle de sainct Gervese et de Perrot Lange clerc et
« servitour de ladicte chapelle et de Massey Onom et de
« Michelot Ozsane tresoriers et de touls les parroissiens de
« la ditte chapelle touls venus et assemblez daultre part et
« touls lesquels dessus dicts disoient maintenoient et
« soubtenoient contre ledict sieur Porte evesque que du
« contredict et empeschement quil avoit mins pour lors
« et au temps quil avait voulu prendre la possession et
« entree de son evesche ainsi quil a este montre par
« touls les dessus dicts par lours lettres et chartes et
« droicts de ladicte chapelle au dict Porte evesque quil
« estoit tenu et subget venir descendre de cheval a la
« porte de la dicte chapelle et y descendre de dessus son
« mullet ou mulle sur lequel ledict sieur evesque est
« monte acoustre de sa robe et saion et chausses housses
« et calcaires ou diguarts comme la plus antique chapelle
« de long tems jadis fondee par messires Gervese Regnault
« et Prothais Regnault chevaliers sous Judicael roi de
« Bretaingne predecessours dudict Henri Regnault escuier
« et de la dicte dame Johanne Regnault appellee dame
« Johanne des Touches pour estre receu le dict Porte a
« fere sa reception pour prendre la possession de son dict
« evesche et est tenu et subget ledict Porte evesque partir
« les pieds nus sortissant hors de la dicte chapelle dem-
« puis icelle a venir jusques en leglise cathedrale de mon-
« sieur sainct Andrieu dAvranches ou touls les predeces-
« sours evesques dAvranches ont de touls temps et toul-
« siours mes accoustume fere ainsi que avait faict monsiour
« Aubert evesque dAvranches en lan de grace sept cens

« et oict et aultres evesques de dempuis auroient ainsi
« faict comme il est dict et declare par les dicts droicts
« et ensegnemens de la dicte chapelle et a la quelle re-
« ception ledict Regnault et ses dicts predecessours
« comme fondatours sont subgets et tenus y assister pre-
« sence dudict maistre Berthaut rectour et clerc de la
« dicte chapelle et ainder a descendre audict evesque et la-
« quelle monteure doibt demourer au profict dudict tre-
» sor ou bien payer trente francs dor pour icelle monteure
« et ladicte robe et saion chausses et housses diguarts
« doibvent demourer au singullier profiet du dict clerc et
« de ses dicts predecessours sachent touls que par devant
« don Richard Meincent clere pretre tabellion jure pour
« mon dict sieur le roi de Navarre fut present le dict mon-
« sieur Robert Porte evesque dAvranches lequel soit pour
« lui que pour ses predecessours evesques soi est desiste
« et departi de lempeschement par lui mins et a cogneu et
« confesse audict messire Henry Regnault escuier et de
« ses hoirs mesmes audict maistre Berthaut le Gabellier
« rectour et au dict clerc de la dicte chapelle que sans
« cause ny raison il avoit contredict et empesche lours
« droietures acoustumees et que a bonne cause ils auroient
« soustenu contre le dict sieur Porte suivant qu'il est mins
« et montre par lours droicts de la dicte chapelle en
« accordant le dict evesque aux dessus dicts de jouir des
« dictes droictures pour le temps a venir sans y mettre
« aucun empeschement en aucune maniere ainsi quils
« ont jure par lour foy et ame present ledict jure de tenir
« et avoir ce present pour agreable sans aucun empes-
« chement en tesmoing de ce a la relation du dict jure ces
« lettres sont scellees saouf autri droict ce fut fet lan de

« grace mil ccc soixante dix le mardi avant la sainct
« Michel. »

Signèrent cet acte écrit sur parchemin : Regnault, Ron-
tier, Gardan , Dasvum , Loliot , Regnault , Constri,
Regnault , Regnault , Ressoubz et quelques autres , jusqu'au nombre de treize. On scella cette transaction en
cire jaune.

Ce fut chose jugée : l'évêque fut obligé de reconnaître
les droits de l'église de St.-Gervais et ceux des seigneurs
Regnault. Cependant plusieurs prétendent que les titres
de ces seigneurs étaient supposés. Dans l'extrait qui
est produit de ceux du vii°. siècle, ils trouvent des noms
propres qui n'ont , en France, commencé d'être pris qu'à
la fin du xii°. siècle ; le style de leur titre de la fin du xi°.
n'a point la couleur du temps. Les mêmes critiques ajoutent qu'on ne voit point aujourd'hui de terre appelée les
Regnauldières, mais bien les Zenauldières ; qu'enfin ce fut
sans doute un personnage du nom de Regnault, qu'un roi de
Navarre plaça à Avranches , qui fabriqua tous ces titres ;
qu'étant dans la magistrature , il put faire juger le procès
en sa faveur. Il restera toujours une difficulté insurmontable
à expliquer dans ce procès : comment cet étranger put-il
persuader à toute la ville d'Avranches que ses ancêtres
avaient fondé leur ancienne église, qu'il en possédait tous
les droits honorifiques , qu'il en avait toujours joui ,
qu'on acquittait des services religieux pour sa famille
dans cette chapelle , que les tombeaux de ses aïeux s'y
voyaient encore, qu'eux seuls étaient enterrés dans le
chancel de cette église, que les Regnault étaient et avaient
toujours été les seigneurs du manoir de St.-Gervais , que
tous les évêques d'Avranches étaient toujours descendus ,

lorsqu'ils prenaient possession de leur évêché, à la porte
de l'église de St.-Gervais, pour se rendre à la cathédrale,
accompagnés des seigneurs Regnault (1)? Si tout cela eût
été faux, les chanoines de la cathédrale, les prêtres de
l'église de St.-Gervais, la ville tout entière d'Avranches,
se seraient élevés contre de telles impostures; jamais elles
n'auraient pu prévaloir.

Robert Porte était bien un des plus savans prélats
de son siècle, et les titres des Regnault et de l'église de
St.-Gervais lui parurent valables. Son épiscopat fut illustré par plusieurs grands hommes : Guillaume de Montagu
ou de Montaigu, de la paroisse de Montanel, devint évêque
de Terouenne et chancelier de France ; les Hanoirs ou
soldats du Hainaut, que le roi d'Angleterre avait à sa
solde, détruisirent son château de Montaigu (2), dont il
ne reste aujourd'hui que des décombres. Silvestre de la
Cervelle, né à St.-James, fut élu évêque de Coutances et
nommé grand-aumônier de France; l'église d'Avranches
posséda encore un doyen fort illustre, Jean Roussel, et
un autre doyen, qui devint légat du pape Innocent VI.
L'évêque fit transporter au Mont St.-Michel le trésor de
l'église d'Avranches pendant les ravages des guerres, et
voici quelles en étaient les richesses : un calice d'argent
doré avec sa patène, deux pots à l'eau, une custode
d'ivoire, une bourse où il y avait trois corporaux, des
couvertures de calice brodées, avec l'image du Christ ;
cinq offertoires de soie, un peigne d'ivoire, des brode-
ries pour la chaire épiscopale, un missel où il y avait de

(1) Toutes ces choses se trouvent dans leurs titres. Voyez les manuscrits du docteur Cousin à la bibl. d'Avr.

(2) Chartrier de M. de Guiton.

l'or et du clinquant, et qui était couvert d'une étoffe brodée ; un évangéliaire porté sur un patin argenté , quatre rideaux devant et six chandeliers de cuivre sur l'autel ; autour du chœur, un drap de laine cousu à l'aiguille , un autre drap posé sur le plan du chœur , une croix d'argent avec une pierre précieuse pour le grand autel , une croix de cuivre pour l'autel du chapitre, deux encensoirs de cuivre avec une navette de même métal , la crosse des enfans avec le bâton , une coupe d'argent, avec une autre petite de même prix, pour le corps du Christ ; une caisse d'ivoire qui contient les reliques de Ste.-Pience, une autre coupe d'argent, une chasuble, ornée de cuivre , et des images d'argent des apôtres ; enfin , une grande croix avec l'image du Christ ; le tout d'argent (1).

Dans une armoire, dont Richard de Precé, au commencement de ce XIVe. siècle , avait la garde , étaient renfermés le reliquaire de St. André , une caisse d'argent où l'on disait qu'étaient contenues des reliques des saints Innocens , deux bourses , un offertoire de soie , trois ampoules ou bouteilles d'argent destinées à garder l'huile et le saint chrême pour les catéchumènes et les malades , une petite croix tout argentée , avec une partie de la croix de Notre-Seigneur ; une autre partie de la croix de St. André, un petit vase de cristal, avec des reliques de St.-Thomas de Cantorbéry ; deux chandeliers avec des pom-

(1) Anno Domini mo cco nonagesimo quinto in mense maii in custodia Goceti erant ea que sequuntur calix argenti deauratus cum patena duo urseoli pissis eborea... coopertoria brodata calicis.... quinque offertoria serici... toalla brodata pro cathedra episcopi missale auri et aurichalci... evangeliarium cum assere argentata..... pannus lane qui ponitur chori sutus cum acu pannus que superponitur forme chori.... crocia puerorum cum baculo... t cassula cuprea cum imaginibus apostolorum argenteis..... Livre vert du chapitre d'Avr.

mettes de cristal. Dans le triangle étaient suspendues vingt-neuf chapes pour les enfans et le bas-chœur, quatre belles chapes brodées, avec les orfrois d'argent; une chape noire brodée et sur laquelle étaient représentés un aigle, des soldats et des chevaux; quinze chapes dorées, dont une avec des pommettes d'argent; quatre avec des orfrois de cuivre, dix-sept rouges, dont deux avec des orfrois d'argent et quatre avec des orfrois de cuivre; six de couleur de safran, dont une avec des orfrois et des pommettes d'argent; une verte, cinq presque noires, quatre blanches, et un tapis, aux armoiries de Richard, évêque (1), pour placer au pied de l'autel.

Il y avait encore dans la cathédrale un reliquaire que l'on présentait comme renfermant des reliques des saints patriarches, des prophètes, des apôtres, des martyrs, des confesseurs, des vierges, et principalement de la Ste. Vierge, de St. Pierre et de St. Paul; les vêtemens avec lesquels St. Pierre souffrit le martyre, les vêtemens de la Ste.-Vierge, ceux qui servirent à Notre-Seigneur dans sa crèche, dans le sépulcre où il fut déposé, et quelques parties du corps de St. Patrice. On rapportait que toutes ces reliques avaient été trouvées pendant le siècle précédent dans la cathédrale, sous le bois du crucifix, enveloppées dans un corporalier; elles y avaient été placées par St. Aubert, avec un écrit de cet évêque, qui désignait chaque relique (2).

(1) In armariolo in custodia Ricardi de Prece costa sancti Andree cum cassa sua... III ampulle de argento pro chrismate pro oleo sancto pro oleo infirmorum..... item in triangulo XXIX cape pro pueris et minoribus clericis... I nigra brodata cum aquila et militibus et cum equis item XV deaurata.... Livre vert.

(2) Sciant quod ego Wil Tholomei Abr. epis in nomine sancte Tri…

Robert Porte, ayant mis en sûreté le trésor de son église, repoussa les ennemis l'épée à la main , et les chassa de Genest et des autres postes qu'ils occupaient aux environs d'Avranches.

Duguesclin, de son côté, leur livra plusieurs combats mémorables ; le diocèse d'Avranches devint le théâtre de ses exploits. On vit l'épouse de ce guerrier célèbre et sa sœur, Julienne Duguesclin , qui était religieuse, se distinguer aussi par leur courage. Felleton , capitaine anglais, ayant appris que Duguesclin était absent du château de Pontorson , choisit une nuit obscure, et, suivi de quelques soldats fidèles , il arriva aux portes de cette forteresse, où il s'était ménagé des intelligences avec deux chambrières de la dame Duguesclin. Il donna le signal convenu aux perfides servantes , et déjà il avait dressé quinze échelles contre les murs de la tour , lorsque la dame Duguesclin , réveillée par le bruit , s'écrie qu'on attaquait la place. Julienne Duguesclin , qui couchait avec elle , se jette hors du lit , et cette intrépide religieuse, si digne du sang qui coulait dans ses veines, se saisit de la première armure qu'elle trouve , vole au haut de la tour , renverse les échelles , et crie alarme à la garnison : les soldats réveillés courent sur les remparts ; les Anglais confus et épouvantés se retirent en désordre. Duguesclin revenait alors ; il aperçoit les ennemis, les poursuit avec vigueur, et force leur chef de se rendre. C'est de lui qu'il apprit la trahison de ses deux

---

nitatis inveni infra lignum crucifixi reliquias sanctas infra corporalia a beato Auberto quondam Abrinc. episcopo positas in quibus adhuc sunt prout in scripto ejusdem sancti episcopi continetur........ quas omnes sanctas reliquias ibidem Deo protegente reposuimus. Livre vert.

servantes ; il les fit lier ensemble dans un sac et jeter à la rivière (1).

Ce héros, après de nombreux exploits, reçut la seigneurie et la propriété de la ville de Pontorson, pour lui et ses descendans mâles. Mais son épouse ne lui donna point d'enfans ; elle se nommait Tiphaine et était fille du vicomte de la Bellière. Cette dame, distinguée par sa beauté, par son esprit et par sa science, se rendit si célèbre en astrologie, qu'elle acquit le nom de Tiphaine-la-Fée. Voyant son mari partir pour l'Espagne, « elle obtint de « lui, dit un historien du Mont St.-Michel, de venir demeu- « rer en ce Mont. Il l'y conduisit et lui fit bâtir un beau « logis vers le haut de la ville ; on en voit encore quel- « ques murailles. Il lui laissa en garde cent mille florins, « qu'elle distribua libéralement jusqu'au dernier à plu- « sieurs soldats et capitaines peu fortunés, qui la vinrent « visiter en ce Mont, en les exhortant d'aller retrouver « son mari pour combattre avec lui. Pendant ce temps-là « elle s'exerçait continuellement sur ce roc à la contem- « plation des astres, à calculer et à dresser des éphémé- « rides, etc. Elle resta en ce lieu jusqu'en l'an 1374 « qu'elle alla mourir à Dinan, où l'abbé du Mont St.- « Michel lui fit solennellement ses obsèques comme elle « l'avait désiré (2). »

Ainsi parle l'historien Jean Huynes. On peut attribuer à cette dame, ou peut-être aux leçons qu'elle donna aux religieux, un manuscrit du Mont St.-Michel, en vélin, dont les lettres majuscules sont de diverses couleurs, et l'écri-

(1) Hist. de Bretagne par d'Argentré.
(2) Manuscrit de Jean Huynes, nº. 23, à la bibl. d'Avr!

ture de ce temps. Ce sont des éphémérides où l'on voit des observations astronomiques et la prédiction des mauvais jours (1).

Un vers latin, au commencement de chaque mois, indique les jours funestes, les jours de mort. Voici les choses principales de ce curieux manuscrit, qui est écrit en latin :

JANVIER.

Ier.   Jani prima dies et septima fine timetur.

Ainsi c'était le premier et le septième jour de Janvier qui étaient néfastes ; viennent ensuite les observations astronomiques, le nombre de jours dans le mois de Janvier, et de la lune de ce mois, et le nombre d'heures pendant le jour et pendant la nuit :

> Principium Jani sancit tropicus Capricorno.
> Januarius habet dies xxxi luna xxx nox habet xvii
>   horas et dies vii.

XVIIIe. Sol in Aquario.

FÉVRIER.

Ier.   Quarta subit mortem prosternit tercia fortem.

L'influence maligne des astres en ce mois s'exerçait le troisième et le quatrième jour. On voit ensuite l'observation de la marche du soleil, et du jour où les oiseaux commencent à chanter.

> Mense mane in medio sol distat sydus Aquaro

_____

(1) Premier manuscrit de la collect., no. 14, à la bibl. d'Avr.

Februarius habet dies xxviii luna xxix nox xiiii h.
dies x h.

IVe.   Incipiunt aves canere.

MARS.

Primus mandentem disrumpit nona bibentem
Procedunt duplices in Marcia tempora pisces
Martius habet dies xxxi luna xxix nox habet horas xii
dies xii.

XVIIIe. Sol in Ariete primus dies seculi.

Le premier et le neuvième jour, d'après les influences des astres et la situation des planètes, n'épargnaient ni celui qui buvait ni celui qui mangeait. Dans le mois suivant, c'était le dixième et le onzième jour qui étaient des jours de mort :

AVRIL.

Denus et undenus est mortis vulnere plenus
Respicit Aprilis Aries frixee kalendas
Aprilis habet dies xxx luna xxix nox x h. dies xiiii h.

XIIe.   Rupti sunt fontes aquarum
XVIIe. Sol in Taurum.

MAI.

Tercius occidit et septimus ora celidit
Maius Agenoris minatur cornua Tauri
Maius habet dies xxxi luna xxx nox viii h. dies xvi h.

VIIIe.   Sancti Michaelis in capis
XVIIIe. Sol in Geminis.

Le troisième et le septième jour de Mai étaient regardés comme funestes, ainsi que le dixième et le quinzième de Juin :

JUIN.

Denus pallescit quindenus federa nescit
Juinius equatos celo jubet ire laconas
Juinius habet dies xxx luna xxix nox vi h. dies
    xviii h.
V°.   Desinunt aves cantare
XVII°. Sol in Cancrum
XVIII°; Autberti epis in capis xii lectiones
XXV°. Oct sti Auberti xii lect.

Dans ce mois, il est fait mention de la fête de St. Aubert, de douze leçons que l'on chantait dans l'office de
ce grand saint, de l'Octave de cette fête et du jour que
les oiseaux cessent de chanter. Le mois suivant fait mention de St. Samson, évêque de Dol, des jours canicu-
laires, et il présente comme malheureux le dixième et le
treizième jour.

JUILLET.

Tredecimus mactat Julii decimus labe faciat
Solsticio ardentis Cancri fert vilius Austrum
Julius habet dies xxxi luna xxx nox viii h. dies xvi
XIV°.   Incipiunt dies caniculares
XVIII°. Sol in Leonem
XXVIII°. Sansonis episcopi viii lect.

AOUT.

Prima necat fortem perditque secunda cohortem
Augustum mensem Leo fervidus igne perurit
Augustus habet dies xxxi luna xxix nox x h.
    dies xiiii h.
XXV°.   Ludovici quondam regis Francorum xii lectiones.

Dans le mois d'Août, le premier jour n'épargnait point l'homme fort, et le second détruisait une cohorte. En Septembre, le troisième et le dixième faisaient sécher les membres. Le jour de la fête de St. Louis, roi de France, est fixé au 25 d'Août ; la fête de St. Pair, au 23 Septembre; et au 29 de ce même mois , celle de l'apparition de St. Michel au Mont Gargan.

SEPTEMBRE.

Tercia Septembris et denus fert mala membris
Sideree Virgo bachum September opinat
September habet dies xxx luna xxx

V_e.   Finiunt dies caniculares
XVIIe. Sol in Libram
XXIIIe. Paterni episcopi xii lect.
XXIXe. Dedicatio Sancti Michaelis iu monte Gargano in Capis.

OCTOBRE.

Tercius et denus est sicut mors alienus
Equat et October sementis tempore Libram
October habet dies xxxi luna xxix nox xiiii h. dies x h.

XVIe   Sancti Michael in Monte Tumba in Capis
XXIIIe Octav xii lect.

Le troisième et le dixième jour causaient une mauvaise mort, et , dans le mois suivant , le cinquième était sous l'influence du Scorpion , et le troisième annonçait le carnage. Le 16 d'Octobre, l'église du Mont St.-Michel célébrait solennellement la fête de l'apparition de l'Archange au Mont de Tombe , et les religieux se revêtaient des chapes brodées d'or avec les orfrois d'argent.

NOVEMBRE.

Scorpius est quintus et tercius est nece cinctus
Scorpius hibernum preceps jubet ere November
November habet dies xxx luna xxx nox xvi h.
dies viii h.

XVIIe. Sol in Sagittario.

DÉCEMBRE.

Septimus exanguis virosus denus ut anguis
Terminat architcnens medio sua signa December
December habet dies xxxi luna xxix nox xviii h.
dies vi.

XVIIIe. Sol in Capricornum.

D'après l'observation du ciel, le septième et le dixième jour de décembre étaient remplis de poisons.

C'est ainsi que, d'après la contemplation des astres et le mouvement des cieux, on fixait à certains jours la mort de ceux qui étaient nés ou qui entreprenaient quelque affaire dangereuse sous certaines constellations.

L'épouse de Duguesclin lui avait donné des tablettes dans lesquelles elle avait coté les jours malheureux, et l'histoire rapporte que, quand ce héros fut fait prisonnier et qu'il vit perdre, à ses côtés, au comte de Blois et le trône et la vie, il ouvrit ses tablettes, et vit que c'était un des jours cotés où il ne fallait rien entreprendre.

On voit encore, par les vers latins précédens, que cette dame explique les signes du Zodiaque que le soleil parcourt. On sait qu'aujourd'hni le soleil ne répond plus aux constellations du firmament des anciens, parce qu'elles ont rétrogradé vers l'Orient par leur mouvement propre, et l'on ne croit plus à ces influences des astres.

Nous lisons encore dans un autre manuscrit quelques observations astrologiques (1), qui paraissent avoir été écrites dans ce même temps, et plusieurs des additions à ce manuscrit remontent également à cette époque; quelques-unes furent ajoutées plus tard : c'est le mois et le jour de la mort des bienfaiteurs de l'abbaye, et quelquefois ceux où l'on en faisait mémoire. En janvier, moururent Charles, roi de Navarre, qui donna aux religieux cinquante livres tournois de rente annuelle; Michel Taillefer, bienfaiteur de ce monastère; St. Edouard, roi d'Angleterre; Geoffroi, Hildebert, Richard, abbés de ce Mont; les bienfaiteurs Guillaume Plombar, Richard, laïque; Jondoin de Suligny, la comtesse Gonnor, Jeanne, reine de France, épouse du roi Philippe; Marie, reine de France; Philippe, roi de France, décédé le 10 janvier 1321, fils de Philippe, qui donna aux religieux la somme de 100 livres de rente annuelle; Pierre Ryquelin, qui donna celle de 15 livres; Guillaume Malpoint, celle de 40; frère Jacques de Ponts, qui fit à St.-Michel une offrande de 100 francs et une rente annuelle de 45 sous; Chérus, qui fit présent d'une bibliothèque; Jean des Pas, l'archevêque Robert, les évêques Jean de Dol, Guillaume du Mans, Raoul d'Avranches, et les religieux de ce monastère Guillaume, Etienne et Guillaume.

En février, moururent les bienfaiteurs dont les noms suivent : Charles, roi de France; Jeanne-la-Ferrée, Michel-le-Boscheron, qui accorda une rente de 30 sous, et Blanche, duchesse d'Orléans, qui en accorda une de 100

(1) Martyrologe d'Usuard, dont nous avons parlé plus haut. Voyez la collect., n°. 14.

livres, que le monastère lui payait tous les ans ; Michel Taillefer ; Guillaume, archevêque de Rouen ; Robert, comte des Normands ; le chevalier Jean de Aucey, et de ce monastère le moine Guillaume de Cormolan ; l'abbé Martin, le chantre Thomas Pichard, et le prieur Jean Eon, qui donna le fief de Brécey ; Aimeric Guenart, archevêque de Rouen ; Nicolas le Borgeis, Jean de Brée, Guillaume, évêque d'Avranches ; maître Guillaume de Bloneville, l'abbé Richard Tustin, Ande, mère de Richard Féron, et son père.

Le mois de mars commence par ce vers astrologique :

Martis prima necat cujus de cuspide quarta est.

Le premier jour de ce mois et le quatrième, qui sont désignés comme funestes, moururent les bienfaiteurs Jean de Montigny, et Pierre Burel, prieur de ce lieu, qui donna 40 livres pour l'acquisition d'un fief dans la paroisse de Curey. Il est aussi fait mention, dans ce même mois, de la mort de trente-huit pauvres, qui furent ensevelis sous les ruines de quelques maisons au Mont St.-Michel. La mort n'épargna pas non plus Robert de Harcourt, évêque de Coutances, qui fit une donation de dix livres de rente à St.-Michel ; Raoul de Bourguenoles, Mathieu et Nicolas de Moley, prieurs de ce lieu ; Philippe Paeen ; Sebille, comtesse de Normandie ; Robert, archevêque de Rouen ; Jean Dubois ; Raoul, abbé de ce lieu ; Pierre-le-Charpentier de ce Mont, et Denise, mère de Raoul-le-Charpentier bienfaiteur ; Pierre des Pas, Jean Paisnel, les prieurs du Mont Symon-Barbou, Vazon, Jean Enete, Guillaume de Filebec, Denis de Neauffle, moine de ce monastère ; Etienne Bomer ; Alvered, curé de Carnet,

qui légua aux religieux trente sous de rente annuelle ;
Jean de Tanis , et Achard , évêque d'Avranches.

Le premier avril , mourut Jeanne , reine de France et
de Navarre ; le deuxième jour, Roger, abbé de ce Mont ;
le cinq, Hugues, évêque d'Avranches, et Fulbert, évêque
de Chartres ; dans les autres jours, Richard, roi d'Angleterre ; Michel Gaudin , Nicholas de Gorges, qui gratifia les
religieux de cent sous , et Eudes des Pas, curé de Pontorson, de 25 sous ; Jean, évêque d'Avranches, qui offrit aussi
un présent aux religieux ; Robert Dubois, Jean de Leseaux,
Mainard et Jean de la Porte , abbés de ce lieu ; Pierre
Paluel , Nicolas Famigot , abbé , et Guillaume d'Isigny ,
prieur de ce lieu ; Olivier de Clisson, qui fit présent de
trois cents écus ; Nicolas et Richard, évêques d'Avranches, et Gui de Harcourt, évêque de Lisieux, qui donna
cent sous de rente annuelle ; Nicolas de Marcilli , qui
leur accorda aussi vingt sous ; Durand de St.-Jacques, et
Geoffroy de Molay.

Le mois de mai ouvre par ce vers des astrologues :

Tercius in Maio lupus est et septimus anguis.

Le troisième jour et le septième ne furent pas seuls funestes aux bienfaiteurs de ce Mont ; la mort compta tous
les jours des victimes. Dans cette table de la mort, on
voit Jean , roi de France, le premier mai 1364 ; Robert,
archevêque de Rouen ; Jean de St.-Martin , Radulfe
Tesson , chevalier , seigneur du Grippon ; Robert de
Carnet, Jean Lengleys , Jean Mahé , évêque de Dol ,
bienfaiteur de ce monastère , ainsi que Guillaume le Faë ;
Jean de Dume , chanoine de Rouen , qui légua vingt
livres ; Radulphe de Champrepus , Robert Brasdefer ,

Guillaume de Valborel , les abbés de ce Mont, Bernard, Théodoric , Almodus ; les prieurs Philippe de la Lande et Ernaud ; le trésorier St.-Martin de la Mare, et le moine Nicholas Sigart.

En juin on trouve dans ce registre de la mort: Nicholas Mercator ou le Marchand , Isabelle , reine d'Angleterre , et l'évêque d'Avranches Jean Hautfuney, qui , dans son testament , légua aux religieux cinquante livres; Louis , roi de France , fils de Philippe ; Henri III , roi d'Angleterre ; Raoul-le-Carpentier , Jean Pigace , Robert de Aumesnil , Silvestre Roussel, qui fit présent de trente livres ; l'abbé Robert , Michel , orfèvre ; Raoul de Lépine , et Geoffroi de Servon.

En juillet ce vers ouvre la liste des morts :

Tredecimus Julii decimo innuit ante kalendas.

Les religieux pleurèrent les bienfaiteurs Guillaume Fournel, écuyer, qui leur fit présent de six marcs d'argent ; Eudes, archevêque de Rouen ; Thomas des Chambres, un de leurs abbés; Jean Bouillon , moine de ce lieu ; Robert de Gardou, qui donna vingt livres ; Nicolas Guernon, prieur ; Richard, curé de Beauvoir , qui offrit un vase d'argent ; Nicolas Georges, curé de Ducey, une rente de vingt sous ; Maurille, archevêque de Rouen ; Jourdan Hamon , Jean le Faë et Mainard second, abbés de ce lieu ; Philippe, roi de France ; Jean de Marne , évêque de Coutances , qui fit une offrande d'une croix d'argent ; Richard, évêque d'Avranches ; André de Monteney , Guillaume Glane , Richard , évêque d'Avranches ; Richard de la Porte , Richard Tustin et Raoul , abbés de ce lieu ; Hoel, évêque du Mans, et Robert Porte , évêque d'Avranches.

Le mois d'août commence ainsi :

Augusti nepa prima fugat de fine secunda.

Voici ceux qui firent leurs derniers dons : Guillaume second , roi d'Angleterre ; Jourdain , abbé de ce lieu ; Richard , troisième comte des Normands ; Guillaume Russel , Nicolas Germain , Jean Briton , prieur de ce monastère ; Mangis , évêque d'Avranches ; Donoald , évêque d'Aleth ; Guillaume Blondel , prieur ; Hubert des Pas ; Foulques , évêque d'Avranches ; Richard II , comte des Normands, et le comte Geoffroy ; St. Louis, roi de France, décédé le 25 de ce mois ; Michel-le-Confanier , prieur de ce lieu ; Philippe de Valois , roi de France , l'an 1350 , et Guillaume Tholom , évêque d'Avranches.

Les jours malheureux du mois de septembre sont indiqués par ce vers :

Tercia Septembris vulpes ferit a picha dena.

Et au Mont St.-Michel on faisait mémoire des personnages qui suivent, et qui laissèrent à ce monastère des souvenirs touchans de leur amitié : Thomas Roussel, les évêques d'Avranches Richard et Herbert, Jean, archevêque de Rouen, et Guillaume, roi d'Angleterre et duc de Normandie ; treize pélerins étouffés par la foule en ce Mont, et quatre entraînés par la mer ; douze autres ensevelis sous le sable, Mathilde, épouse de Henri Ier. , roi d'Angleterre ; Guillaume du Château, abbé de ce lieu, qui fit une donation perpétuelle de vin aux religieux ; Geoffroy de Brion ; Guillaume, moine de St.-Jacques ; Charles , roi de France , l'an 1380 ; le chevalier Guillaume de Silli , Guillaume Boessel , dix-huit pélerins submergés l'an 1318 , Pétronille ,

mère de Henri des Pas ; Jeanne, mère de Robert II, abbé
de ce lieu ; Geoffroy Perier, Jean-le-Blont, chantre, et
Symon de Cathehoule, camérier de ce monastère ; sept
pélerins, l'an 1304, décédés en ce Mont ; soixante-sept
dans un autre temps ; six un autre jour, et vingt-trois
l'an 1328 ; cinq ensevelis sous le sable et submergés par
la mer l'an 1304 ; treize l'an 1305, et une autre fois plusieurs autres pélerins entraînés par les flots au milieu des
grèves.

Le mois d'octobre contient ce vers :

Tercius Octobris gladium decimo ordine nectit.

On voit figurer sur cette liste : Alain, duc de Bretagne ;
Jean Chifrevast, qui donna vingt écus d'or ; le moine Richard Féron, le prieur Gillebert, Robert dit le Roi, clerc,
qui donna aux religieux 50 sous ; Ranulphe de Thorigny,
Thomas de Vincheleys, qui fit présent d'une bibliothèque
très-nombreuse ; Norgaud, évêque d'Avranches ; Nicholas
Bades, le chevalier de la Champagne, Roger, abbé de ce
lieu ; Jean, roi d'Angleterre ; Agathe de la Porte, mère
du frère de Geoffróy de Servon, qui donna 4 livres ;
Charles, roi de France ; Maurice de Leseaux, Geoffroi
Priout, père du religieux Raoul Priout, pour lequel il
donna 34 écus d'or ; le cardinal Michel, qui laissa aux
religieux cinq cents livres de Paris, et Robert Coichard,
dix livres ; Nicolas de Rommilly, Guillaume, évêque d'A-
vranches ; le chantre Radulphe-le-Français ; Fromond,
frère de Julien Gaudin ; plusieurs pélerins entraînés par
la mer, dont quatre furent retrouvés jetés sur le rivage,
et six autres submergés l'an 1340.

En novembre :

> Quinta subit et tercia fugat cohortem.

Les religieux firent d'abord mémoire, le premier jour, de la Ste.-Vierge et de tous les martyrs, suivant l'institution du pape Boniface ; ensuite de tous les saints en général, d'après les ordres du pape Grégoire. Ils se rappelaient aussi le souvenir de leurs bienfaiteurs : Suppon leur abbé ; Mathilde, reine d'Angleterre ; Alexandrine, mère du seigneur de Carnet ; Thomas Gontir, prieur de Tombehelene ; Jean Hache, Geoffroy d'Astrée, qui fit une rente à St.-Michel ; Hugues, archevêque de Rouen ; Roger de Belval, Michel de Tancarville, Michel de la Lande, prieur de ce lieu ; Louis, roi de France ; Jean de Dol, moine de ce monastère ; Guillaume, archevêque de Rouen ; Rainald, évêque d'Aleth ; Jeanne, fille du roi de Navarre, qui donna une croix d'or ornée de pierres précieuses ; Robert, abbé de la Luserne ; Richard Ier., duc de Normandie, et Geoffroi, comte de Bretagne ; Guillaume du Homme, prieur de Montdol ; Théobalde et Rotrou, archevêques de Rouen ; Blanche, reine de France ; Nicolas, abbé de ce lieu ; Philippe, roi de France, qui donna une statue d'or de St.-Michel ;

On trouve enfin ce vers au commencement de décembre :

> Dat duodena cohors septem inde decemque December.

Voici les bienfaiteurs du monastère qui moururent ou dont les religieux faisaient mémoire en ce mois : Henri, roi d'Angleterre et duc de Normandie ; Pierre Bernard, Jean de Servon, qui donna 4 francs et 20

sous ; Raoul. Goot , Thomas Dubois, Michel , évêque
d'Avranches ; Jean Toustain , clerc , qui fit présent de
20 livres , et Jean Dourne, seigneur de Plomb, de 13
livres ; Guillaume Roussel , maître Nicolas Badin , Raoul
Hermite , Raoul Brasart , Nicolas , évêque de Dol ; Nicolas de la Lande , aumônier ; Bérengère , reine d'Angleterre ; Ranulphe , abbé de ce lieu ; Vincent Corbelin ,
prieur de Tombelaine ; Guillaume Malherbe , Michel
Mathei, prieur de ce monastère ; Pierre de Chamcey, et
Etienne , évêque de Rennes.

On voit par ce tableau que les plus grands personnages honoraient les religieux de leur protection ,
et les comblaient de leurs bienfaits. Les rois de France
et les ducs de Bretagne , dans ce xiv°. siècle, prirent tous ce monastère sous leur protection. La cause
de notre attachement à ce lieu vénérable , disait
Charles V , vient de ce qu'il est consacré au prince des
anges , et de ce qu'il a été honoré de miracles éclatans.
Nous entendons, disait Jean IV, duc de Bretagne , que
« y ceux abbez et couvent dudit monstier et tous leurs
« gens fassent passer et repasser sans riens leur deman-
« der d'impositions, gabelles traite et autres nouveaux
« cheminages , etc. (1).

Geoffroi de Servon était abbé du Mont St.-Michel dans
le temps que Tiphaine la Fée y habitait : il avait succédé
à Nicolas-le-Vitrier. Ce seigneur, natif d'Avranches, de
l'illustre maison de Servon , était prieur claustral de cette
abbaye quand il en fut élu abbé et gouverneur. On n'enten-
dait alors de tous côtés que des bruits de guerre, que le cli-

(1) Manuscrit , n°. 22.

quetis des armes et des récits de villes prises ; il ne restait presque dans toute la Normandie que le Mont St.-Michel qui n'eût pas été dévasté par l'ennemi ; Tombelaine était en son pouvoir (1). L'abbé Geoffroi , par sa valeur, sa générosité , son courage , vertus qu'il tenait de ses ancêtres , sut aussi bien commander à des soldats qu'à ses religieux livrés à la contemplation. Il obtint du roi que personne n'entrerait dans l'abbaye avec des armes , « de « quelle condition que eux soient portans cousteaux poin- « tus espees ou aultres armures..... Jean Boniant qui est « vicomte dAvranche portant un grand cutel a pointe « nez par sa force et puissance sest naguaire efforce « dentrer en la dicte abbaye avec plusiours aultres « compagnons...... »

Bertrand Duguesclin avait , dès auparavant , donné des lettres à ce monastère pour le même sujet. Le roi Charles V exempta les vassaux de l'abbaye de servir ailleurs qu'au Mont St.-Michel , en ces termes :

« Ne iceulx leurs diz hommes et subjets de leurs dittes « baronnies assises et estants environ leur dit monstier « ou bailliage du Costentin et terres estre constraints a « garder ne a faire guet ou subside quelconque autre « part ne en aultre lieux forts que a leur monstier et fort « du Mont St. Michiel dessus dit. »

Ce même monarque, voyant que l'abbé avec ses reli- gieux s'employait vigoureusement à défendre cette place, ordonna par lettres de la même année , pour aider à sub- venir aux frais , « que tous marchands trafiquants dans

(1) Item eodem anno (1372) in festo translationis Nicolay vene- runt Anglici apud Tumbamhelene causa inibi morandi. Manuscrit , no. 80.

« lestendue des terres dependantes de ceste abaye
« payeroient 6 deniers pour livres audit abbe lequel ne
« voulant souffrir auscun bastiment en la ville de ce
« Mont qui fust dommageable a la forteresse obtint se-
« cretement du roy commandement den faire raser quel-
« ques logis. »

L'abbé Geoffroy, pour éviter toute surprise de la part
d'un ennemi actif et vigilant, conféra des fiefs à des
seigneurs de la province, à charge de paraître en
armes le jour St.-Michel, en cette abbaye, afin d'empêcher tout désordre, et de défendre ce Mont en temps
de guerre. Voici la liste de ceux qui devaient ces redevances, tirée du manuscrit de l'abbé Pierre-le-Roy,
nommé Guanandrier : le seigneur de Hambie tenait un
fief en la paroisse de Boucey, de Moidré et de Caugé,
et devait la troisième partie d'un chevalier; Richard du
Prael, à cause de Jeanne de Verdun, sa femme, tenait
un fief de Hautbert à Tanis, pour lequel il devait aussi
la troisième partie d'un chevalier; celui qui tenait en la
ville de Brée un autre fief qui ne tarda pas à être rendu
aux religieux; Louis de la Bellière possédait encore à Brée
le fief ou vavassorie de la Bellière; Jean Ase, le fief
et vavassorie du Mesnil-Adelée; Robert du Buat, ceux
d'Aucey en la Croix et Poloing; Henri de la Cervelle,
le fief et vavassorie de Villiers; Robert de la Croix,
la vavassorie de Boschel à Curey; celui qui tenait
le fief ou vavassorie, situé dans la paroisse de Curey,
appelé de Colin Jainet, de Martigny et de Costard;
Guillaume du Hommet occupait le fief et vavassorie de
Soligny à Curey; Thomas Binier et autres, ceux de Sour-
al Villiers, situés dans les paroisses de Vescey et de

la Croix ; Gui des Biards, pour Jean et Thomas Alard , tenait le fief et vavassorie du Mesnil-Adelée et de la Broise , et il était relevé pour 15 livres ; ceux qui occupaient la vavassorie de la maison de Dieu de St.-Jacques de Beuvron, située dans les paroisses de Villiers et de la Croix ; Jean , chevalier, seigneur de Rommilly, tenait un fief en la Chapelle-Hamelin , par hommage et pour 500 sous de rente ; Richard du Prael, au lieu d'Alain Girault , tenait le fief et vavassorie de Verdun , en la paroisse d'Huynes.

Tous ceux qui occupaient ces vavassories les tenaient par foi, hommage , et devaient treize chevaliers , dont chacun était tenu de venir, armé de toutes pièces , défendre l'abbaye toutes les fois qu'il en était besoin (1) ; une amende de trois livres frappait ceux qui ne se présentaient pas au jour fixé. Les chevaliers dînaient tous au réfectoire des religieux le jour St.-Michel après la grand'messe.

L'abbé Geoffroy ne négligea point les bâtimens de son abbaye ; il y fit beaucoup travailler. L'an 1374 , le feu du ciel tomba sur l'église , les dortoirs et autres logis de ce monastère, et sur plusieurs maisons de la ville ; c'était le septième incendie. L'abbé fit tout réparer , il construisit une petite chapelle en l'honneur de Ste. Catherine , où plus tard fut le logis abbatial, et procura plusieurs autres biens à son monastère. Il eut une contestation au sujet de la juridiction avec l'évêque d'A-

(1) Et tenentes dictas vavassorias eas tenent per fidem et homagium et pro eis debent relevia et xm^{mi}. et tenetur eorum ipsi quilibet adesse custodie porte dicte abbatie quando opus est videlicet tempore guerrarum unam per cursum et decursum maris seu alias desensum et ascensum armati singuli de cambeson capellinis gantelets gentis et lancuis et singulis armis in festo Sti Michaelis in septembri...

vranches. Jusqu'en l'an 1379, ce siége avait été occupé par Robert Porte. Le roi de France, Charles V, écrivit au parlement de Paris, pour mettre en jugement ce prélat, qu'il regardait comme coupable du crime de lèse-majesté ; c'était sans doute à cause de son attachement aux rois de Navarre. Ce même monarque établit gouverneurs de St.-James, Fraslin Avenel et Guillaume de Fayel, dit le Bègue, en 1379 ; et la même année il fit percer une fausse porte au château de cette ville « pour la seurete « de nostre chastel, dit le roi, et pour daultres causes « qui a ce nous mouvent.... et aussy que la tour qui « est contre les murs de la dicte ville soit par telle ma- « niere ordonnee et guerittee que lon puisse estre en « ycelle sans le danger des habitans de la dicte ville (1). »

Geoffroy de Roumilly, Foulques Paisnel et Jean Thébault, écuyers, furent encore gouverneurs de St.-James.

Charles V fit aussi démanteler la ville de Mortain, et refusa ce comté à Charles-le-Noble, fils et successeur du roi de Navarre, Charles-le-Mauvais, qui établit Robert Porte exécuteur de son testament et de toutes ses dernières volontés, comme on le voit dans l'acte testamentaire donné à Pampelune. Pendant le règne des rois de Navarre, la culture des pommiers s'étendit et se perfectionna dans le pays d'Avranches. Plusieurs variétés y furent apportées : le pommier est indigène en Normandie ; il était cultivé dans les Gaules dès le temps que les Romains en firent la conquête. Il est aussi question dans les capitulaires de Charlemagne, de ceux qui fabriquaient le cidre ; cependant jusqu'à la fin de ce xiv°. siècle les vi-

(1) Trésor des chartes.

gnobles étaient plus recherchés et plus communs, surtout ceux de Brion. On voit dans un manuscrit du Mont St.-Michel, que l'on servait à la table des religieux du vin de Gascogne ou d'Angers, sans le mélanger, à cause de l'intempérie de l'air et de l'insalubrité du lieu, mais qu'on ajoutait de l'eau à celui de Brion (1). Il est aussi fait mention de beaucoup de vignes dans le plus beau manuscrit de la cathédrale d'Avranches, écrit à la fin de ce xɪvᵉ. siècle, par les ordres de Jean de St.-Avit, évêque d'Avranches, successeur de Laurent de la Faye, qui était originaire de Tours et qui eut cette contestation pour la juridiction avec l'abbé du Mont St.-Michel, dont nous venons de parler ; il ne gouverna ce diocèse que peu d'années. Ce manuscrit de Jean de St.-Avit (2) est connu sous le nom de Livre Vert. On y voit que le chapitre d'Avranches possédait des vignobles au Val-St.-Pair, et en cette paroisse, sur le Mont Sorel, plusieurs belles vignes qui lui avaient été cédées par Rualen Quidort, auprès de celles de Gervais Maletache ; un autre vignoble à Avranches, appelé le Clos de Guillaume d'Avranches ; plusieurs autres vignes à St.-Jean de la Héze, à St.-Léonart et à Vains. Voici un acte qu'on trouve dans ce manuscrit :

« A touz ceus qui ces letres veront.... sachent touz
« que par devant nos recongnurent Estiable et Fouques
« les vavasors.... que eus devoient as le deen et cha-

_____

(1) Potus conventualis sit de vino Endeg vel Wascon propter aeris intemperiem et loci corruptionem nec misceatur nisi vinum de Brion sine aqua et precipiatur cellario quod hoc nec ipse nec per alium procurabit... Manuscrit, constitutiones abbatie, no. 14.

(2) On trouve dans les manuscrits du docteur Cousin que ce fut cet évêque qui fit faire ce cartulaire ; il finit l'an 1313, et fut continué par les chanoines qui ont vécu depuis.

« pitre seissante souz por treis pieces de terre.... lune
« est assise en la paroisse deu val seint Pe entre la vigne
« Guill Guiton dune partie et la terre as homes Thomas
« Hurebiches dautre M. ccc et seipt. »

. Le chapitre possédait les églises de la Croix, de la
Godefroy, de Courtils et du Mesnilbœufs ; cette der-
nière avait été donnée par Robert Tyrel, et celle de
Courtils par Hugues, seigneur de cette paroisse.

Une bulle du pape Luce fait mention de la concession
à l'église d'Avranches de la dîme du Moulin-Robert à
Brécey, de celles des moulins des Chéris et de Chante-
reine (ce dernier appartenait à Ranulphe de Bourguenoles), de la moitié de la foire de St.-Lambert, et de la
dîme de celles de St.-André et de Ponts. Le pape Honorius confirma le droit de patronage de l'église de Tanis,
donné par un seigneur de Tanis ; le chevalier de la
Champagne avait fait la concession du patronage de celle
de St.-Senier, et Pierre Rastell de celle de Milly.

Un évêque d'Avranches avait abandonné à son chapitre
les bois de Sellant ; le chapitre avait cédé au doyen la
juridiction sur tous les clercs du chœur, et à chaque
chanoine sur les clercs inférieurs (1). Un autre évêque
avait réglé les revenus de son chapitre, assigné des
pensions à des vicaires, d'abord au nombre de quatre ;
ensuite, en 1305, au nombre de six ; mais les seigneurs de
l'Avranchin avaient comblé de biens les chanoines de la cathédrale. Parmi tous ces bienfaiteurs, le Livre Vert fait

(1) Will dei gracia... capitulum habebit vend. nemorum de Sellant.... concessit autem capitulum coram episcopo quod decanus habeat et habere debet plenam jurisdictionem et correptionem in omnes clericos chori exceptis clericis de minori sede quorum jurisdictionem et correptionem singulos canonicos pertinent..... Livre Vert.

mention de Guillaume de Magny, de Guillaume de St.-
Jean, qui voulut qu'une lampe fût suspendue jour et nuit devant Dieu, dans l'église d'Avranches; de Nicolas de Verdun,
de Richard Pellevilain, de Jean de Suligny, qui avait une
maison et un moulin à St.-James, et de Guillaume d'Isigny,
qui, partant pour Jérusalem, donna neuf quartiers de
froment ; de Lesceline, dame de Marcey, fille de Has-
culphe de Suligny et de Jean de la Mouche, chevalier.
Geslin, fils d'Ate, citoyen d'Avranches, leur fit la concession de l'église du Pontaubault avec tous ses revenus, et
d'une vavassorie pour une rente annuelle de trois sous,
monnaie du Mans (1). Il y ajouta le service d'un homme
avec un cheval pour les affaires des chanoines en Normandie, en outre la procuration de trois hommes avec
leurs chevaux une fois dans l'année, et une masure auprès du cimetière. Les chanoines possédaient encore, en
ce même lieu, des rentes sur un terrain près le chemin de St.-Jacques de Beuvron, qui est appelé, dans une
autre charte, de la fin du XIII°. siècle, le chemin
Royal de St.-Jacques de Beuvron à Avranches ; une maison auprès du chemin qui conduisait au monastère du
Pontaubault, avec quelques autres revenus, et des dîmes
à Montviron sur le grand chemin Montays (2).

Un homme, appelé Capedeleine, avait vendu à l'archi-

---

(1) Sciant quod ego... civis Abrincensis dedi canonicis ecclesiam
beati Andree de Ponteaubaudi cum omnibus pertinenciis et feodum
unius vavassoris perreddit annuatim tres sol. cenom. et servicium
unius hominis cum equo ad submocionem canonicorum ituri per
Normanniam pro eorum negociis et preterea procurationem trium
hominum cum equis semel in anno et unam masuram.... prope cheminum de sancto Jacobo de Bevron.... viam qua itur ad monasterium dicti loci et butat ad cheminum domini regis quo itur de sancto
Jacobo de Beuron apud Abrincas...

(2) C'est-à-dire du Mont St.-Michel.

diacre d'Avranches certains revenus dans Plomb, sur un fief situé sur le chemin qui allait de Ponts à Villedieu de Saultchevreuil (1). Le trésorier Thomas Goelon avait acheté la bibliothèque de l'évêque de Coutances, nommé Gillain; ce prélat l'avait léguée en mourant au chapitre d'Avranches avec des charges. Il est aussi fait mention de la dîme du chapitre, dans Subligny, paroisse appelée ici Suligny pour la première fois; on commençait alors à confondre les noms: peut-être aussi étaient-ce les seigneurs de Suligny qui avaient fondé Subligny. Un chanoine de la cathédrale possédait encore des revenus sur les rochers que l'on voyait entre le torrent de Chanion et le champ, où étaient vendus les chevaux à la foire de St.-Lambert (2).

Enfin on lit dans le Livre Vert, que les rois de France avaient permis aux chanoines de donner de l'accroissement à leurs maisons, et de bâtir jusque sur les murs de la ville. On aperçoit encore de ces maisons d'architecture normande, élevées dans l'onzième ou le douzième siècle, et, tout près, des murs entiers en pierres de petit appareil, et des couches de briques en arête de poisson, avec un ciment très-dur (3).

Le Livre Vert contient ainsi les revenus des chanoines de la cathédrale; ils ne furent jamais considérables: plu-

(1) Chimmino qui vadit de Pontibus ad Villam Dei de Saltucaprè (1259).

(2) In rochiis sitis inter campum que venduntur equi ad nundinas Sti. Lamberti et torrentem de Chanion.

(3) Ex regia liberalitate concessimus ut usque ad mures nostre civitatis Abrin. domos suas quas habent ibi prope.... possent protendere et super dictos muros edificare.... ita tamen quod fortalicia non deteriorentur sed potius augmententur..... actum constant (1269).

sieurs évêques s'étaient même plu à partager leur fortune avec les religieux du Mont St.-Michel.

Le successeur de Geoffroi de Servon fut Pierre Le Roy, l'an 1386. « Ce fut un trait de haute sagesse, dit « un historien de ce Mont, aux religieux du Mont St.-« Michel davoir eleu pour leur abbé Pierre Le Roy, qui, « pour l'éminence de son savoir, la maturité de ses con-« seils et pour ses vertus véritablement religieuses, a, « sans contredit, mérité d'être appelé de fait et de nom « le roi des abbés, je ne dirai pas du Mont St.-Michel, « mais de tout son siècle (1).

Natif d'Orval, diocèse de Coutances, il était doc-teur en décret, et le plus renommé de tous les doc-teurs de son temps, dit l'auteur de ses Gestes, qui écri-vait son manuscrit dans les premières années du xv°. siècle (2). Il a honoré ce monastère par ses belles ac-tions. A peine y fut-il arrivé, qu'il s'appliqua à le bien connaître ; il étudia le goût, le génie et la conduite de ses religieux, destina certaines heures pour leur lire le droit canon, afin de favoriser l'étude des lettres, en établit quelques-uns pour continuer les leçons en son absence, et d'autres pour enseigner la grammaire aux jeunes frères. Il acheta une grande quantité d'excellens livres de théologie, de droit civil, de littérature et de piété, que l'on possède encore aujourd'hui ; un beau missel qu'il fit faire à Paris, une chape de grand prix, et tous les ornemens d'autel d'une même couleur, ornés des images de St. Grégoire, de St. Jérôme, de St. Gilles

(1) Jean Huynes ; manuscrit, no. 22.
(2) Voyez à la bibliothèque d'Avranches, dans le manuscrit, no. 34.

et de St. Benoît. Il ajouta à tous ces dons une grande somme d'argent , pour acquérir quelques revenus ; il institua deux chapelains pour célébrer le saint sacrifice , dans la chapelle des Trente-Cierges , et leur assigna des revenus ; il régla que le feu serait allumé après matines , depuis la Toussaint jusqu'à Pâques , pour adoucir le sort de ses religieux (1). Voyant que la plupart des revenus de cette abbaye lui étaient enlevés , soit par le défaut de connaissance de ces biens, de leurs limites , de leur situation , soit par la multitude des procès qu'on soutenait pour les conserver , il résolut de reconnaître ces objets par lui-même. Ni le travail , ni les frais ne l'arrêtèrent; il parcourut toutes les chartes, les bulles et les registres du monastère, transcrivit divers volumes. Il se transporta sur les lieux, examina avec quelques personnes fidèles, dont il s'était entouré , la situation , les bornes et l'étendue de ses propriétés ; et , après quelques années passées dans ce travail aride , il ouvrit un registre où il fit écrire ses revenus et ses droits : on l'appelle le Quanandrier (2). Alors une grande paix régna dans le monastère ; ses possessions furent augmentées et les procès disparurent. Là ne se bornèrent pas ses soins ; il obtint une bulle du pape Clément, pour unir à son monastère les biens des prieurés de St.-Pair , de

(1) Presentes litteras inspecturis. . frater Petrus humilis abbas montis salutem in Domino sempiternam.

Notum facimus nos concessisse... tempore hiemali post officium matutinale.... habere ignem in certo loco congruo .. ex qua multos novimus divers egritudines.... habeant subjungere pro defunctis psalmum de profundis.... usque omnes simul habeant inde recedere... pre lignorum volumus quod subprior dicti montis centum solidos annui redditus per nos acquisitos... super domum in villa montis.... Manuscrit de Pierre Le Roy, dans la collection no. 14.

(2) Il est ainsi appelé par Jean Huynes.

Brion, de Genêt, de Balan, de St.-Meloir et l'office de
sacristain de l'abbaye. Il avait remarqué que ces bénéfices ecclésiastiques étaient conférés à des cardinaux et
autres, dont les procureurs négligens ne prenaient aucun
soin du spirituel, et en cela les intérêts de l'église souf-
fraient beaucoup (1).

(1) Anno Domini millesimo trecentesimo octogesimo quinto vaca-
vit monasterium istius montis per mortem domini Gaufrid. de Ser-
vone ad cujus regimen fuit electus reverendus pater dominus Petrus
Regis doctorum doctor famosissimus de Aurea valle oriundus in pago
Constantiensi qui antea prefuerat monasterio sancti Taurini .. monasterio de Exaquio rexit autem demum monasterium laudabiliter
in spiritualibus et temporalibus xxvque annos tranquiliter et pacifice... usque ad decimam quartam diem mensis februarii annum
domini millesimum cccc^{um}. x^{um}. atque prefatus dominus abbas tempore sui regiminis multa digna laude ad exultationem et augmen-
tationem dicti monasterii commendabiliter peregit ex multis aliqua
hic breviter inserere.

Sciendum igitur quod satis cito post adventum suum ad monasterium cognito statu tam in personis subjectorum quam aliis ipse in-
cepit legere jura canonica.... occupati fugato octio inde fieri possent
magis scientissimi et litterati aliquos eciam ad continuendam lec-
turam in sui absentia et alios ad instruendum juvenes in gramatica
deputavit item multos libros quam plurimum preciosos tam juris di-
vini canonici et civilis quam aliis acquisivit quos ad usum religiosorum dicti monasterii in libraria seu cartulario ipsius montis pro
maximo et perpetuo thesauro reponi jussit et voluit qui (correcter
vel communiter) in principio vel in fine ipsorum sunt signati per
ipsum acquisiti..... dedit nobile missale... unam cappam notabilem...
maximam pecunie sommam ut patet alibi in colletario.... ad sub-
venendum necessitati religiosorum ordinavit ignem fiendum in par-
vo dormitorio..... pro quo et eciam pro scutellis habendis et emendis
pro necessitate conventus cum opus esset acquisivit plures redditus
ut plenius patet per scripturas super hoc factas in libro martirologii
dicti monasterii item dona cutellorum que voluntarie annis singulis
prima die anni fieri consueverant per predecessores suos et officia-
rios dicti monasterii pluribus personis tam officiariis regis et monasterii ipsorum uxoribus et clericis quam aliis bene ascendentes ad va-
lorem ducentarum librarum ex quibus odia et dampna maxima multis
modis monaster. proveniebant revocavit... item plures redditus acquisivit apud Brethevilla et alibi... ut plene patet in registris tempore suo....

Item reperit quod maxima pars reddituum... decadebant.... volens igitur circa hoc providere.... opus ipsum perspiciet multum la-
boriosum et quod per imum sumptuosum.... universas cartas et bullas
atque registra monasterii personaliter visitavit et transcripsit diversa
volumina inde faciens sedium terrarum et baromarum ipsius monas-

Jusqu'ici nous avons suivi la relation de l'auteur de ses *Gestes* ; un autre manuscrit du temps, de Pierre Le Roy, nous apprend les réglemens ou constitutions qu'il fit pour les religieux qui habitaient dans ces prieurés. « Nous vous « enjoignons d'abord, leur dit-il, de réciter toujours « avec vos prieurs l'office divin ou heures canoniales « dans vos églises et dans le temps qu'on les récite en ce « Mont ; de même il ne vous est point permis de célébrer « ailleurs le saint sacrifice, que dans vos églises ou cha- « pelles ; souvenez-vous de garder la plus exacte modestie « et la plus grande sobriété : l'ivresse est la source de « tous les vices, l'ennemie des vertus ; elle produit les « scandales et engendre les dissolutions. Afin d'ôter « l'occasion de si grands maux, nous vous défendons « d'entrer dans les cabarets des villes, des villages et « des bourgs, pour y boire ; nous vous recommandons « aussi de ne sortir jamais de l'enceinte de vos prieu- « rés sans une permission expresse de vos prieurs, à « moins que ce ne soit pour vous récréer quelques « instans dans les domaines de vos prieurés. S'il arri- « vait que les prieurs fussent absens, ne passez jamais « cet enclos, et surtout de nuit ; si quelque raison forte « et juste vous pressait de le faire, faites-vous accompa- « gner d'un serviteur ou d'une autre personne honnête, « et soyez toujours revêtu de l'habit religieux. Il ne faut « point oublier que vos prieurés doivent être fermés, au « plus tard, à l'heure du couvre-feu, et que les prieurs « sont chargés de confier ce soin à une personne fi-

terii diversitatem ut faciliter et sine lesione originalium posset repa-rare harum effectus cum opus esset visitare et videre deinde super loca quam sepius potuit se transtulit et hujus modi redditus.... declara-vit ut ex registris super hoc editis clare patet...... n°. 34.

« dèle (1), qui ne permette à personne de sortir ou
« d'entrer.

Ce célèbre abbé défendit aussi à ses religieux d'employer la protection des puissans du siècle et leur recommandation, afin d'obtenir de lui quelque place ou
bénéfice; il faut, disait-il, que nous ayons une pleine
liberté pour nous acquitter dignement de notre charge (2).
Il recommanda, dans un autre écrit, ses frères défunts
aux prières de l'église universelle (3); les travaux
qu'il fit à son abbaye lui méritèrent les éloges. De son
temps, continue l'auteur de ses Gestes, fut bâtie la
tour carrée, qui, de son nom, s'appelle la Perrine,
et tout le corps de bâtiment depuis cette tour jusqu'à Ste.-Catherine; l'infirmerie auprès du logement des
soldats fut augmentée. Il fit en outre construire les
deux tours de la porte, cette belle et forte muraille
qui s'étend jusqu'à Belle-Chaire, et la tour du réfectoire qui était tombée depuis peu; il fit achever

(1) Injonctiones et inhibitiones per nos Petrum Regis facte religiosis
commonachis nostris sociis deputatis et commorantibus in prioratibus
nostris... vobis injungimus ut divinum officium... sine cum prioribus vestris in ecclesiis.... ut missas in dictis ecclesiis.... ut inter vos
debita modestia sobrietasque ad quam vos exhortamur... ebrietasque
omnium viciorum radix... inhibemus ne tabernas quascumque civitatis ville seu burgi causa bibendi.... item usum camisiarum vobis
a jure interdictum tolerare non intendimus... vobis inhibemus....
septa dictorum locorum in prioratibus exire... nisi forsan causa recrea-
tionis in domanis dictorum prioratuum... quod si priores abesse...
nolumus vos dicta septa et maxime de nocte pertransire nisi... sed
quod bini vel cum famulo seu honesta persona et in habitu religio-
so... item ostia... ad tardius hora pulsationis ignitegnii per custo-
dem ad hoc... nulli aditus permaneat... Manuscrit du n°. 14.

(2) Decet et expedit prelatum in officii sui gaudere plena libertate
prohibemus ne aliquis fratrum faciat nos rogari per personam
cujuscumque autoritatis pro promotione sua.... Manuscrit, n°. 14.

(3) Nos cogat fraterna pietas orare ad vestre caritatis suspiramus
pium suffragium eam humiliter implorando ut pro defunctis nostris.... n°. 14.

avec magnificence , dans l'église , les chapelles des docteurs et de St.-Jean, et la tour de l'église, travaux qui avaient été commencés par son prédécesseur. On lui doit encore plusieurs bâtimens en diverses métairies (1).

Tandis qu'il s'occupait ainsi du soin de son monastère, le roi Charles VI vint au Mont St.-Michel ; il était monté sur un coursier blanc. Le clergé descendit au-devant de lui portant la croix d'or ; l'abbé Pierre Le Roy avait sa mitre couverte de perles et de pierreries , aussi qu'elle se voyait encore du temps de Jean Huynes. De toutes parts on criait : Noël ! Noël ! et l'on répétait : Bon roi, amende le pays.

D'abord le roi confirma Pierre Le Roy capitaine de ce Mont, et il lui dit : « feal ami, ce que tu demandes, te l'octroye de bon cœur. » Il accorda aussi aux habitans de ce Mont une charte d'exemption de taxe sur leurs coquilles : « Charles.... savoir faison a touz presens et advenir nous « avoir oye la supplication des povres gens demourans « au Mont St. Michiel faisant et vendans enseignes de

---

(1) Item tempore suo fuit constructa et de novo edificata turris quadrata prima tunc ex nomine suo Petro sic vocataque Baillima ab aliquibus nuncupatur item camere que sunt inter ipsam Perrinam et cappellam de sanct. Katharina infirmarium eciam prope belantaram fecit augmentari item duas turres porte cum muro inter ipsum et turrim refectorii de novo constructo item tempore suo a monitione domini pape facte sunt camere lignee in dormitorio item in ecclesia cappelle doctorum et beati Johannis contigue et turris ecclesie per predecessorem suum inchoate magnifice sunt consummate item extra monasterium fecit fieri grangias de Bureceyo de Stay de dono Johanne de Tabula de Ycjo halas de Genecio cum pluribus molendinis in terris dicti monasterii ceteraque ipsius monasterii edificia existentia in bono statu manutenere solicite percurravit infinita bona fecitque lingua non sufficit enarrare. Manuscrit Gesta Petri Regis, n°. 34.

« monseigneur Sainct Michiel coquilles et cornez qui
« sont nommez quiencaillerie avecques aultre euvre de
« plon et estaing gette en moule pour cause des pelerins
« qui illec viennent et affluent contenant que pour gai-
« gner et avoir leur povre vie et sustentacion ilz aient
« acoustume de vendre les dictes enseignes et aultres
« choses dessus declaireez aus dictz pelerins venans en
« pelerinaige au dict lieu lesquelx ne sauroient vivre che-
« vir ne gouverner daultre mestier lequel mestier est si
« petit quil convient quil se vende par maille et par
« denier iceux supplians implorans humblement que en
« nostre joyeux advenement au dict lieu du Mont St.-Mi-
« chiel nous plaise leur eslargir nostre grace sur ce que
« dit est pourquoy nous eue consideracion aus choses
« dessus dictes pour la singuliere et especiale devotion
« que nous avons au dict Mont St.-Michiel et aussy pour
« cause de nostre dict joyeux advenement au dict lieu
« avons octroye par ces presentes que eulx et leurs suc-
« cessours marchands faisans et vendans les dictes en-
« seignes soient francs quittes exemps à touzjors maiz
« de poyer la dicte imposition de XII desniers pour livre
« pour cause de la vente des dictes enseignes si donnon en
« mandement presens ducs de Berry et dOrleans le con-
« nestable lamiral.... de Chastillon dAmont.... »

C'était le treize janvier 1394 que le roi de France faisait ce pélerinage ; la même année il eut une fille qu'il
appela Michèle, et ayant fait rétablir et agrandir une
des portes de sa ville de Paris, il voulut qu'elle s'ap-
pelât porte de St.-Michel ; il faisait voir par-là la confiance qu'il avait au Saint Archange, « que ses prédé-

« cesseurs avaient choisi pour patron et protecteur du royaume (1) ».

Il appela à la cour Pierre Le Roy, lui assigna mille francs de pension annuelle, et lui confia les affaires les plus importantes. L'ayant envoyé, l'an 1408, au concile de Pise, il lui donna des lettres patentes par lesquelles il était défendu que, pendant son absence, personne se qualifiât de capitaine du Mont St.-Michel à son préjudice, « à « cause que vous avez une grande charge, manda une « autre fois le roi aux religieux, et beaucoup de peines « a la garde dune des places fortes et des plus impor- « tantes de nostre royaulme et de laquelle nous faisons « autant destat, cest pourquoy de nostre puissance et « pleine autorite royale nous vous exemptons de fournir » les hommes darmes que vous etes obliges, voulons et « permettons que vous les emploiez et teniez a la garde « de vostre dicte place... ».

A Pise, l'abbé Pierre Le Roy fut pris en grande affection par le souverain pontife, qui le nomma son référendaire, honneur que lui fit également Jean XXIII. C'est ainsi que les rois de France et les souverains pontifes ho- norèrent ce pieux et savant abbé (2). C'est le premier qui ait fait apposer en l'abbaye du Mont St.-Michel les

(1) Voyez l'histoire de l'abbaye de St.-Germain des Prez, par Bouil- lart, bénédictin, 1 vol. in-fol., page 111.

(2) Non omittendum videtur qualiter ipse omni genere virtutum meritis multipliciter erat insignitus fuit quarus suavissimo principi domino Carolo VI Francorum regi inde fieri meruit de magno consilio dicti regis et sue curie parlamenti necnon ut de principalioribus no- bilioribus ministris et ambassoribus prefati domini regis pluries ad cu- riam Romanam erga summos pontifices necnon ad diversas regiones ceterasque naciones erga regnorum Hungarie Arragonum et Anglie reges multosque alios principes et prelatos nobiles dictorum regnorum destinari pro formatione unionis et extirpatione scismatis tempore suo in Dei ecclesia vigentis.... Manuscrit Gesta....

armes de sa maison, qui sont sur une des chaises du
chœur qu'il fit faire, et portent « de gueule à trois pals
« d'or au franc quartier de Bretagne à la cotice danchée
« reignant sur le tout. »

C'est encore à lui que l'on doit le chartrier du Mont,
l'un des plus beaux qu'on vit en France, et il le remplit
d'une multitude d'ouvrages; il fut lui-même l'auteur de
plusieurs. L'historien de ses Gestes raconte qu'il composa
aussi divers traités sur les affaires ecclésiastiques du
temps, et qu'il contribua beaucoup à éteindre le schisme
d'Occident (1).

On lui doit pareillement un tableau du jour de la mort
de ses prédécesseurs (2). Il continua d'en marquer l'année
dans un autre manuscrit, commencé avant le douzième
siècle (3); divers autres vieux écrits indiquent où ils furent
enterrés, ainsi qu'il suit :

Mainard, premier abbé, élu l'an 966, décédé le 16 des
   calendes de mai 991, enterré dans un petit jardin, près
   du chœur de l'église de l'abbaye.
Mainard II, élu l'an 991, décédé aux ides de juillet, l'an
   1009; enterré dans un petit jardin, près du chœur de
   l'église de l'abbaye.
Hildebert I, élu l'an 1009, décédé le 7 des ides de jan-

---

(1) Is cum sinodi prosecuire multos labores diversis annis scilicet
hoc insistendo tam viagia faciendo quam diversos tractatus nobiliter in
materia edendo sustinuit eciam concilio quidem Pisano interessendo...
Alexander V cujus referendarii officium... Johanne XXIII assumpto
dictum officium venerabilis abbas adhuc exerens.... etatis autem ipsius
anno LXI in dicta civitate Bononensi ultra montes diem suum clausit.
Gesta Petri Regis, no. 34.

(2) Voyez la collection, no. 14.

(3) C'est le calendrier dont nous avons parlé.

vier, l'an 1017 ; enterré dans un petit jardin, près du chœur de l'église de l'abbaye.

Hildebert II, élu l'an 1017, décédé aux calendes d'octobre, l'an 1023 ; enterré auprès des autres abbés, dans ce petit jardin où l'on construisit plus tard divers appartemens.

Almodus, élu l'an 1030, décédé le 16 des calendes de juin, enterré, l'an 1033, dans l'abbaye de Cérisy.

Théodoric, élu l'an 1031, décédé le 16 des calendes de juin, l'an 1033 ; enterré dans l'abbaye de Jumiège.

Suppon, élu l'an 1033, décédé le 2 des nones de novembre, l'an 1061 ; enterré dans l'abbaye de Frutare.

Radulphe, élu l'an 1048, décédé le 4 des calendes d'août, l'an 1060 ; enterré en ce monastère.

Renaut, élu l'an 1063, décédé le 14 des calendes de janvier, l'an 1085 ; enterré en ce Mont à l'entrée de l'église, auprès de son prédécesseur.

Roger, élu l'an 1085, décédé le 15 des calendes de novembre, l'an 1112; enterré dans l'abbaye de Cornely en Angleterre.

Roger II, élu l'an 1106, décédé le 4 des nones d'avril, l'an 1124 ; enterré à Jumiège.

Richard de Mère, élu l'an 1123, décédé le 2 des ides de janvier, l'an 1131 ; enterré dans le prieuré de St.-Pancrace de Cluni.

Bernard, élu l'an 1430, décédé le 8 des ides de mai, l'an 1149 ; enterré en l'église de ce Mont.

Geoffroi, élu l'an 1149, décédé le 4 des calendes de janvier, l'an 1150 ; enterré au bas de la nef, proche de son prédécesseur.

« religion lespace de cinquante ans ou plus peult estre
« jubile et par icelle jubilation a merite destre absoulz et
« descharge de en avant estre mys ou escript aux messes
« et autres offices communts et ordinaires de leglise
« avec les aultres religieux ainsy que impuyssant et pour
« ce que ce bene fut de jubilation impetres le dict reli-
« gieux doigt par humilite en chapitre demander la dicte
« jubilation a son abbe vicaire ou prieur et a linstant
« lesser son reng dantiquite et soumettre au dessoubz de
« tous les religieux profes du dit lieu puys apres sa re-
« queste inteimee au commandement de son prelat ou
« celluy qui preside en chapitre reprendre son reng et
« degre et au sortir de chapitre soy presenter avecqz
« grande humilite et prostration devant le grand aoustel
« de monsieur sainct Michel et y faire son oraison et la
« procession du chapitre fynyr les dits religieux estant
« devant le dict grand aoustel le chantre ou soubz chantre
« commence le respons de monsieur sainct Michel cest
« assavoir le Sanctus et apres le respons finy le dict pre-
« sident du chapitre dict le verset in conspectu angelo-
« rum avecqz loraison et apres le d. president du cha-
« pitre prend de leau beniste et en donne au dict reli-
« gieux lequel est a genoulz et se leeve en besant le
« grand aoustel en grand reverence et le dict president
« le bese en disant pax tibi frater et le remet en son reng
« et degre dantiquite » (1).

Les religieux avaient encore d'autres usages singuliers,
comme le témoigne un de leurs manuscrits, écrit en latin, à la fin du XIVᵉ. siècle ou au commencement du sui-

(1) Voyez la collection de manuscrits, n°. 34.

vant (1) ; c'est le cérémonial du Mont St.-Michel. Tous
les matins ils disaient les Vigiles des morts, les Psaumes
de la pénitence et Prime ; ensuite on célébrait une messe
de la Ste. Vierge dans la chapelle des Trente-Cierges.
Après cette messe, le chantre nommait ceux qui devaient la nuit suivante veiller à la garde du Mont : il
désignait deux religieux qui, accompagnés d'un frère
et d'un clerc de l'église, faisaient le tour du monastère et des murs avant le milieu de la nuit ; deux des
paroissiens d'Ardevon et autant de la paroisse d'Huisnes
veillaient sur les murs, et un religieux avec quatre ou
cinq serviteurs gardait la porte.

Il y avait quatre messes conventuelles ; les religieux
se prosternaient et récitaient le *Miserere* le visage contre
terre. Pendant le dîner ils faisaient la lecture ; c'était ordinairement dans la vie des Saints. Après le repas, ils
se rendaient à l'église en chantant le *Miserere*. Quelques-
uns se reposaient ensuite ; d'autres priaient ; la cloche
appelait à None ; après cet office, on s'occupait à travailler
ou à lire. Voilà l'emploi du jour (2).

A Pâques, après avoir chanté Matines et avant le *Te
Deum*, un des frères, représentant le Seigneur, revêtu
d'une aube avec quelques marques de couleur de sang,
portant sur sa tête un diadème, avec une barbe majes-
tueuse, les pieds nus, une croix à la main, passait à

(1) Voyez la collection de manuscrits, n°. 14.

(2) Dicet fratres qui fuerint de custodia noctis.... circumeunde
domum et muros duo in qualibet nocte cum duobus clericis ecclesie
unus frater et unus clericus ante mediam noctem et alii duo post et
nulli de hiis excusantur nisi abbas prior capitaneus et illi qui in cras-
tina die dicent quatuor missas conventuales et missam de sancta Maria et non tenentur isti ire ad matutinum nec ad primam eo quod
fuerint impediti pro custodia et cantores in duodecimale....

travers le chœur (1) ; trois diacres en dalmatique et l'amict sur la tête, portant à la main des vases remplis de parfums, venaient par le bas du chœur, et chantaient ces paroles de l'évangile : *Quis revolvet lapidem ab ostio monumenti* ? Un autre religieux, revêtu d'une chape blanche, une palme à la main, une couronne sur la tête, représentant l'ange, chantait sur l'autel ces autres : *Quem quæritis*.....? les trois diacres répondaient : Nous cherchons Jésus de Nazareth ; l'ange ajoutait : Il n'est point ici, venez et voyez : *Non est hic*.... Ici l'ange disparaissait et les trois diacres restaient auprès du sépulcre ouvert ; ensuite deux des frères, représentant deux anges, revêtus de chapes rouges, chantaient au fond du sépulcre: *Quid ploras* ? pourquoi pleurez-vous ? Un des diacres répondait comme Marie Madeleine : Parce qu'ils ont enlevé mon Seigneur, et je ne sais où ils l'ont mis : *Quia tulerunt Dominum meum et nescio ubi posuerunt eum* ; les deux anges continuaient: *Quem quæritis viventem cum mortuis, non est hic*.... celui que vous cherchez est vivant, il n'est plus ici ; rappelez-vous ce qu'il vous disait lorsqu'il était avec vous en Galilée, qu'il fallait que le Fils de l'homme souffrît, fût crucifié et ressuscitât le troisième jour ; venez et voyez. Les trois diacres, comme les saintes femmes de l'évangile, entraient dans le sépulcre ; les deux anges ajoutaient aussitôt: Allez annoncer à ses disciples qu'il est ressuscité, *euntes*.... Alors les diacres sortaient du sépulcre, en faisaient le tour, et celui qui représentait

---

(1) Frater qui erit deus habebit habitum de alba tincta sicut in sanguine cum diademate et barba nudis pedibus cum cruce transiet pe chorum........

le Seigneur, venant par un autre côté, se plaçait vis-à-vis du sépulcre, et disait à celui des diacres, qui le premier, après avoir fait le tour de l'autel, se présentait devant lui : *Mulier, quid ploras, quem quæris ?* pourquoi pleurez-vous ? qui cherchez-vous ? Le diacre, comme Ste.Madeleine, répondait: *Domine, si tu sustulisti eum, dicito mihi ubi posuisti eum;* si vous l'avez enlevé, dites-moi où vous l'avez mis ? Le religieux qui représentait le Seigneur, montrant le crucifix, chantait ce seul mot : *Maria !* et le diacre l'appelait maître, et se prosternait à ses pieds ; le religieux continuait : *Noli me tangere...* je ne suis pas encore monté vers mon père ; il donnait ensuite sa bénédiction et se retirait. Le premier diacre en se relevant disait : Le Christ est vivant ; le second : Il est déchiré ; le troisième chantait *ergo clausa* ; l'ange, sur l'autel, *resurrexit* ; les anges du sépulcre, d'une voix élevée, *resurrexit* ; ensuite les diacres revenant au lieu d'où ils étaient partis, d'une voix fort élevée, chantaient *resurrexit*, il est ressuscité, et entonnaient le *Te Deum*, qui était chanté en triomphe (1).

Telles étaient les cérémonies de ces bons religieux du temps de l'abbé Pierre Le Roy ; c'est ainsi qu'on repré-

---

(1) Tres qui erunt mulieres vestiti de dalmaticis albis habentes admitta super capita ad modum matronarum deferentes alabastra venientes per inferiorem partem chori...

Ille qui angelus erit super altare inductus capa alba tenens palmam in manu et habens coronam in capite cantet....

Duo fratres in sepulchro qui erunt duo angeli inducti de capis rubeis dicant.....

Post benedictionem revertatur in vestiarium prima mulier surgens dicat Christus vivens secunda mulier dicat laniatur tertia mulier......

In Vigilia Epyphanie ad prandium habeant fratres gastellos et ponatur faba in uno et frater qui inveniet fabam vocabitur rex et sedebit ad magnam mensam et scilicet sedebit ad vesperas ad matutinum et ad magnam missam in cathedra parata. ...:

sentait encore les mystères de Notre-Seigneur : ces pièces saintes augmentaient la dévotion et intruisaient le peuple. Dans ce même xive. siècle , le chapitre de Bayeux mettait à l'amende le curé de St.-Malo de cette ville , pour avoir fait jouer dans son église le mystère de la Naissance de Notre-Seigneur.

La poésie était alors aussi très-cultivée au Mont St.-Michel. Le treizième siècle ne nous offre de poètes dans l'Avranchin que Henri d'Avranches, jongleur de Henri III, roi d'Angleterre , qui composa un poème sur les guerres des barons anglais , contre le roi Jean-sans-Terre et son fils Henri III , et d'autres poésies contre Michel Blanc-Pain ; ces ouvrages sont perdus. Mais il fallait que le Mont St.-Michel jouît d'une grande célébrité dans le xive. siècle, puisqu'une grande quantité de poètes le célébrèrent dans leurs vers ; il devint le sujet de plusieurs poèmes. Un auteur en fit trois sur ce Mont vénérable ; on voyait même alors des poètes qui avaient coutume de jurer par St.-Michel.

 « Si jai barbe long et pendant
 « Est cesti chevre ou pelrinant
 « Si nai barbe — par saint Michel
 « Cesti nest male mais femel ».

D'autres célébraient les exploits de St.-Michel ; un d'eux fit un poème où St. Paul est conduit en enfer par l'Archange , qui lui en fait voir toutes les horreurs :

 « Saint Michel sen vait avant
 « Saint Pol le suit psalmes disant

Le Mont St.-Michel nous offre aussi un manuscrit en

vers français, composé à la fin de ce xɪvᵉ. siècle par un prieur du Mont , dans la ville de Dol , en Bretagne.

Il comprend trente-trois petits poèmes ; ce trouvère commence ainsi le premier qu'il a intitulé « Le Tombel « de Chartrouse » :

« A ses tres chiers seignours et peres
« Le prieur Eustace et les freres
« De la Fontaine Notre Dame
« Un chaistif recommande same
« Qui a despendu longuement
« Les besans dieu trop folement
« Et pour ce quil se sent coupable
« Envers la mueste pardurable
« Tant quil ne pourroit avoir dire
« Par soy a lamende suffire
« Ci vous supplie en charite
« Que vous par vostre humilite
« Du relief de vos oraisons
« Daigniez a ses chaistir oisons
« Faire meduine et secours , etc.

Après ce préambule il continue ainsi :

« Deux ducs ou temps de jadis furent
« Qui pour ne scey quel cause murent
« Entrelx. ɪɪ. une moult grand guerre
« Lun ot en cezile sa terre
« La ou volcan nuit et jour forge
« Par son nom fut nomme Estorge
« Et se contint moult noblement
« Que il fut puissant grandement
« De toute puissance mundaine.
« Lautre duc fut de Sardaine

« Ou sunt les mineries dargent

« Niert puissant a champ ne a ville

« Aultant comme cil de Cecile

« Cil fut Eusebe appelle

« Mais il ne doit estre cele

« Que cil ne se peut pareil faire

« De richesce a son adversaire

« Si ne fut il ne mol ne tendre

« Ainz ot bon cuer por soy deffendre

« Et plus preux fut daultre partie

« Car il estoit de meilleur vie

« Et a la verite retraire

« Prouesce nest que de bien faire , etc.

Le trouvère fait secourir le duc de Sardaigne par les âmes du Purgatoire , et son but est de faire voir en ce poème qu'il est avantageux de prier pour ces ames ; qu'elles sont reconnaissantes et nous portent secours. Il commence son second petit poème par cette vérité morale qu'il tire des faits qu'il va raconter :

« Beaute de corps nest que peinture

« Cest un fraile bien qui pou dure

« Et si nuit en double maniere

« Car souvent plus fier ou plus fiere , etc.

Il dit dans le titre qu'elle fait « enorguillir soy priser « et le corps folement desirer ».

Il a intitulé un autre chapitre ainsi :

« Dun frere qui embloit chacun jour ı pain pour mengér

« Segretement et il sen desista par le sermon de St.

« Theon ou sunt loees confession et bonne abstinence

« Et gloutonnie reprouvee ».

6...

« Donc ou temps quil estoit novice
« Il fut trop entrepris dun vice
« Qui tost maine a plusors pechiez
« Tous ceulx qui en sunt entachiez
« Sil ne corrigent lor folie
« Cest le pechie de gloutonnie
« Jeunesce le fist plus errer
« Quil ne se pot pas conseirer
« A menger le jour seulement
« Une fois et si povrement
« Comme son mestre se tenoit
« Car pour ce quil li souvenoit
« De menger la nuit ot cozage
« Lennemi de lumain lignage
« Li fist un malvais us a mordre
« Quar quant les freres selon lordre
« Apres nonne mengie avoient
« Endementiers quen sauf mettoient
« Le pain le sel leau la nape
« Il muchoit tousjour soubs sa cape
« un pain, etc. .   .   .   .   ·   .
‖ .   .   .   .   .   ·   .   .   .   .
« Il nest nul qui en terre maigne
« Qui aucune fois ne mespraigne
« Nest qui fasse tout a mesure
« Tousjours estrille par nature
« Nostre fraile condition
« Pour ce qui a discretion
« Sil doit les perils prevoier
« Quil nestrille jusqua choier
« Et sil chiet par mesaventure
« Par confession nette et pure
« Se releve prochainement
« .   .   .   .   .   ÷   .   etc. «

Il y a des recherches et de l'érudition dans ces petits poèmes ; l'auteur cite Ptolemée, Senèque, Aristote, etc.

« Cil philosophe Tholomée
« Qui sur touz ot la renommee
« Destre bon astronomien
« Au temps lemperielre Adrien
« . . . .
« . . . . , ...
« En ceste mortel region
« Si prent sa delectation
« Chacun vivant soit homme ou fame
« Devers la char ou devers lame
« Qui tonsjours estrivent ensemble
« Et ce qui plaist a lun ce semble
« Lautre a grant paine sy accorde
« La char qui est boeuse et orde
« Si quiert son delit par nature
« Bassement et a ville cure
« Donc il convient au vergoigne
« Si comme Seneque en tesmoigne
« Ceux qui le veulent consentir
« Et tous en la fin repentir
« Lame se veult pour le contraire
« Au ciel par noble labour traire
« Et vertueux et honourable
« Dont le memore est delectable
« Et lespoir bon de la merite
« Si comme Aristote recite
« . . . . etc.

Le poète intéresse aussi le lecteur par les principes de morale qu'il développe et les leçons de sagesse qu'il donne :

« Helas nul ne doit seur estre
« En cette vallee terrestre
« Tant Dieu pour li beaux signes
« Maintes faiz chaient les plus dignes
« Et nul ny peust sans peril vivre »
« . . . .
« . . . .
« Bon fait apprendre en jeune aage
« Bonne costume et bon usage
« Quiconque voult son salu guerre
« Quar aussi que le pot de terre
« Retient et garde longuement
« Lodour quil boit premierement
« Tout aussi homme par nature
« . . . . etc.

Enfin l'auteur finit son ouvrage par un poème sur le chant du rossignol, où il a eu en vue principalement la passion de Jésus-Christ :

« Roussigneul qui repaires quant le temps assouage
« Pour nouier le depart du froit temps yvernage
« Tu qui par ton doulx chant esbaudis maint courage
« Vien a moy je ten pri si me fai un message
« Vu ou aller ne puis . . . .
« Len dit de cest oisel quant sa mort est prochaine
« Quil monte sur une arbre qui est depines plaine
« Puis tent le bec a mont et de chanter se paine
« Tant que la mort li oste lesperit et lalaine
« Par doulx chant devant laube son createur honnonre
« Et que quant le jour croist a chanter sesvigonre. »

Pierre Le Roy laissa aussi au Mont St.-Michel des hommes lettrés dont nous avons des manuscrits, et où

l'on trouve des pièces de vers qui ne sont pas sans mérite. Quelques années après la mort de cet abbé, un
des religieux, à la prière de ses frères, récrivit, mais en
l'abrégeant, le manuscrit du chanoine de St.-Aubert et
celui d'un autre auteur qui vivait à la fin du x°. siècle et
au commencement de l'onzième (1); il y ajouta les
miracles arrivés l'an 1333, et quelques autres de son
temps.. Cet ouvrage est désigné sous le n°. 34, quoique sous ce numéro il y ait encore six autres manuscrits
différents : nous avons choisi dans tous ces manuscrits ce
qui convenait à notre sujet. Un autre religieux, dans le
même temps, transcrivit aussi, en les abrégeant, les
manuscrits de l'abbaye. Nous l'avons employé, il
porte le numéro 24 ; mais il ajouta une courte chronique
en français, et au lieu de suivre les anciens religieux,
qu'il avait copiés, il inventa des légendes toutes merveil-
leuses (2). Il est plus recommandable par les petits
poèmes qu'il composa et qui terminent son ouvrage :

« Doulx Jesuschrist doulx createur
« En qui jay toute mesperance
« Doulx roi doulx dieu doulx sauveur
« Qui nas ne fin ne commencance
« Doulcement me donne tamour
« Et de ta gloire cognoissance
« Et mottroye par ta doucour
« Vraie confession et repentance

----

(1) Nous l'avons cité à la page 150, ligne 15.

(2) Ainsi il invente l'épisode du loup, qui, à la place de l'âne du pasteur d'Austeriac, porta les provisions des ermites jusqu'à la fin de sa
vie, fait toucher le pied du rocher par un enfant au berceau, du
temps de St. Aubert, prend le *milibus distans sex* des anciens manuscrits pour des lieues de France. Le reste est tiré des manuscrits.

« Vrai Jesuschrist je te mercie

« Que tu mas donne ta figure

« Corps et ame sante et vie

« Cinq sens pour adrecier ma cure

« Et par ta grand debonnairie

« Vivre à soustenir nature

« Par charite noublie mie

« Moy qui suy ta creature

« Donne moy tel entendement

« Que je puisse vouloir et faire

« Ton plaisir ton commandement

« Dire le bien et le mal taire

« Et faire pour mon sauvement

« Priere qui te puisse plaire

« De peril et de dampnement

« Veilles mon corps et mame retraire

« Vray dieu qui vois en ta presence

« Quanque len pense dit et fait

« Qui vois et sces par ta science

« Tout mon pechie tout mon meffait

« Ayes de moy compacience

« Qui par mon pechie se deffait

« Des pechiez me donne indulgence

« De penser de dit et de fait

« Vray Dieu qui as en ta puissance

« Tout quenque est fait fu et sera

« Deffent de mal et de pesance

« Qui bien me fait fist et fera

« Et me donne ferme creance

« Et faire ce que te plaira

« Et me fay estre sans doubtance

« Devant toy quant tout fenira

« A touz ceulx qui de moy memoire

« Envers toy ont fait et ferent
« Octroye leur vray roy de gloire
« Grace et salut quant il mourront
« A tous autres paix et victoire
« Tant com en ce monde seront
« Et quanque leur est necessaire
« Quant de ce siecle partiront
« Glorieuse Vierge Marie
« Vueilles prier ton doulx enfant
« Par qui nous fu rendue la vie
« Quil nous vueille a tous faire tant
« Pauvres hommes qua la partie
« Nous traye et nous vueille amer tant
« Que nostre oroison soit oye
« Et tout nostre autre fait plaisant. »

Il y a de l'onction dans cette prière , et le style en est clair et coulant. Quelques savans ont cru que le *t* devant la syllabe *ion* , à la place de l's ou du *c* , nous venait dans ces derniers siècles des Anglais. Les vers singuliers qui suivent immédiatement les précédens prouvent que cette opinion n'est pas fondée.

« Doulz Dieu qui est sens fin et sens inicion
« Qui toute creature as en subjection
« En ta grant prudence en ta protection
« Commant mame et mon corps et toute maction
« Deffent moy quoyque face de desperacion,
« Dorgueil dire denvie et de detraction
« Dyvresse de luxure de fornicacion
« Fay moy haire tout vice toute inclinacion
« Tres doulz Dieu donne moy par tinspiracion
« Volente de bien faire et meditacion

« Donne moy tres douls Dieu sens et discrecion
« De hair cest vil siecle et sa deception
« Et si te pri douls Dieu par vraie entencion
« Par la tres grant pitie par la compassion
« Que de ta mere eus quant souffris passion
« Que menvois en la fin vraie confession
« De ton precieux corps vraie reception
« Et si te pri douls pere par intercession
« De ta tres doulce merc quen ta grand mansion
« Puist sens fin avoir mame participation
« Si quel puist eschapper la tribulation
« Les grans ais les grans brais et lesion
« La glace la froidure le brazier larsion
« La mort perpetuele et la dampnacion
« Ubi erit fletus et stridor dencium.

Amen. »

Voici encore l'emploi d'une même rime et de vers de mesure différente ; cette manie des consonnances vient des anciens Armoricains :

« Biau sire dieux en qui je croy
« Vueillies avoir merci de moy
« Et me donne tenir la foy
« Que sainte eglise tient de toy
« Tres doux dieu de Nazareth mon dieu et mon confort
« Garde moy de pechie et de villaine mort
« Et au jour de ma fin maine mame droit port.

Amen. »

Ce bon religieux a voulu donner un exemple de toutes les espèces de vers français que l'on faisait alors ; il finit par ceux-ci :

« Sainte Marie dame royne genitrix
« Glorieuse pucelle porte de paradis
« Si vous onques oystes par la vostre merci
« La voix dun pecheur qui vous criast merci
« Ne nulle pecheresse a qui fuissiez refui
« A jointes mains vous pri quayez de moi merci
« Ce nest pas pour desserte que laye desservie
« Mais par votre douceur dame sainte Marie
« Si vraiment com. Dieu prist en vous chair et sans
« A trestous mes besoings me soiez vous aidant
« La ou ma bouche me clorra en mourant
« Et huil a ma teste miront de mort tournant
« Corps contre mame mira mortifiant
« Et naurai nul membre dont il me soit aidant
« A ce jour vous pri mere du roy le tout puissant
« Questes couronnee lassus ou firmament
« Qua leure de ma mort ou fois dieu nest aidant
« A mame soiez Dame presentement secourant
« Quanemi nait puissance quil la voit engignant
« Nulles paines denfer la ny sait tourmentant.

Amen. »

L'abbé Pierre Le Roy avait établi pour son vicaire-général Nicolas de Vandastin, qui a laissé un rôle ou catalogue des abbayes qui avaient contracté union avec celle du Mont St.-Michel. Le monastère du Mont ne dépendait d'aucun autre; il se gouvernait lui-même; mais il s'était uni par des liens de fraternité avec les couvens les plus célèbres. Voici en quoi consistait cette union : les religieux en général se regardaient tous comme étant de la même abbaye; les abbés, dans les autres monastères, recevaient le même honneur que dans leur propre couvent. Si dans ces visites ils trouvaient quelque religieux qui fût sous le poids des peines disciplinaires, ils pouvaient l'absoudre, et les religieux qui avaient encouru l'indignation de leurs abbés, étaient reçus dans un de ces monastères jusqu'à leur parfaite réconciliation. A la mort d'un des religieux, on sonnait les cloches dans toutes les églises ; on chantait l'office des morts, ensuite une messe solennelle ; tous les prêtres célébraient le saint sacrifice ; les autres religieux récitaient le psautier, et on faisait une distribution de trente pains aux pauvres. Telles étaient les conditions principales de l'association (1). On comptait cinquante-cinq abbayes et un prieuré ainsi unis avec le Mont St.-Michel (2). Les monastères de la Luserne (3), de Savigny et de Montmorel, entrèrent dans cette société (4).

On peut encore attribuer au vicaire-général de Pierre Le Roy une autre table, qui contient le nom des bienfaiteurs pour lesquels on célébrait tous les jours le saint sacrifice dans l'église de l'abbaye (5) : c'étaient la comtesse d'Allecome, qui avait apporté au Mont St.-Michel de superbes ornemens, et avait déchargé les religieux d'une grosse somme d'argent qu'ils devaient au roi ; la duchesse d'Orléans, qui leur avait fait présent de cent-une livres

---

(1) Ut unum sit monasterium unus conventus unum capitulum omni diversitate tam corporali quam spirituali remota... si vero contigerit aliquem monachum sententia detineri poterit eum absolvere.... 30 panes pro eodem in eelemosinam dabuntur.

(2) Manuscrit, n°. 22.

(3) Sancte Trinitatis de Lucerna. Manuscrit dans la collection, n°. 34.

(4) m ccc viii Savigniacensis.... m ccc xlix de monte Morelli. Manuscrit dans la collection, n°. 14.

(5) L'écriture est du commencement de ce quinzième siècle Voyez le no. 14.

qu'elle possédait de droit héréditaire sur la terre de Bouillon ; le roi Charles VI , qui leur avait offert les revenus de Henneville et de Treauville , jusqu'à ce qu'il leur eût assuré un revenu annuel de cent livres ; le roi Philippe et la reine , qui leur avaient abandonné cent livres de revenu sur le fief-ferme de St.-Jean-le-Thomas ; le seigneur et la dame de Thorigny , le seigneur Jean-de-la-Champagne , le seigneur Raoul Tesson et son épouse Jacquemine , le roi de Navarre , qui leur fit présent de cinquante livres de revenu sur le prieuré de la Bloutière ; les deux abbés de ce Mont , Jean et Geoffroi , et Laurent Leguat , Jean Gardou et Jacques Legey (1).

On acquittait chaque semaine quarante messes fondées par ces bienfaiteurs . Une de ces messes était dite dans la chapelle des Trente-Cierges , pour tous les anciens bienfaiteurs . Les religieux en célébraient encore vingt-trois autres dans la même semaine , pour les seigneurs de Ducey et de St.-Brice , l'évêque de Dol ; pour Pierre de Touchet , qui avait donné à St. Michel trois cents livres ; pour Michel de Chaux , Genton , Bechart et Jantée : trois autres messes étaient dites dans la chapelle du Circuit pour l'abbé Richard.

Nous avons un détail curieux des reliques que l'on montrait du temps de Nicolas Vandastin , aux pélerins qui venaient de toutes les parties de l'Europe honorer ces restes sacrés , et implorer la protection de l'Archange : « S'il fal-

(1) Domino Johanne de la Champaigne uxore patre et matre suis una missa per ebdomad qui dedit quindecim libras Tur. annu redd... Radulpho Tesson domino de Grippone et domina Jacquemina ejus uxore missa per ebd. qui dedit centum scuta auri et unum calicem et domina Jacquemina ejus uxor dedit quinquaginta libras ut sponsus ultimus scilicet dominus Nicholaus Paganelli particeps esset dicte missae... nᵒ. 14.

« lait nombrer toutes les personnes de marque qui sont ve-
« nues par dévotion visiter cette église, dit un historien de
« ce Mont, on en remplirait en peu d'années de gros vo-
« lumes ; car, pour parler en général, presque tous les
« rois et reines de France, qui ont esté depuis la fonda-
« tion de ce lieu jusqu'à Henri IV, y sont venus, comme
« aussi plusieurs rois d'Angleterre. Quant aux princes
« et ducs, ce serait chose encore plus difficile à les nom-
« brer : nous pouvons mettre en ce rang tous les ducs et
« duchesses de Normandie et de Bretagne sans excep-
« tion (1) ».

Les dons offerts au chef de St. Aubert, les anneaux
et les colliers d'argent rompus, les lingots de fer et la
moitié des nappes de bure étaient abandonnés au trésorier
qui faisait voir ces saintes reliques aux pèlerins (2).

On montrait d'abord les reliques envoyées de Rome,
l'an 712, par le pape Constantin ; elles furent renfermées,
au commencement de ce xv°. siècle, dans un reliquaire en
forme d'autel, au-devant duquel était un beau porphyre.
On disait, et la pieuse crédulité du temps admettait généralement, que c'était du bois de la vraie croix, des parties de l'éponge, de la couronne d'épines, des vêtemens
et du berceau de Notre-Seigneur, du voile et des cheveux
de la Ste.-Vierge et de Ste. Anne, une partie de la verge
du grand-prêtre Aaron, quelques ossemens de St. Si-
méon-le-Juste et des saints apôtres, des vêtemens de St.

(1) Jean Huynes, n°. 22.

(2) Thesaurarius habeat redditus suo officio pertinentes videlicet obla-
tiones capitis sancti Auberti et quartam partem decime de Boce et
alia que hactenus consuevit et ferlingos de collecta et annulos fractos
et monilia fracta sive argentea et medietatem maparum burdictarum.
Manuscrit constitutionis ditberio.

Jean l'Evangéliste, des reliques des saints Innocens et de plusieurs martyrs, des trois enfans de la fournaise et de quelques saints confesseurs, de celles de Ste. Marie Madeleine, de Marthe sa sœur, et de plusieurs autres saintes femmes. Un ciboire, dont la coupe était une noix d'Inde et le couvercle de vermeil, contenait des ossemens de quelques saints martyrs, de Ste. Marie Egyptienne, des fragmens du manteau de pourpre dont Notre-Seigneur fut revêtu par dérision, de son berceau et de la table sur laquelle il célébra la Cène : ces reliques étaient un présent du même souverain pontife. Un soleil d'argent doré contenait une parcelle de la colonne où Notre-Seigneur fut attaché ; c'était une offrande qui venait aussi de Rome. Un petit coffre de plomb doré renfermait des restes de Richard, roi d'Angleterre ; de St. François d'Assise ; quelques parties des vêtemens sacerdotaux de St. Anselme, du sépulcre de Notre-Seigneur et de celui de la Ste.-Vierge, d'un mouchoir de Notre-Seigneur, de la tunique de la Ste.-Vierge et des cheveux de Ste. Marie Madeleine. Un reliquaire d'or contenait un doigt de St. Pair, évêque d'Avranches ; des reliques de Ste. Pétronille, fille de St.-Pierre ; de St. Malo, évêque, et de plusieurs autres saints : dans un globe d'argent doré étaient celles de St. Germain, évêque de Paris. Le roi Childebert III, venant visiter ce Mont, y apporta, l'an 711, des reliques de saint Barthelemy, apôtre, et de saint Sébastien, martyr.

Des reliques de Ste. Euphrosine furent envoyées par un abbé nommé Théodose, de la ville d'Alexandrie, où la sainte avait vécu ; elles étaient renfermées dans une boîte d'argent. Le corps de St. Aubert reposait dans une châsse fort riche, du prix de 88 marcs d'argent, faite

en ce xv°. siècle ; son chef depuis long-temps était en-
châssé dans un dôme d'argent. Dans ce même siècle on
orna d'or, de cristaux et de pierreries, un des bras de ce
grand saint, sur lequel on avait coutume de mettre la
main et de jurer lorsqu'on voulait affirmer quelque chose
de grande importance. Une partie des reliques du Mont
Gargan étaient posées sur un angelet d'argent doré ; les
autres étaient déposées dans un cœur d'argent doré, soutenu
d'un angelet d'argent doré, que Nicolas Guernon, moine
et prieur claustral de cette abbaye, l'an 1413, fit faire,
comme le prouve l'inscription. On conservait encore l'écu,
le bouclier et le poignard dont St. Michel s'était servi
pour tuer le serpent d'Irlande.

On faisait voir également les reliques de St. Innocent,
un des braves soldats de St. Maurice ; deux côtes de St.
Agapite, martyr, encore couvertes de chair du temps de
Jean Huynes, qui nous apprend cette circonstance, et
qui atteste que plusieurs avaient été guéris par leur foi en
ces saintes reliques ; un os du bras de St. Laurent, et
quelques-uns des charbons sur lesquels il fut brûlé ; toutes
ces reliques avaient été apportées dans le xi°. siècle par
Suppon, et elles furent mises en divers temps dans des
châsses enrichies d'or, d'argent et de pierreries. Le prieur
d'un couvent du royaume de Naples, en faisant société
avec les religieux du Mont St.-Michel, leur envoya des
parcelles du sépulcre de la Ste.-Vierge et de la crèche
de Notre-Seigneur ; elles furent déposées par Raoul de
Villedieu dans une châsse d'argent, « portée sur pied de
calice, dit Jean Huynes », et le même abbé fit enchâsser
des ossemens de St. Fabien et de St. Sébastien dans deux
images des mêmes saints, soutenues sur un même pied ;

le tout d'argent doré. Des reliques de Ste. Agnès et de Ste. Agathe furent apportées de la chapelle du roi de Sicile, par Thomas Bruni, son chancelier, dans le XII°. siècle. Les religieux possédaient encore quelques parties du corps d'Olanus, roi de Norwége et martyr ; des dents de St.-Nicolas, évêque (ces dents étaient dans un reliquaire, fait l'an 1413, que tenait une image d'argent doré du même saint) ; quelques parties de la chasuble, de l'étole et du manipule de St. Denys l'Aréopagite, teints de son sang, placés dans un candélabre à six branches d'argent doré ; un ossement de St. Martin, évêque de Tours, dans un cristal dont le pied était d'argent doré ; quelques reliques des saints Innocens, dans un reliquaire d'argent émaillé ; un doigt de St. Jean-Baptiste, dans un chandelier de cristal sur un pied d'argent doré ; des cheveux du même saint, dans une boîte d'argent, et quelque chose de St. Luc, dans un globe aussi d'argent ; l'étole et le manipule de St. Éloi, évêque de Noyon, conservés dans une châsse de bois peint : « On « croit, dit Jean Huynes, que c'est un ouvrage de ses « mains, et que ces reliques furent miraculeusement con- « servées en la terre d'où elles furent levées tout entières « 300 ans après sa mort. »

Charles de Châtillon, dit de Blois, vint les pieds nus, depuis Rennes jusqu'au Mont St.-Michel, l'an 1365, apportant avec lui des reliques de Ste. Hilarie et de Jason, son fils, dans un reliquaire de cuivre doré ; quelques parties du corps de St. Yves, prêtre et patron de la Basse-Bretagne, dans un autre reliquaire d'argent, soutenu entre les mains d'une image du même saint. Henri, duc de Penthièvre, fit aussi apporter en ce Mont des ossemens des trois enfans de la fournaise , un ornement sacerdotal de St. Jean l'Evangéliste nommé infule , de l'huile du sépulcre de St. Nicolas , du baume de Notre-Seigneur , et quelques autres reliques qui avaient toutes été apportées de Rome par Alain Guidonocy , gardien des cordeliers de Guingamp ; l'abbé Pierre Le Roy les déposa dans un grand reliquaire d'argent en forme de pupitre. Philippe-le-Bel , roi de France , y apporta deux épines de la couronne de Notre-Seigneur , une partie de la vraie croix , qui fut enchâssée dans une croix d'argent doré , soutenue par une image de Ste. Hélène, du même métal. Une autre partie de la vraie croix, enchâssée dans un livre d'argent doré , fut donnée par Charles VI à l'abbé Pierre Le Roy, l'an 1393 ; la relique avait été envoyée de Constantinople à ce même monarque.

CHAPITRE XV.

XVe. SIÈCLE.

ROI DE FRANCE, DUC DE NORMANDIE ET DU PAYS D'AVRANCHES.

Charles VII.

DUC DE NORMANDIE ET DU PAYS D'AVRANCHES.

Charles, fils de Charles VII.

ROIS DE FRANCE ET DU PAYS D'AVRANCHES.

Louis XI. Charles VIII.

EVEQUES D'AVRANCHES.

Jean de St.-Avit, 1391. Martin Pinard, 1442. Jean Boucart, 1453.
Louis de Bourbon, 1485.

Jean de St.-Avit, après avoir gouverné quelques abbayes
étrangères, avait été appelé à l'évêché d'Avranches. Il

était né à Châteaudun, diocèse de Chartres. Il se montra
zélé défenseur de la dignité épiscopale. Ce fut par son ordre que fut composé le Livre Vert. Il vint visiter le Mont.
St.-Michel, l'an 1399. Pendant son épiscopat, les princes
du sang, qui se faisaient une guerre cruelle, prirent d'assaut la ville de Pontorson et la livrèrent aux flammes. Le
château et la châtellenie de Pontorson avaient été donnés, jusqu'à ce que l'état l'eût payé (1), à Olivier Clisson, frère d'armes de Duguesclin. C'est sous le même
épiscopat (l'an 1402), que fut bâtie par Robert Monflart(2)
la chapelle de St.-Sauveur, dans l'église de Pontorson.Le
patronage en fut donné aux religieux du Mont St.-Michel,
Nicolle Vaudu sous-supérieur, Nicolle Guernon trésorier,
et Raoul Hubert bailli, vicaires-généraux de Pierre Le
Roy, en présence de Hervé de la Fresnaye, écuyer, garde-
du-scel des obligations de la vicomté d'Avranches.

Tels sont les termes de la charte. On y lit encore que
le même Robert « suppliet et requeret aux diz religieux,
« abbé et couvent du Mont St.-Michel que de leur bénigne
« grace il pleust à eulx et à leurs successeurs y présenter
« quant le cas eschesroit à sa dite dévotion selon la fon-
« dation d'icelle de ceux de la dite bourgeoisie s'il y en
« avoit de suffisans à ce..... et jura par la foy et serment
« de son corps et à saintes Evangilles de Dieu toutes les
« choses dessus. Témoins, Guillaume Regnault, esleu du
« roi notre sire, au diocèse d'Avranches, Collin Gillart,
« Guillaume Cattebouyt ». Quelques autres chartes de
l'église de Pontorson font mention de ce bénéfice, et un

(1) Donatio castri et castellaniæ Pontis-Ursonis facta domino de
Clisson, quoadùsque pagatus fuerit.

(2) Robert Monflart était de Pontorson.

grand parchemin porte une sentence, rendue, l'an 1534,
aux assises d'Avranches, par Jean Vivien, qui l'adjugea
à Jean Maygney.

Le comté de Mortain était alors gouverné par Pierre
de Navarre, un des princes du sang; ou plutôt, comme
on le lit dans un registre des archives de Mortain, le
roi Charles VI lui avait accordé 3,000 livres de revenu
sur ce comté. La charte est datée du 31 mai 1401. « Pour
« asseoir cet impôt furent appelés plusieurs notables
« gens de conseil d'église curés religieux chevaliers offi-
« ciers avocats marchands et gens de labour tous du
« pays.

« En la paroisse de Virey les seigneurs aultres que le
« roy et que le chanoine de Mortain ont 89 resseans et
« 2 bordeliers et le dit chanoine 11 resseans. »

Le même titre fait connaître les domaines des autres
seigneurs. On lit ce qui suit dans le catalogue du trésor
des chartes : « Lettres du roy Charles par lesquelles
« comme il ait ce jourd'huy délaissé et transporté à son
« aîné fils Loys duc de Guyenne et dauphin de Viennois
« ces comté terre et seigneurie de Mortaing par la ma-
« nière comme feu Pierre de Navarre chevalier en son
« vivant sieur du dit Mortaing en joissait.

« Le même dauphin du consentement de sa Majesté
« en fait transport à son très cher oncle Loys comte Pa-
« latin du Rhin duc en Bavière pour faveur et accom-
« plissement du mariage d'icelui avec Catherine d'Alen-
« çon veuve dudit de Navarre à la charge de retour en cas
« qu'il n'y ait enfans. »

Ces lettres sont datées du 4 mars 1412.

Les Anglais, profitant des troubles qui désolaient la

France, ne tardèrent pas à se montrer sur les rivages de la Normandie. Ce fut Henri V, qu'ils avaient alors pour roi, qui enleva à plusieurs abbayes de cette province les revenus qu'elles possédaient dans son royaume (1). Déjà, sous Charles V, les Anglais s'étaient emparés de Tombelaine ; mais ils en avaient été promptement chassés, dit un auteur du temps « par le moyen « et aux pourchaz coustages et depends des religieux et « habitants du Mont St.-Michel et d'Avranches ». Ce poste retomba en leur pouvoir, et ils y bâtirent, en 1417, un château flanqué de tours et environné d'épaisses murailles. Ils ne bornèrent pas là leurs conquêtes. Ils s'avancèrent dans le diocèse d'Avranches, s'y emparèrent de Pontorson et en établirent gouverneur Jean de Gray, auquel succéda Jean de Mautravers. En 1419, le roi Henri nomma Guillaume de la Pole capitaine de cette ville, ainsi que du château et des tours qui défendaient le pont (2).

La faible garnison d'Avranches capitula, et cette ville ouvrit ses portes après un siége de quelques jours. Guillaume Gautier, qui en était vicomte, fut remplacé par Nicolas Le Painteur, receveur de la vicomté d'Avranches (3) pour le roi d'Angleterre.

L'année suivante (1420), le gouvernement de cette

---

(1) Per nos ordinatum extiterit quòd omnes possessiones prioratuum alienigenarum in prædicto regno nostro Angliæ existentes in manibus nostris ad nos et hæredes nostros remaneant in perpetuùm, exceptis certis possessionibus hujus modi prioratuum alienigenarum in prædicta ordinatione expressatis et declaratis (Monastic. Anglic., tom. III, p. 145—sec. part.) La réforme de Calvin acheva cette spoliation.

(2) Officium capitanei castri et ville de Pontorson ac turrium super pontem. (Chartrier de M. de Guiton.)

(3) Manuscrit du d. Cousin.

ville fut donné à Guillaume de la Pole (1). En 1422 , Jean Froment en était vicomte. Les autres villes du diocèse éprouvèrent le même sort que Pontorson et Avranches. Le premier mai 1418 , Vigor de Clinchamps avait pris possession de la capitainerie de St.-James ; c'était probablement au nom du roi d'Angleterre. Quelques mois après, la dame de la Ferrière perdit son château de St.-Hilaire-du-Harcouet et sa seigneurie de Sartilly ; le vainqueur les donna à Guillaume Montquin. Il venait de nommer comte de Mortain, Edouard , qui mourut au commencement de 1419. Il eut pour successeur Thomas Langholme : néanmoins le duc de Bedfort fut le possesseur réel de ce comté, et après lui ce fut Edmont de Beaufort , qui devint duc de Sommerset (2).

Le roi de France , de son côté, continuait de disposer du comté de Mortain. Il le donna successivement à Jean d'Harcourt et à Dunois. Il le retira à ce dernier par lettres du mois de juillet 1423 , pour en investir Charles d'Anjou , comte du Maine.

La plupart des nobles familles et des abbayes de l'Avranchin reconnurent la domination étrangère. Le registre, qui fut dressé alors par les ordres du roi d'Angleterre, nous a transmis les noms des habitans de l'Avranchin qui s'empressèrent de lui rendre hommage , et ceux des familles qui préférèrent l'exil au déshonneur; ceux des braves qui restèrent dans le pays , jurant , sur les tombeaux de leurs ancêtres , de combattre jusqu'à extinction les envahisseurs de leur patrie ; enfin, ceux

(1) Voyez Rôle Normand , t. i.
(2) Catalogue du trésor des chartes , t. ii , p. 141.

des héros qui s'enfermèrent dans le Mont St.-Michel et qui, par leur courage, leur fidélité inébranlable, conservèrent à leur roi ce poste important.

Historien, si nous ne pouvons nous dispenser de faire connaître les noms de ceux dont la soumission fut prompte et facile, hâtons-nous de remarquer que tous ne furent pas également blâmables. Combien parmi eux de vieillards, de veuves, de familles sans défense et sans protection ! C'était d'ailleurs un temps de calamité générale ; on eût pu voyager tout un jour sans trouver une âme dans les bourgs, ni à la campagne un champ cultivé. Cependant le peuple s'indignait contre ceux qui reconnaissaient le monarque ennemi. A la vue de ces seigneurs, de ces riches propriétaires qui oubliaient ainsi la fierté nationale et la fidélité à leur prince : « Tu vois ce baron, disaient les femmes en filant ; eh bien ! il vient trahir son « roi. » Ceux qui les premiers donnèrent cet exemple, furent Robert Pellevilain, Jean de Bréquigny ou Briquigny de Sartilly (1), le chevalier Jean Doissey, Pierre de la Broise du Mesnil-Adelée (2), Jeanne de Juvigny, veuve de messire Guillaume Le Moine, chevalier (3) ; Gillonne de Neufmesnil, qui rendit hommage pour ses terres et

(1) En 1463 Montfaut ou Montfaoucq trouva noble à Sartilly Guillaume de Bréquigny, écuyer.

(2) Roissi le reconnut noble. Ce Pierre de la Broise fut, en 1463, condamné à payer la taille, parce qu'il ne put prouver sa noblesse. Il continua cependant de jouir des droits et priviléges des nobles. La noblesse de cette famille fut reconnue en 1598.

(3) Guillaume Le Moine était de Sourdeval. La famille de Juvigny était illustre et fort étendue. Ces seigneurs habitaient les manoirs de St.-Nicolas-des-Bois, de l'Apentis, au Neubourg près Mortain, et à Juvigny. Montfaut trouva noble à Sourdeval Jean Le Moigne ou Le Moine. (Voyez les recherches de Montfaut, et les manuscrits de M. de Guiton sur les généalogies et la noblesse.)

rentes de la châtellenie de Pontorson ; Silvaine de la
Cervelle , de la paroisse de Villiers (1) ; Guillaume
Huart , Guillaume de Moulins , Jean de Creully , Geof-
froi-le-Goux , le chevalier Geoffroi de Grimouville , Ni-
colas-le-Nouvel , écuyer ; Olivier Hérault de Plomb (2) ,
Guillaume-le-Bocey.

On vit aussi , un peu plus tard , jurer fidélité à Henri
Jean de Vauborel (3) ; Guillaume Guiton , écuyer ; madame Guillemette-aux-Epaules , veuve de défunt messire
Raoul Guiton , chevalier. La démarche de cette dame
avait pour motif le désir de faire séparer son douaire et
ses héritages des biens de son fils Jean Guiton, que nous
allons voir défendre si vaillamment son pays et son roi.
Vers ce temps, une jeune étrangère se présenta devant le
conquérant ; elle se nommait Marie Yscra : « Je suis ,
« ajouta-t-elle, damoiselle des pays et royaume de Hon-
« grie ; je demande mon douaire sur les héritages de
« Gilles de Guiton. » Elle montra en rougissant un écrit
qui attestait que Gilles de Guiton , chevalier de Rhodes ,
avait eu de cette jeune Hongroise un fils naturel, nommé
Jean de Carnet. Gilles de Guiton , blessé à la bataille de
Nicopolis, avait dû la conservation de ses jours aux soins
de cette Hongroise. Cet écrit était ainsi conçu : « Nous
« frere Gilles de Guiton chevalier de Rhodes etc.
« comme es pays et royaume de Hongrie ou combatant

---

(1) Silvaine de la Cervelle était veuve de Guillaume de la Paluelle ,
écuyer. On lui rendit son douaire et 20 livres par chaque an , au
jour St.-Jean-Baptiste, sur le manoir et fief de la Paluelle pour la
garde et entretien de ses deux enfans sous-âgés.

(2) Jean Hérault , à Plomb, fut trouvé noble par Montfaut.

(3) Montfault trouva noble Jean de Vauborel à l'Apentis , et un
autre de ce nom à Ste.-Marie-du-Bois, et un Guillaume de Vauborel
au Buat.

« soubs la charge de Monseig'. Phubt de Naillac nostre
« grand maistre fusmes navres et bourdes et par suite
« nous en la personne de Marie Yscra ayons par la
« volonté et patience de Dieu engendre naturellement
« ung fils nommé Jehan de Carnet au quel nous meuz
« de bonne affection et vraye amour naturelle et pater-
« nelle et voulant garder en cette partie lhonneur de
« nous et de nostre lignaige et que apres nostre mort
« et trespas le dit Jehan de Carnet ne soit desherité
« mais tieigne toute sa vie tel estat comme a lui doibt
« appartenir pour descharger nostre conscience et ac-
« complir les voyes de juste et loyale satisfaction avons
« donne et octroye des maintenant a nostre dit fils par
« pur et loyal don irrevocable tout nostre lieu et he-
« bergement de la Pommentiere seant en cette seigneu-
« rie de Carnet ainsi que se comporte pour en jouir et
« faire sa volonté en quelque lieu estat habit prosperité
« ou condition que il soit en telle maniere que lui venu
« en age il en puisse entrer en lhommage du Seig'.
« de Carnet nostre chier nepveu fait au mois dapvril
« treize jours apres pasque lan de grace mil c.c.c.c. et
« trois (1).

On accorda à cette Hongroise ce qu'elle demandait ;
mais l'homme de loi qui rédigea l'acte, olloqué probablement du crime de cette étrangère, jugea qu'il n'en
devait être fait mention qu'en latin. Ce chevalier de
Rhodes, dont il est ici question, fut enterré à Carnet l'an
1403. Il y a peu d'années, on voyait encore son tombeau

---

(1) Ce bâtard fut ennobli par Charles VII. Ses descendans se sont
conservés à Carnet et au manoir de Marigny, à Sacey, jusque vers la
fin du XVIᵉ. siècle ; à cette époque ils passèrent en Bretagne.

sur lequel il était représenté couché sur le dos , une croix sur la poitrine, la tête sur un coussin, les cheveux roulés comme les ecclésiastiques les portaient anciennement , un lion sous un pied , une licorne sous l'autre , les mains jointes et tenant un chapelet. Ce tombeau était en cuivre ; on y lisait l'inscription suivante : *Anno Domini M. C.C.C.C. III die scilicet primâ junii obiit nobilis frater Egidius Guiton hospitalis sacræ domûs sancti Joannis Baptist. Hyerosolimitani cujus anima requiescat in pace. Amen* (1).

Le roi d'Angleterre reçut également la soumission de Jean de Genêts , à qui il rendit ses terres ; celle de Thomas de Villechien , de Gilles de Boisyvon, écuyer (2); de Gilles de Roumilly ou Rommilly, écuyer ; de St.-Martin-de-Landelles (3) ; de Richard-le-Châtellain , auquel fut rendue une maison qu'il possédait à Avranches ; d'Aubert Guérin , bourgeois d'Avranches ; de Guillaume Voisin , de Gilles Vivien , écuyer (4) ; de Raoul du Buat, écuyer , auquel le roi d'Angleterre rendit sa terre du Buat, dans la vicomté de Mortain (5) ; de Jacques Bille-

---

(1) Pendant la révolution , M. Frain proposa d'envoyer ce tombeau au Muséum , à Paris ; mais le district d'Avranches voulut qu'il fût fondu , et malheureusement l'avis du district l'emporta.

(2) En 1463, il existait plusieurs seigneurs de ce nom à Champeaux, à Dragey et à St.-Laurent-de-Terre-Gate.

(3) Six membres de cette famille furent reconnus nobles en 1463. Les seigneurs des Loges-sur-Brécey et de la Mancellière firent aussi , à cette époque, reconnaître leur noblesse. Jean Tabourdin et sa femme de St.-James présentèrent aussi leurs titres , qui ne furent pas trouvés valides.

(4) La noblesse de Gilles Vivien fut reconnue à Avranches et à St.-Loup ; mais Richard Vivien, à Rouffigny , n'ayant pu parvenir à prouver la sienne , fut condamné à partager les charges du peuple.

(5) L'an 1463 , le seigneur de cette paroisse s'appelait Robert du Buat.

heust , de Roger Couvey de Romagny , d'Edmond Roet ,
écuyer , qui reçut du monarque anglais la terre et la vavassorie de Rouel en la châtellenie de Pontorson ; de Gabriel Lancesseur ou l'Ancesseur (1) , de Colin James ,
qui avait épousé Roulande de Martigny (2) ; de Philippe
de Verdun , écuyer , qui demeurait à Aussey ; de Jeanne
Fortescu , veuve de Jean de Verdun (3) ; de Vincent Go-
det et de Jeanne Pasturel , sa femme ; de Jeannot d'Aurai , écuyer (4) ; de Jean Gauquelin de St.-Ouen-de-
Celland , écuyer ; de messire Robert-le-Rogeron , avocat,
à qui furent octroyés les héritages qui avaient appartenu
à Louise Motet , sa mère ; de Guillaume Roussel , écuyer ,
qui conserva aussi ses biens (5).

Guillaume de Champservon , écuyer ; Pierre Ernault,
Jean le Prévost de la Trinité , écuyer ; Guillaume de la
Binolais , écuyer, et Guillemette , veuve de Nicolas Pelle-
rin , firent annoncer au roi qu'ils ne tarderaient pas à
venir aussi lui rendre hommage.

---

(1) Cette famille existait, en 1463, à Bacilly et à St.-Michel-des-
Loups. Elle ne put prouver ses titres aux commissaires du roi ; mais
elle fut maintenue dans ses droits par Roissi.

(2) La famille de Martigny habitait à Curey ; elle ne fut point
trouvée noble par Montfaut, mais elle fut maintenue par Roissi.

(3) En 1463 , Jean de Verdun , à St.-Quentin, fut trouvé noble.

(4) Des lettres furent expédiées , en 1420 , à Jeannot d'Aurai pour
ses héritages dans le comté de Mortain , probablement à St.-Poix, où
cette illustre famille existe encore aujourd'hui. Elle fut trouvée noble
par Montfaoucq. Cette maison tirait son nom d'Aurai où se livra la
bataille qui termina la guerre entre Charles de Blois et Jean de Montfort , au sujet du duché de Bretagne.

(5) Les autres membres de cette famille, qui fut aussi trouvée noble
en 1463 , restèrent fidèles au roi de France. Ces membres étaient
Olivier , Philippe et Guillaume Roussel , à St.-Laurent-de-Terre-
Gate ; Richard Roussel, au Mesnilbœuf ; Guillaume Roussel, à Chalan-
dré, et un autre , Guillaume Roussel , à Mesnilrainfray. Voyez le
manuscrit de M. de Guiton sur les généalogies et la noblesse.

Plusieurs membres du clergé ne firent pas long-temps attendre leur soumission. On les vit, la tête nue, fléchir le genou devant le roi d'Angleterre, et mettre leurs mains dans les siennes.

L'évêque d'Avranches et l'abbé du Mont St.-Michel refusèrent le serment de fidélité au vainqueur. Ils se retirèrent à Rouen. L'abbé du Mont St.-Michel était alors Robert Jolivet, du diocèse de Coutances ; il avait succédé à Pierre Le Roy, dont il avait eu toute la confiance. Il fut nommé par le souverain pontife, aussitôt après les obsèques de son prédécesseur, qu'il fit lui-même à Bologne, en Italie. Robert Jolivet s'empressa de venir au Mont St.-Michel et de convoquer le chapitre. Les religieux l'accueillirent avec joie et l'élurent d'une voix unanime. Il leur montra alors la bulle du chef de l'église et quatre mille écus d'or dont il était chargé, et dont il fit don au monastère. C'est lui qui, à l'approche des Anglais, fit élever, pour la défense du Mont St.-Michel, cette enceinte irrégulière de tours et de bastions qu'on y voit encore. Par ses soins la place fut pourvue avec abondance de tout ce qui était nécessaire à la vie. Après une telle conduite, on s'étonne qu'il se soit retiré à Rouen, abandonnant sa place de gouverneur, et qu'il se soit laissé gagner par les présens du roi d'Angleterre et ait accepté de lui des emplois (1). Il portait la qualité de son conseiller et quelquefois de son chancelier (2). On voit dans les conciles de la province qu'il reçut les sermens des autres pour le roi d'Angleterre.

(1) Manuscrits du Mont St.-Michel, no . .2.
(2) Huet, origine de Caen.

Le roi d'Angleterre reçut aussi le serment de fidélité des abbayes du diocèse d'Avranches. Celle de la Luzerne avait alors pour abbé Philippe Badin, natif de St.-Pierre-Langer : c'était un homme d'une éminente piété et d'un grand savoir. Dans une assemblée qui se tint à Avranches pour délibérer sur cette importante affaire, il fut d'avis qu'il fallait reconnaître le nouveau gouvernement. Il développa son opinion avec tant de force qu'il entraîna tous les esprits. Se dérobant aux félicitations du peuple, qui le révérait et le bénissait, il s'empressa de retourner dans la solitude, où il vivait dans la plus grande austérité. On lui attribua des prédictions ; on racontait qu'il avait annoncé que la guerre serait longue et cruelle. Ce fut ce saint abbé qui reçut le serment de l'abbé d'Ardennes.

Son frère, Nicolas Badin, fit pareillement sa soumission et obtint ainsi que ses biens lui fussent rendus (1). Un chanoine de la Luzerne, Robert de Bacilly, qui fut alors élu abbé de Mondée, et Jean Louvet, chanoine de l'église collégiale de St.-Évroult et de St.-Guillaume de Mortain, donnèrent le même exemple. Il paraît que le chapitre de cette ville refusa de l'imiter : aussi le roi d'Angleterre enleva-t-il aux chanoines de Mortain les biens qu'ils possédaient dans ses états, et en fit don à l'église collégiale d'Eton. Messire Henri Pharamus, prêtre, licencié en droit ; Jacques Galet, clerc du diocèse de Coutances, notaire public et juré de la cour épiscopale d'Avranches ; Guillaume Aubert, curé de Vains ; Martin, official d'Avranches ; Nicolas Maidon, archidiacre du Val de Mortain (2) ; Jean

---

(1) Extrait du registre des dons, etc., par Charles Vautier.

(2) Jacques Galet, Guillaume Aubert, Martin et Nicolas Maidon, figurent dans une contestation que les habitans de Brécey eurent avec

Aleaume, abbé de Savigny, et plusieurs autres prêtres et religieux vinrent aussi rendre hommage au roi vainqueur.

Les religieuses de l'abbaye Blanche ne furent point inquiétées dans leur solitude. Michelle de Heureou, qui avait succédé à Marguerite de Creully ; Marguerite d'Argouges et Marguerite de Croesli gouvernèrent avec une grande sagesse ce pieux monastère. L'abbaye de Moutons ne fut pas moins heureuse que l'abbaye Blanche ; elle ne se ressentit point des ravages de la guerre. Moutons avait alors pour abbesse Jeanne Carbonnel, qui avait remplacé Nicolle Sevestre. Jeanne Carbonnel présenta au seigneur de Varenguebec la sœur Jeanne de Mary, pour succéder à Eléonore Neel, prieure de St.-Michel-du-Boscq (1). Elle eut elle-même pour successeurs Robertine de Silly et Marguerite Thiboust.

L'abbaye de Montmorel jura aussi foi et hommage au roi d'Angleterre. Guillaume du Homme (2), successeur de Guillaume de la Chaise, en était alors abbé.

les religieux de Savigny. Cette contestation fut terminée sous Alain de Boschen, successeur de Jean Aleaume, et l'arrangement reçut la sanction du cardinal Alain, légat du pape, dans les royaumes de France et d'Angleterre. (Charte latine de l'église de Brécey. Cette charte écrite sur une peau de veau entière, se trouve chez M. Le Pelletier de Brécey.)

(1) Cet acte de présentation est du 5 mai 1462. Il y eut une transaction entre les religieux de Lessay, l'abbesse de Moutons et la prieure de St.-Michel-du-Boscq, au sujet de boisseaux de froment dus par l'abbaye de Lessay au prieuré de St.-Michel-du-Boscq.

(2) On peut attribuer à Guillaume du Homme un beau manuscrit en vélin, que nous possédons. Toutes les marges de ce manuscrit sont ornées de belles vignettes. Il contient l'office divin que les chanoines de Montmorel faisaient depuis la fondation de leur monastère. Dans leur calendrier, Ste.-Radegonde est appelée Ragonde ; l'Epiphanie y porte le nom de la Tiphaine, qui vient du grec *théophanie* (apparition de Dieu). On y voit les noms de quelques saints qu'on ne trouve point ailleurs ; entre autres : Mettran, Moi, Lother, Blanchart, Mar-

L'exemple que donnaient ces nobles familles de l'Avranchin, ces religieux et ces prêtres, en se soumettant ainsi au roi d'Angleterre, fut loin d'être généralement suivi. Un grand nombre de guerriers se retirèrent en Bretagne. Leurs biens furent confisqués. Le 20 mai 1419, le roi d'Angleterre manda au vicomte d'Avranches de laisser jouir Seguin des biens et des terres de Nicolas Bouquan. Les seigneuries de Jacques de la Cervelle furent accordées à Jean Filvastre. Expédition fut faite à Thomas Merks des terres et seigneuries de la Chenais, qui appartenaient aux fils de Geoffroi de Rommilly. Guillaume de Leseaux reçut les terres de Nicolas d'Isigny; et Nicolas Burdet, celles de Colin de la Croisille et d'Agnès Thebaut, sa femme.

Parmi les seigneurs qui restèrent soumis à leur roi, on remarque Jean de Meullent, Hector de Ponbriand, seigneurs de Ducey; Raoul Tesson, Pierre Grandin, Jean Poivrent, Robert Rougel, Vincent Dubur, Olivier Husson, les d'Argouges, les Avenel, les seigneurs du Teilleul, ceux de Touchet, de St.-Poix, de Moidré, de Pontorson, et un grand nombre

---

godon, Affrodose, Matin, Quiriace, Tholomée. Il y avait un jour consacré aux onze mille vierges.

Voici une hymne que ces bons religieux chantaient le soir à la fin de leur office :

Hora completorii
Datur sepulture.
Corpus Christi nobile
Spes vite future.
Conditur aromate
Complentur scripture
Jugis est memoria
Mors hec Mich cure.

On trouve aussi dans une des vignettes ce vers latin :

Transitus in mortem cure plenusque laboris.

d'autres. Ces fidèles Normands, que le vainqueur appelait des rebelles, apprirent bientôt qu'il leur fallait vaincre ou mourir.

Tous leurs biens étaient partagés, comme une proie, entre les chefs de l'armée conquérante. La seigneurie de Ducey était donnée à Guillaume Nessefeld ; celle de Robert Servain, à Henri Welton; Robert de Marbury reçut la seigneurie du Grippon, enlevée à Raoul Tesson, et Guillaume Kilhin, les manoirs, les terres, les fiefs, les rentes et les possessions de Jean Trehan de Moidré et de Guillaume Destouches de Pontorson. Thomas de Withney reçut les biens que Jean Poivrent possédait dans la vicomté d'Avranches ; Guillaume Giraut, ceux de Robert Rougel, et il fut ordonné au vicomte d'Avranches de l'en laisser jouir (1) ; Richard d'O, ceux de Pierre Gaudin, situés dans les vicomtés de Mortain et d'Avranches. Les terres et les héritages d'Olivier Husson, dans la vicomté de Mortain, passèrent à Henri Broon ; ceux de messire Henri d'Argouges et de ses enfans, à Gilbert de Halsal, et il fut mandé au bailli du Cotentin et au vicomte d'Avranches de l'en laisser jouir (2). Les terres et seigneuries de Chalandrey, qui appartenaient à Guillaume Avenel; celles du Teilleul, qui appartenaient à Geoffroi d'Oissey et à madame Catherine d'Harcourt, sa femme, furent accordées, celles-ci, à Nicolas Burdet, et celles-

(1) Peu de tems après cette époque, on trouve à St.-Quentin un François Giraut, qui, n'ayant pu parvenir à prouver sa noblesse, fut condamné à rentrer dans la classe du peuple.

(2) En 1491, Jean d'Argouges devait au roi le service d'un homme armé en brigandine ; en 1512, Vincent d'Argouges avait charge de gens de pied.

là , à Edouard Wilson. Le manoir de St.-Cristophe et ses dépendances , dont Vincent Dubur fut dépouillé , devinrent la récompense d'Arthur Catogan, et il fut également ordonné au bailli du Cotentin et au vicomte de Mortain de l'en laisser jouir.

Jean d'Harcourt, comte d'Aumale, alors gouverneur de Pontorson et du Mont St.-Michel (1), s'était renfermé dans cette dernière forteresse , et il avait fait demander au grand-maître de l'artillerie de France l'attirail nécessaire pour armer la garnison et la place, et pour faire des courses sur les côtes voisines. Nous voyons qu'au mois de mai 1423 , il lui fut délivré sept-vingts livres de salpêtre fin , soixante livres de soufre, un millier de trait commun , et cinquante pelotons de fil d'arbalète. On remarquait parmi les seigneurs de l'Avranchin qui suivaient le comte d'Aumale : Jean de la Motte, Robert Servain , Robin et Thomin de Percy, Nicolas Paisnel , Jehan du Homme, Robert et Olivier Roussel, Jean Pigace, Richard et Colin de Clinchamps, Robin de Fontenay et Michel de Plomb. Il était beau de voir cette poignée de braves soutenir , sur ce roc escarpé , une cause qui semblait perdue. Les tours du Mont St.-Michel furent pendant vingt ans le seul point de la Normandie, qui , malgré les efforts du duc de Clarence et des armées anglaises, conservât le drapeau français. « C'est une chose singulière, dit l'abbé « de Choisy, que les Anglais, quoique maîtres de la

_____

(1) Le père de Jean d'Harcourt avait donné à cette abbaye , l'an 1415 , une belle statue d'ange d'argent , pesant soixante-seize marcs. Jean d'Harcourt eut pour fils Louis d'Harcourt, qui fut patriarche de Jérusalem. Ce dernier avait aussi une grande dévotion à l'archange St.-Michel. Ses armes étaient d'azur, à trois fleurs de lis d'or. Le dragon infernal était représenté sous ses pieds avec ces mots : *Nemo adjutor mihi nisi Michaël.* Voyez histoire d'Harcourt.

« Normandie et de la plus grande partie de la France,
« ne purent jamais prendre le Mont St.-Michel. »

Au bruit que l'armée ennemie allait se diriger sur cette
place, on vit voler au secours du comte d'Aumale et de
ses compagnons plusieurs guerriers de l'Avranchin.
C'étaient, entr'autres, Guillaume de Sotherel, baron
des Biards; un seigneur Paisnel, un seigneur de Crux,
Charles, Jean et François Hamon, Robert du Homme,
François Hérault, Jean de la Champagne, Guillaume de
St.-Germain , Jean-le-Charpentier , Pierre Allard de
Sourdeval, Jean Guiton et son frère d'armes Thomas de
la Paluelle , André Pigace , Guillaume de Verdun et
Guillaume de la Luzerne (1). Ils marchaient revêtus
d'armes étincelantes et portant sur leurs écus les
marques de leur antique noblesse (2), quand, au lever du
soleil, ils aperçoivent une troupe considérable d'Anglais
qui s'avancent en désordre à travers les grèves. Malgré
l'infériorité du nombre, ils fondent sur eux avec impé-
tuosité. Plusieurs guerriers tombent frappés mortelle-
ment. La honte de se voir attaqués par un si petit nombre
de chevaliers ranime le courage des Anglais ; ils se
rallient et se battent avec fureur. De sept qui s'achar-
naient sur Robert du Homme, quatre expirent sous les

(1) Il est question de son père, Amaury de la Luzerne, dans un
titre de l'an 1347. Guillaume eut un fils appelé Jean, qui épousa
Jeanne de Ver, et qui fit hommage de sa seigneurie de la Luzerne au
roi Louis XI ; son petit-fils Gilles épousa une dame de Percy, dont il
eut un fils aussi appelé Jean. Ce dernier épousa Gillonne Tesart ; il
n'eut qu'une fille appelée Gabrielle.

(2) Parmi les couleurs qui reluisaient sur les boucliers, le jaune et
le blanc étaient l'emblème de la foi, de la richesse, de la force, de
l'innocence et de la pure é ; le rouge, en terme de blason *gueule*,
mot qui en arabe signifie une rose, indiquait la vaillance ; l'azur, la
beauté et la bonne renommée ; le vert, l'espérance et l'amour ; le noir
ou le sable, le deuil et la tristesse.

coups de sa hache à deux tranchans ; mais blessé lui-
même à la tête, couvert de sang, il allait succomber, si
ses gens, en redoublant d'effort, ne fussent parvenus à le
dégager. Plus loin, le sieur de St.-Germain enlève d'un
coup de lance la visière de son ennemi et heurte si violemment le cheval qu'il le renverse avec le cavalier. Jean
de la Champagne et les seigneurs de la Paluelle et de
Verdun se couvrirent aussi de gloire dans cette journée.
Jean d'Harcourt, voyant du haut des remparts ce qui se
passait dans la plaine, se fait ouvrir les portes et vient se
précipiter dans la mêlée, au lieu où Thomas de la Paluelle soutenait encore le combat, quoiqu'atteint de vingt
coups de lance. Le secours du comte d'Aumale fait pen-
cher la victoire en faveur des Français, et ils se retirent
en bon ordre. Un Anglais d'une taille gigantesque les
pressait vivement. Jean Guiton se détache et fond sur cet
ennemi ; il le renverse d'un coup de lance, et, sautant à
terre, il va l'égorger. Mais l'Anglais, qui s'était promte-
ment débarrassé des étriers, se défend avec autant d'a-
dresse que de courage. Ils se portent des coups terribles;
leurs poignards se brisent. Alors, se saisissant l'un
l'autre, ils se tiennent étroitement serrés. Guiton plus
souple parvient à faire tomber son adversaire ; mais entraîné dans la chute il tombe en même temps. Enfin l'a-
vantage reste à Guiton, qui suspendit, comme un glorieux
trophée, à l'autel du grand Archange, le bouclier, la
lance et les éperons de ce redoutable ennemi, dont il est
à regretter que la chronique contemporaine n'ait pas conservé le nom. Consternés de la mort du plus brave des
leurs, les Anglais se retirent, et les héros de l'Avranchin
rentrent dans le Mont. Il était temps. La mer mugissait

dans le lointain, et ses flots se précipitaient vers le champ de bataille. Des blessés, qu'on n'avait pu enlever, poussèrent en vain des cris lamentables ; ils furent engloutis dans l'abîme (1).

Le roi d'Angleterre jure de venger l'échec que venaient d'essuyer ses armes. Les biens d'une partie des chevaliers qui le lui avaient fait éprouver n'avaient pas encore été confisqués ; il les distribue aux siens. Ainsi Guillaume Sotherel, baron des Biards, et le seigneur de Crux ou de Cuves se virent dépouillés de leurs terres et de leurs domaines, dont furent gratifiés Thomas Bowet ou Bonnet, et après lui David Howel (2). Le logis de la Haie-Paisnel fut donné à Richard Fitz John ; le fief, la terre et la seigneurie des Hamon, à Thomas Haveton ; ceux de Jean du Homme, à Pierre de Catherton (3) ; ceux que possédaient Fauquier de la Champagne et Marguerite, sa femme, dans le bailliage du Cotentin, à Jean d'Auvey. Edmond Worseby reçut les terres de Guillaume de St.-Germain et de son frère Pharaon (4) ; Henri Blanqueborne, celles de Samson de St.-Germain, et Richard Griffon, celles de Pierre Allard. Le château et la seigneurie de Cheruel, qui appartenaient au seigneur Le Carpentier et à madame de Coëtivy, son épouse, furent accordés à Guillaume Hode-

(1) L'abbé de la Roque n'a point parlé de ce premier combat qui eut lieu en 1419. M. Blondel en a fait mention.

(2) Guillaume Sotherel ne put parvenir à recouvrer sa baronnie ; elle passa plus tard à un Guérin. En 1461, Guillaume Guiton en possédait une partie à cause de Guyonne des Biards, son épouse ; ces derniers donnèrent trois vergées de terre au prieuré des Biards. A la fin de ce siècle, la baronnie des Biards passa à Jean de Tardes.

(3) Montfaut trouva noble messire Jean Duhomme, chevalier, à Sacey, et Guillaume du Homme à Poilley ; mais Jean du Homme, à la Luzerne, n'ayant pu prouver sa noblesse, fut mis à la taille.

(4) Montfaut trouva noble Gilles de St.-Germain, à Isigny.

hal ; ceux de Robert de la Motte (1), à Jean de la Motte, son neveu ; le manoir et la vavassorie de Guiton , les terres et les seigneuries de Carnet, qui appartenaient à Jean Guiton , à Thomas de Rameston ; celles de Thomas de la Paluelle , à Philippe Branche ; celles de Richard de Clinchamps de Montanel, à Thomas Trollop ; le manoir et la vavassorie de Bouceel, propriétés de Jean et d'André Pigace , dans la vicomté d'Avranches , à Guillaume Glacidas ; celles de Guillaume de Verdun , situées dans le comté de Mortain , à Richard Herpinghen. La terre et la seigneurie d'Ardevon, que possédaient le prieuré et le couvent du Mont St.-Michel , à charge d'y construire une bastille et de la garnir de gens d'armes , devinrent le partage de Jean Swinford ; celles de Jean de la Haye , baron de Coulonces, furent données à Raoul de Neufville, et la baronnie de Coulonces, à messire Louis Bourgeoise. Les biens de Louis d'Estouteville passèrent à Jean de la Pole , frère de Guillaume de la Pole , comte de Suffolk (2) , et il fut ordonné au bailli du Cotentin et aux vicomtes de Mortain et d'Avranches de laisser jouir les nouveaux propriétaires.

Informés de ces spoliations , les guerriers du Mont St.-Michel prennent la résolution d'aller défendre leurs propriétés. On les vit se répandre à l'improviste dans les campagnes, et tenir tête à des armées entières. Aidés de ceux des autres seigneurs du pays qui continuaient à lutter les armes à la main contre la domination anglaise , ils par-

(1) Montfaut trouva nobles Jean et Alain de la Motte , à St.-Jean-de-la-Haize, et Jean de la Motte, à St.-Quentin.

(2) Les manuscrits du temps disent que Louis d'Estouteville était l'homme le plus riche du royaume en argent comptant.

vinrent à s'emparer d'Avranches et de Pontorson ; mais ils ne purent garder ces deux villes. Ils taillèrent encore en pièces les Anglais auprès de Mortain et à Vengeons. Dans ces deux affaires plus de cinq cents restèrent sur le champ de bataille. Jean Guiton se distinguait parmi tous ces braves. Infatigable, il ne laissait aucun repos à l'ennemi. On le voyait souvent, tantôt la nuit, tantôt en plein jour, porter le ravage et la désolation dans les campagnes. « Il a fait, disait le roi Charles VII, plusieurs « destrousses, pilleries, raençonnemens et batteries et « aussi s'est le dit suppliant trouvé en plusieurs lieux où « plusieurs destrousses ont été faites sur plusieurs manières de gens tant d'église que aultres de notre obéissance et à iceulx osté or, argent, bagues et chevaux (1). »

« Dans ces temps, dit un historien de France (2), la « difficulté de subsister augmentait tous les jours avec la « disette générale. La résolution que prirent ces gentils- « hommes fut de s'assembler chacun sur les frontières de « leurs provinces, de faire des courses sur leurs propres « terres, et de vivre de cette espèce de brigandage, aux « dépens des Anglais et de ceux à qui on avait donné « leurs biens. Le plus grand mal était que, quand ils ne « trouvaient pas de quoi vivre chez les ennemis, ils se « jetaient sur ce qui restait aux sujets du roi. »

Ce fut un temps d'effroyables calamités. Les attaques, les surprises, les combats se succédaient rapidement, et souvent le vaincu de la veille était le vainqueur du lende-

(1) Chartrier de M. de Guiton.
(2) Le père Daniel, tome 4, page 114.

main. C'étaient surtout les contrées voisines du Mont St.-
Michel qui étaient le théâtre de ces exploits et de ces désastres. Le comte d'Aumale faisait de fréquentes excur-
sions. Un jour il apprit que Jean de la Pole, capitaine
anglais, était parti de Normandie avec deux mille cinq
cents combattans pour piller le pays d'Anjou. Voulant lui
couper la retraite, d'Aumale appelle des guerriers de toutes
parts. Jean de Lahaye, baron de Coulonces, lui mena
une belle compagnie de gens de guerre. Ils ne tardèrent
pas à rencontrer les Anglais qui conduisaient d'immenses
troupeaux de bœufs. « Quand les batailles dudit comte
« d'Aumale et dudit la Poule anglais, dit un historien
« du temps, furent près l'une de l'autre comme d'un trait
« d'arc, les Anglais marchaient fort et en marchant ils
« piquaient devant eux de gros paux.... Il y eut de
« grandes vaillances d'armes faites ; mais lesdits Anglais
« ne purent soutenir le faix que leur baillaient les
« Français et furent défaits et les chefs furent pris.
« Le comte d'Aumale revint en toute hâte au pays de
« Normandie, et s'en alla devant Avranches où il laissa
« le seigneur d'Aussebosc avec certaine quantité de
« gens d'armes, pour voir s'ils pourraient remettre la-
« dite ville d'Avranches en l'obéissance du roi, et ledit
« comte passa outre et s'en vint loger ès faubourgs de
« St.-Lo, où il fut trois ou quatre jours ; et après avoir
« pris plusieurs prisonniers et biens, il revint par de-
« vant ladite ville d'Avranches, laquelle pour lors n'était
« pas bien aisée d'avoir, et pour ce il s'en retourna lui
« et toute sa compagnée au pays du Maine. »

Peu après les Anglais mirent le siége par terre et par
mer devant le Mont St.-Michel. C'était vers la fin d'octobre

1423. Ils s'en approchèrent avec une artillerie formidable et une armée de quinze mille hommes, sous le commandement du comte de Lescale. Leurs bastilles entouraient la place sur terre, et ils avaient sur mer beaucoup de petits bâtimens de guerre. A la nouvelle du danger qui menaçait ce poste important, on vit accourir à sa défense et s'enfermer dans la place de vaillans guerriers des contrées d'Avranches, de Vire, de Coutances, de Valognes et de Caen. Louis d'Estouteville en fut établi gouverneur. Un manuscrit d'un docteur de Sorbonne, curé de St.-Gervais d'Avranches, qui avait été en relation avec les plus savans religieux du Mont St.-Michel, nous a conservé les noms de ces braves gentilshommes.

« Il y a, dit-il, devant l'autel St.-Sauveur, en l'abbaye
« du Mont St.-Michel, une suite d'armes anciennes,
« mises l'an M. IIII. XXVII. par lesdits gentilshommes,
« étant audit lieu du Mont. On n'a pu recueillir les noms
« et les armes de tous, à cause de l'antiquité. La suite
« d'armes contient huit lignes, dont en la première ni
« a que deux armes seulement, ainsi qu'il suit : au des-
« sus sont les armes du roi Charles VII seules ; au des-
« sous en la première ligne sont les armes d'Estouteville
« et des Painaulx, dont on n'a pu lire les noms pour l'an-
« tiquité.

EN LA SECONDE LIGNE.

« La 1re. armoirie C. Hamon (*diocèse d'Avranches*).
« Le 2e. nom et armes de Cryqui.
« Le 3e. F. de Guimyné.
« Le 4e. de la Hunaudaye.
« Le 5e. de Torigny.

« Le 6°. de Bourdeaux.

« Le 7°. de la Haye.

« Le 8°. André du Pys.

« Le 9°. C. de Manneville.

« Le 10°. de Briqueville.

« Le 11°. de Biars (*diocèse d'Avranches*).

« Le 12°. de Folligny.

« Le 13°. G. de la Luzerne (*diocèse d'Avranches*).

« Le 14°. J. Pigace (*diocèse d'Avranches*).

« Le 15°. le Bastard d'Aussebosc.

« Le 16°. C. Hé.

« Le 17°. R. Roussel (*diocèse d'Avranches*).

EN LA TIERCE LIGNE.

« Le 1er. de Colombières.

« Le 2°. P. du Gripel.

« Le 3°. de Beauvoir (*diocèse d'Avranches*).

« Le 4°. G. de St.-Germain (*diocèse d'Avranches*).

« Le 5°. P. de Turnemine.

« Le 6°. J. de Carrouge.

« Le 7°. T. Pirou.

« Le 8°. de Moncair.

« Le 9°. de Vair.

« Le 10°. d'Aussais.

« Le 11°. de Verdun (*diocèse d'Avranches*).

« Le 12°. G. de Hellequilly.

« Le 13°. de la Haye Dearru.

« Le 14°. C. Pigace (*diocèse d'Avranches*).

« Le 15°. J. d'Esquilly.

« Le 16°. R. du Homme (*diocèse d'Avranches*).

« Le 17°. T. de Percy (*diocèse d'Avranches*).

EN LA QUATRIÈME LIGNE.

« Le 1ᵉʳ. Nel.

« Le 2ᵉ. de Quintin (*diocèse d'Avranches*).

« Le 3ᵉ. de Veyr.

« Le 4ᵉ. de la Haye-Hue.

« Le 5ᵉ. J. de Nocy.

« Le 6ᵉ. T. de la Brayeuse (*diocèse d'Avranches*).

« Le 7ᵉ. de Rouencestre.

« Le 8ᵉ. Briqueville.

« Le 9ᵉ. J. des Pas (*diocèse d'Avranches*).

« Le 10ᵉ. nom et armes de G. le Pretel (*dioc. d'Avr.*)

« Le 11ᵉ. nom et armes de G. de Crus (*diocèse d'Avranches*).

« Le 12ᵉ. nom et armes de Lo de La Motte (*diocèse d'Avranches*).

« Le 13ᵉ. J. de La Motte (*diocèse d'Avranches*).

« Le 14ᵉ. M. de Plomb (*diocèse d'Avranches*).

« Le 15ᵉ. P. Le Grys.

« Le 16ᵉ. T. de la Paluelle (*diocèse d'Avranches*).

« Le 17ᵉ. J. Guiton (*diocèse d'Avranches*).

EN LA CINQUIÈME LIGNE.

« Le 1ᵉʳ. nom et armes de Coulonces.

« Le 2ᵉ. de Nautret.

« Le 3ᵉ. H. Le Gris.

« Le 4ᵉ. de Hally.

« Le 5ᵉ. F. de Melle.

« Le 6ᵉ. L. de Fontenai (*diocèse d'Avranches*).

« Le 7ᵉ. G. le Vicomte.

« Le 8ᵉ. S. de Tournebu.

« Le 9ᵉ. T. Houel.

« Le 10ᵉ. H. Thesart.

« Le 11ᵉ. F. Hérault (*diocèse d'Avranches*).

« Le 12ᵉ. J. de la Motte (*diocèse d'Avranches*).

« Le 13ᵉ. le Bastard Pigace (*diocèse d'Avranches*).

« Le 14ᵉ. de Criquebeuf.

« Le 15ᵉ. A de Longues.

« Le 16ᵉ. L. de Cantilly (*diocèse d'Avranches*).

« Le 17ᵉ. de Loges ou Longues (*diocèse d'Avranches*).

EN LA SIXIÈME LIGNE.

« Le 1ᵉʳ. de Folligny.

« Le 2ᵉ. Aus Espaulles.

« Le 3ᵉ. le B. C. de Crombeuf.

« Le 4ᵉ. J. Benoist.

« Le 5ᵉ. G. Benoist.

« Le 6ᵉ. T. Benoist.

« Le 7ᵉ. P. de Viette.

« Le 8ᵉ. R. de Brecé (*diocèse d'Avranches*).

« Le 9ᵉ. J. Hartel.

« Le 10ᵉ. R. de Clinchant (*diocèse d'Avranches*).

« Le 11ᵉ. R. de Briqueville.

« Le 12ᵉ. L. Des Moutiers.

« Le 13ᵉ. G. Des Pas (*diocèse d'Avranches*).

« Le 14ᵉ. Auber.

« Le 15ᵉ. F. de Marcillé (*diocèse d'Avranches*).

« Le 16ᵉ. E. d'Orgeval.

« Le 17ᵉ. J. Massire ou Masire.

EN LA SEPTIÈME LIGNE.

« Le 1ᵉʳ. de la Marre.

- Le 2ᵉ. R. de Nautret.
- Le 3ᵉ. P. Bascon.
- Le 4ᵉ. de Clere.
- Le 5ᵉ. le Bastard de Thorigny.
- Le 6ᵉ. J. de la Champaigne (*diocèse d'Avranches*).
- Le 7ᵉ. L. de Bruilly (*diocèse d'Avranches*).
- Le 8ᵉ. nom et et armes P. du Moulin.
- Le 9ᵉ. nom et armes J. Gonhier.
- Le 10ᵉ. R. de Regnier.
- Le 11ᵉ. R. Flambart.
- Le 12ᵉ. R. de Bailleul (*diocèse d'Avranches*).
- Le 13ᵉ. M. le Bences.
- Le 14ᵉ. P. d'Aulceys (*diocèse d'Avranches*).
- Le 15ᵉ. J. Guérin.
- Le 16ᵉ. G. de Bourguenolles (*diocèse d'Avr.*).
- Le 17ᵉ. Yves Priour Vague de Mer.

EN LA HUITIÈME LIGNE.

- Le 1ᵉʳ. nom et armes de la Marre.
- Le 2ᵉ. H. Millard (*diocèse d'Avranches*).
- Le 3ᵉ. S. Lambert ou Lambart (*diocèse d'Avr.*).
- Le 4ᵉ. B. de Mons.
- Le 5ᵉ. L. de Crulle.
- Le 6ᵉ. J. Bastard de Combres.
- Le 7ᵉ. P. Allard (*diocèse d'Avranches*).
- Le 8ᵉ. R. du Homme (*diocèse d'Avranches*).
- Le 9ᵉ. F. de Saint-Germain (*diocèse d'Avranches*).
- Le 10. J. Dravart.
- Le 11ᵉ. G. Artur.
- Le 12ᵉ. J. le Charpentier (*diocèse d'Avranches*).
- Le 13ᵉ. J. de Pontfoul (*diocèse d'Avranches*).

« Le 14e. de Semilly.

« Le 15e. R. de Semilly.

« Le 16e. R. de la Motte Vigor.

« Le 17e. L. le Brun.

Avant de commencer l'attaque, le général anglais envoya un héraut sommer le gouverneur de se rendre au
plus tôt afin dè mériter son pardon, lui déclarant que, s'il
refuse, il aura tout à craindre du vainqueur. « Rapportez
« à votre maître, répond d'Estouteville, que nous sommes
« résolus d'honorer la cérémonie du couronnement de
« notre légitime souverain Charles VII, de lui conserver
« cette place, ou de nous ensevelir sous ses ruines. » A
cette réponse le général anglais s'écrie, montrant de la
main le drapeau blanc qui flottait sur les tours du Mont
St.-Michel : « Superbe étendard, bientôt tu seras abattu
« dans la poussière » ; et, faisant approcher l'artillerie, il la
dirige lui-même. Les armes des chevaliers sont impuis-
santes contre les décharges qui foudroient leurs remparts.
Un pan de la muraille s'écroule aux cris de joie des Anglais : la brèche est large et d'un accès facile. Plusieurs ba-
taillons ennemis s'y précipitent, soutenus par un nombreux corps d'archers, qui font pleuvoir une grêle de
flèches. Les sables de la grève, soulevés par les vents en
tourbillons immenses, enveloppent le Mont et semblent
protéger les assiégeans. La position des chevaliers devient
critique. A ce moment, le religieux qui nous a transmis le
récit de ce siége, monta sur une tour : « De là, dit-il, je
« vis les hommes d'armes courir aux murailles et y déployer
« le plus admirable courage. De temps en temps j'enten-
« dais la voix des guerriers, qui, s'élevant au milieu du

« cliquetis des armes , du bruit et des clameurs des
« combattans, poussait les cris de *Montjoie* ! *St.-Denis* !
« *St.-Georges*! Quel spectacle ! poursuit le bon religieux.
« Voilà que , sur la brèche , on combat corps à corps.
« Dieu des armées , défendez vos pauvres serviteurs.
« Notre gouverneur est entouré d'ennemis ; il se dégage
« et monte sur le troisième bastion ; il renverse tout ce
« qui lui résiste, et arrache les enseignes ennemies. L'é-
« pée de Guillaume de Verdun vole en éclats ; il s'arme
« d'une hache et porte des coups terribles. Avec quel
« courage aussi cet homme , couvert d'armes rouges , fait
« ranger aux pieds des murailles les troupes anglaises!
« L'épée haute et le visage découvert , il les anime et les
« ramène au combat. On précipite sur eux des pierres ,
« des poutres, des rochers. St.-Michel combat pour nous :
« les ennemis sont repoussés. »

Cette infructueuse attaque jette le découragement
parmi les soldats anglais. On les faisait combattre ,
disaient-ils , contre l'archange St.-Michel ; pouvaient-
ils jamais remporter la victoire !

Le comte de Lescale, voulant tenter la fortune sur mer,
couvrit la baie de barques et de navires. On raconte
qu'un ermite de Tombelaine vint l'avertir que, toutes les
fois que des flottes ennemies avaient menacé le Mont,
on avait vu l'Archange exciter les orages et les tempêtes,
et engloutir les vaisseaux. Le général anglais ne tint
point compte de cet avertissement. Mais à peine ses
vaisseaux se rangeaient autour du Mont, qu'il s'élève
une tempête furieuse qui les brise et les disperse. Le
lendemain , la mer jetait sur le rivage d'innombrables
débris et les corps de plusieurs guerriers.

Profitant des huit jours d'intervalle pendant lesquels le Mont St.-Michel se trouve à sec, les Anglais recommencent l'attaque par terre. Au lever du soleil, ils dressent leurs batteries : deux de leurs pièces étaient d'une grosseur prodigieuse, et lançaient des boulets de pierre de plus d'un pied de diamètre. Les murailles de la partie basse de la ville sont brisées, et les Anglais s'élancent à l'assaut de plusieurs côtés, avec une résolution qu'ils n'avaient pas encore montrée depuis le commencement du siége ; mais la défense ne fut pas moins vigoureuse que l'attaque. On renverse les échelles, on précipite les assiégeans dans les fossés ; bientôt ils reviennent à la charge, placent de nouvelles échelles et parviennent à gagner le rempart. Ce fut là particulièrement que le carnage fut horrible. Les assiégés, surtout le sieur de Cantilly, Thomas de la Brayeuse et Guillaume Carbonnel y montrent une rare intrépidité. Cependant ils se voient contraints de se renfermer dans le château. Alors les religieux, tremblant pour leur liberté, se joignent à leurs défenseurs et prennent part au combat. Les Anglais se multipliaient, et l'abbaye était sur le point de tomber entre leurs mains ; mais les plus braves chevaliers, Jean Guiton, Thomas de la Paluelle, Robert du Homme, Guillaume de Verdun, le chevalier de Breuilly, se réunissent, se précipitent dans la mêlée, et, se frayant une route au milieu des combattans, rompent l'ennemi et parviennent jusqu'à ses enseignes, qu'ils foulent aux pieds.

Les Anglais commencent à céder. En vain leur chef veut les retenir, en vain il leur donne l'exemple du courage, il est lui-même entraîné par les siens, et la déroute devient générale. Le champ de bataille, avec les bagages, l'argent, les équipages, l'artillerie, les vivres, tout reste au pouvoir de la garnison.

Affligés de ces revers, les Anglais convertissent le siége en blocus. Ils laissent autour de la place des batteries flottantes et des navires chargés d'intercepter les vivres et les secours du côté de la mer.

Cependant Guillaume de Montfort, évêque de St.-Malo, apprend que l'héroïque garnison est réduite à se procurer des vivres l'épée à la main, et dans des sorties toujours périlleuses ; que l'abbé, jouissant à Rouen de tous les revenus du monastère ; les religieux, privés de toute ressource, sont forcés de vendre ou d'aliéner jusqu'aux reliquaires et aux châsses des saints. Touché de cette triste situation, il assemble secrètement les sires de Beaufort, de Montauban, de Combourg, de Coetquen, arme tout ce qu'il y a de vaisseaux dans le port de St.-Malo, et les remplit de vivres et de combattans. Il anime par ses discours cette petite flotte, et l'expédie sous le commandement de Bryens de Châteaubriand, en lui prédisant la victoire. La prédiction s'accomplit : les Bretons dispersent ou coulent à fond les barques et les batteries flottantes des Anglais, et pénètrent dans le Mont St.-Michel. C'était au commencement d'avril 1424.

Repoussés par terre et par mer, les Anglais avaient perdu courage. Néanmoins ils ne cessaient d'observer la forteresse, et épiaient l'occasion de s'en emparer par surprise. Ils entretenaient des troupes sur les côtes, à Genêts, à Ardevon, où une bastille avait été construite ; ils en réédifièrent d'autres à Servon et à Tanis, où le blocus continuait. Les troupes qui le formaient en

venaient fréquemment aux mains avec celles de la garnison.

« En ce temps, dit un historien contemporain, ceux
« de la garnison dudit Mont saillaient souvent et presque
« tous les jours pour escarmoucher avec les Anglais et
« y fesait-on de belles armes. Messire Jean de la Haye
« baron de Coulonces était lors en un château du bas
« Maine, nommé Mayenne la Juhais, et allaient souvent
« de ses gens audit Mont St.-Michel et pareillement
« de ceux du Mont à Mayenne. Ledit baron sçeut la
« manière et l'état des Anglais et fit savoir à ceux du
« Mont qu'ils saillissent un certain jour et livrassent
« grosse ercarmouche au jour de vendredy et qu'il y
« serait sans faute, et ainsi fut fait : car ledit de Cou-
« lonces partit de sa place avant le jour, accompagné de
« ceux de sa garnison qui chevauchèrent neuf à dix
« lieues, puis eux et leurs chevaux repurent assez lé-
« gèrement, et après ils remontèrent à cheval en venant
« tout droit vers la place des Anglais, et cependant ceux
« du Mont qui avaient bien espérance que ledit baron
« viendrait, saillirent pour escarmoucher, et aussi firent
« les Anglais, et toujours Français saillaient de leur place
« et aussi fesaient Anglais de leur part ; tellement que
« de deux à trois cents repoussèrent les Français jusque
« près du Mont ; et lors environ deux heures après midi
« arrivèrent ledit baron de Coulonces et sa compagnée
« et se mit entre Ardevon et les Anglais tellement qu'ils
« n'eussent pu entrer en leur place sans passer parmi
« les Français que avait ledit de Coulonces. Finalement
« ceux du Mont et les autres Français chargèrent à
« coup sur lesdits Anglais lesquels se défendirent

« vaillamment ; mais ils ne purent résister et furent dé-
« faits et y en eut de deux cents à douze vingts de morts
« et de pris et entre les autres y fut pris messire Nicolas
« Burdet, anglais ; puis ledit baron de Coulonces et sa
« compagnée s'en retournèrent joyeux en sa place de
« Mayenne la Juhais. »

Vaincus en tant de rencontres, les Anglais aban-
donnèrent leurs bastilles d'Ardevon, de Servon et de
Tanis, et une autre qu'ils avaient près du bourg des Pas ;
et, perdant tout espoir de succès, ils se retirèrent, laissant
au Mont Tombelaine une forte garnison pour inquiéter le
Mont St.-Michel. Les braves chevaliers élevèrent un
monument de leur victoire ; ils placèrent à la porte
d'entrée du Mont deux énormes pièces d'artillerie dont
ils s'étaient emparés. Elles étaient formées de barres
de fer de deux pouces d'épaisseur, et reliées avec des
cercles de même matière. La plus grande a onze pieds de
long et dix-huit pouces d'ouverture. On voit encore dans
cette pièce un de ces boulets de pierre que lançaient
les Anglais ; il a environ quinze pouces de diamètre.
Les guerriers gravèrent leurs noms et leurs armes devant
l'autel St.-Sauveur, dans l'église de l'abbaye. Dans ce
dernier temps, leurs noms ont été peints de nouveau
avec leurs armes sur une table placée dans l'église. Au
dessous de la suite d'armes un religieux avait écrit ces
vers français :

> Le champ darmes ici fut fait
> L'an mil IIIIᵉˣ vingt et sept
> Ou sont les armes et les noms
> Daucuns vaillans et nobles homs
> Les quels ont en lobeissance

De Charles present roi de France
Jusquici tenu cette place
Par laide de Dieu et la grace
Et de Monseigneur St. Michel
Prince des chevaliers du ciel
Qui a toujours remede quys
A ceux qui lont ceans requis.
Par tout le temps de cette guerre
Jaçoit que par mer et par terre
Ladite place ait ete ceinte
Grevee et durement contrainte
Par toutes manieres et voyes
Quont pu aviser les Anglois
Lan 17 fut leur descente
En Normandie comme je pense
Et na pas pris garde le maitre
Mettre chacun ou il doit etre.
Chacun a mis en tel endroit
Comme on lui ramentevoit
Et tous nont pas ete dun temps
Et Treulx ne sont pas ci dedans
Qui se porterent vaillamment
Dieu leur doint a tous sauvement.

Amen (1).

Celui qui, au jugement des historiens, pouvait seul sauver la monarchie, venait de recevoir les plus grands échecs dans le diocèse d'Avranches. C'était le célèbre duc

(1) Voyez pour le siége du Mont-St.-Michel: Manuscrit du Mont, à la bibliothèque d'Avranches, n°. 22; Manuscrits du docteur Cousin; Manuscrits de l'aumônier de la prison; Mémoire historique sur ce siége, par l'abbé de Laroque; la Notice de M. Blondel; Dom Morice; Petitot, collection des Mémoires relatifs à l'histoire de France, tome VIII; Gallia christiana, t. XI; Chartrier de M. de Guiton; la prinse du Mont St.-Michel, poème, par Jean de Vitel, etc., etc.

de Richemont. Prisonnier à la bataille d'Azincourt, il était resté en Angleterre jusqu'à l'an 1420. « Alors sur « sa foi et en la garde du comte de Suffolc, il vint à Pon- « torson, et arrivèrent beaucoup de gens de Bretaigne « pour le veoir et entre les autres y furent monseigneur « de Montauban et monseigneur de Combour, et plu- « sieurs autres, tant qu'ils estoient plus forts que les An- « glois. Et luy fut demandé s'il vouloit qu'on l'emmenast « par force ; mais il ne voulut, et ne l'eust pour rien faict. « Le comte de Suffolc l'avoit mené jouër aux champs, « et tirer de l'arc. Bientost apres, le duc Jehan qui es- « toit fort desirant de veoir ledict comte de Richemont « son frere, le vint veoir jusques sur le pont de Pontor- « son... et estoit le duc bien accompaigné, et avoit deux « cent lances de sa garde ; et Dieu sçait s'ils s'entrefirent « bonne chere, et s'ils pleurerent tous deux bien fort ! »

Ainsi parle l'historien Guillaume Gruel, témoin ocu- laire de la plupart des faits qu'il rapporte (1). Les Bre- tons voulurent essayer leurs épées contre les Anglais, et « vinrent courre, dit un autre historien de ce temps (2), « devant le Parc-l'Evesque, qui estoit une place apparte- « nant à l'évesque d'Avranches, auquel lieu il y avoit « quantité d'Anglois, et plus largement que les Bretons « ne croyoient ; et pour ce lesdits Anglois saillirent bien « et vaillamment et combatirent fort ; et finalement les « Anglois deffirent les Bretons, dont il y eut plusieurs de « tuez et pris : entre les autres y fut pris le susdit mes-

(1) Voyez collection complète des mémoires relatifs à l'histoire de France, par Petitot, t. VIII.

(2) Voyez collection universelle des mémoires particuliers relatifs à l'histoire de France, à Londres, t. VII.

« sire Olivier de Mauny, lequel s'estoit vaillamment def-
« fendu ; et si chascun eust fait comme luy, la chose eust
« autrement esté. »

Le duc de Richemont ne fut pas plus heureux. A peine
avait-il reçu l'épée de connétable de France, qu'il vint raser la ville de Pontorson et mettre le siége devant St.-
James. Car « en cest an, dit Monstrelet (1), le comte
« de Suffort, et messire Thomas de Rameston, chevalier
« et chambellan du Regent (2), environ douze cent com-
« battans allerent courre au pays de Bretaigne... et y
« feirent de tres grans dommages... et tantost apres le
« dit messire Thomas se logea en une petite ville nommée
« St.-James de Buveron : laquelle aultresfois avoit esté
« désolée, et la feit reparer et fortiffier pour y demou-
« rer et tenir garnison : affin de faire aux Bretons guerre,
« car elle estoit à demie lieüe du pays. Et là demoura
« iceluy messire Thomas lieutenant du dit comte de Suf-
« fort : lequel comte estoit capitaine de la basse Norman-
« die. »

Le duc de Richemont vint se loger à Margottin, fief
que Perrine de la Croisille apporta en dot, peu de tems
après, à Jean Guiton (3), et que le roi d'Angleterre avait
donné à Nicolas Bordet.

La ville de St.-James avait alors, intra muros, deux
cent soixante-dix-sept feux, et 1328 habitans (4), « et
« estoient dedans, dit l'auteur de la chronique de la pu-
« celle d'Orleans, messires Thomas de Rameston, Phi-

(1) Tome II, page 35.
(2) Tome II, page 16.
(3) Chartrier de M. de Guiton.
(4) Chartrier de M. de Guiton.

« lippe Branche, et Nicolas Bourdet anglois, accompa-
« gnés de six à sept cent Anglois. » Jean Chartier ne
porte également la garnison anglaise qu'à six ou sept cents
hommes ; mais d'autres assurent que la place était défendue par une garnison de six mille hommes (1).

Le connétable était à la tête de quinze à seize mille
combattans. « Cetoit en caresme, dit Guillaume Gruel,
« et ne dura ledict siege que huict ou dix jours. Et dist on
« que le chancelier de Bretaigne fist retarder le paye-
« ment des gens de guerre, et à l'occasion de ce ils n'a-
« voient de quoy payer les marchands qui leur amenoient
« les vivres. Et pour ce fut conclu l'assault par grande
« deliberation de conseil. Et quand ceulx qui estoient au
« dict assault devers l'estang montoient pour combattre
« main à main à ceulx de dedans, ils veirent une
« grande compaignée de gens d'armes qu'on avoit ordonné
« à faire les courses durant le dict assault. Car le comte
« de Suffolc et le sire de Scales estoient à Avranches. Et
« ainsi cuiderent nos gens que ce fussent les Anglois, et
« se commencerent à retirer. Et alors les dicts Anglois
« saillirent sur eulx par une poterne près de l'estang, et
« en tuèrent et feirent noyer grand nombre en l'estang du
« dict lieu ; et ceulx qui estoient de l'autre costé n'en sça-
« voient rien. Et se fallut retirer, et y eut grande multitude
« de gens morts et prins : entre lesquels moururent mon-
« seigneur de Molac, monseigneur de Coetivi, messire
« Alain de La Motte, Guillaume de La Motte son fils,
« Guillaume Eder, et plusieurs autres (2). »

(1) Voyez collection complète des mémoires relatifs à l'histoire de
France, par Petitot, t. VIII, page 23.
(2) Voyez Petitot. t. VIII, pages 120 et 432.

« Il y en eut bien quatre cent de morts, tant de glaive
« que de noyez audit estang..... dit un autre historien
« contemporain ; le connestable et ses gens se retirerent
« en leur logis. Environ deux heures après minuict sur-
« vint un grand bruit et des arroy en l'ost des François :
« et si ne sçavoit-on ny ne sceut oncques depuis la cause
« pourquoy ; et s'en alla tumultuairement chacun où il
« peut et où il sçavoit le chemin. Guillaume Gruel dit
« que cela vint de ce que dans la nuit plusieurs deloge-
« rent sans congé, les uns blessez, et les autres pour les
« conduire. Et bientost apres meirent le feu és logis du dict
« siege de Beuveron ; et tantost l'on vint dire à monsei-
« gneur le connestable et à monseigneur d'Estampes son
« frère, qu'ils seroient bruslez s'ils ne se sauvoient ; et
« que tout le monde s'en alloit. Et ainsi monterent les
« dicts seigneurs sur petits chevaulx, pour cuider faire
« demeurer ceulx qui s'en vouloient aller ; mais homme
« ne vouloit arrêter : et tant que mon dict seigneur le
« connestable fut abatu en la presse, cheval et tout, et
« passoient par dessus luy qui ne l'eust secouru ; et con-
« veint malgré luy s'en venir quand et les autres, ou de-
« meurer bien seul. Et pensez que c'est grand chose
« quand un desarroy se met en un grand ost, et de nuict.
« Et croyez que ce fut un des plus grands desplaisirs que
« mon dict seigneur eust en sa vie, et tousjours vouloit re-
« tourner qui l'eust voulu croire ; et furent environ le
« poinct du jour à Entrain. »

Le lieu, où le connétable avait assis son camp, s'appelle
encore aujourd'hui le Champ-de-Bataille, sur la rivière
de Dierge (1). Les Anglais y trouvèrent toute l'artillerie

(1) **Dierge** ou **Guerge**. M. de Gerville s'est trompé sur les noms
de ces lieux.

des Bretons. « Le dit messire Thomas, dit Monstrelet,
« à tout six cens combattans qu'il avoit, dont la plus
« grande partie estoient blessés, demoura en icelle ville
« bien joyeux de sa bonne fortune, et feit bouter dedans
« tous les biens qui estoient demourez de ses adversaires. »

« Cependant pour ce que les Anglois faisoient de
« grandes courses et de grands maulx en Bretaigne, mon-
« seigneur le connestable vint emparer (1) Pontorson,
« et fut environ la Sainct Michel, et y vinrent des Fran-
« çois et des Escossois avec luy, et y estoient le connes-
« table d'Escosse et messire Jehan Ouschart, qui avoient
« bonne compaignée de gens d'Escosse; et Gaultier de
« Brusac, et plusieurs autres capitaines. Et de Bretaigne
« monseigneur de Loheac, monseigneur de Chasteau-
« briant, monseigneur de Beaumanoir, monseigneur de
« Montauban, monseigneur de Rostrenen, le vicomte de La
« Belière, messire Robert de Montauban, Jehan Treme-
« derne, messire Jehan Le Veer, monseigneur de Beaufort,
« Marzeliere, messire Roland Madeuc et messire Roland de
« St. Paul. Et durant ce, vinrent les Anglois un peu avant
« soleil couchant, qui estoient en nombre bien huict cent; et
« saillit on hors aux champs, et mist on en bataille oultre
« le marais devers le Mont Sainct Michel, et ne sçavoit
« on quelle puissance les dicts Anglois avoient. Si feist
« le connestable d'Escosse descendre tous les gens d'ar-
« mes et archers à pied; puis vinrent les dicts Anglois
« jusques à un traict d'arc, et y en eut deux ou trois qui
« se vinrent faire tuer en nostre bataille, et y furent faict
« deux ou trois chevaliers. Et quand les Anglois veirent
« la bataille, ils s'enfuirent en grand desarroy et en fut

(1) C'est-à-dire fortifier.

« prins et tué plusieurs ; mais pour ce que tout estoit à
« pied, ne peurent estre si fort chassez comme ils
« eussent esté, qui eust esté à cheval. Apres que la place
« fut un peu bien fortifiée, monseigneur le connestable,
« et le connestable d'Escosse et la pluspart des seigneurs
« et capitaines s'en allerent, exceptez ceulx que monsei-
« gneur le connestable y laissa : c'est a sçavoir monsei-
« gneur de Rostrenen, capitaine du dict lieu ; monsei-
« gneur de Beaufort, messire Jehan Ouschart et les gens
« de Brusac ; Jehan de Tremederne, messire Jehan Le
« Veer, Marzeliere et plusieurs autres. Et s'en alla mon
« dict seigneur devers le Roy. Assez tost apres sur l'hyver,
« monseigneur de Rostrenen entreprint d'aller courir de-
« vant Avranches, et mena belle compaignée ; et passant
« au dessoubs du pont Aubaud se noya un gentilhomme
« de sa compaignée, et conveint faire un peu de de-
« meure illec. Si saillirent les Anglois sur les coureurs,
« et mon dict seigneur de Rostrenen arriva ; et inconti-
« nent l'on chargea sur les dicts Anglois ; et furent re-
« boutez jusques bien pres de la porte, et y en eut bien
« trente que morts que prins. Et comme monseigneur de
« Rostrenen vouloit descendre à pied, arriverent envi-
« ron quatre cent Anglois, dont estoit chef le sire de
« Fuoastre ; et si ne sçavoient rien les dicts Anglois de
« la ville de cette venüe, non plus que monseigneur de
« Rostrenen ; et veinrent les dicts Anglois tellement frap-
« per au dos de nos gens en telle maniere qu'il convint
« desemparer. Et bientost apres fut prins mon dict sei-
« gneur de Rostrenen, et bien sept vingt et dix de ses
« gens, et n'y en eut que deux morts. Et ceste prinse fut
« un tres mauvais coup pour Pontorson. Si y vint pour

garder ladicte ville monseigneur de Chasteaubriant ;
puis apres y vint monseigneur le mareschal son frere,
qui feirent fortifier la ville le mieulx que faire se pouvoit : mais on n'y sceut tant faire quelle valust gueres.

Incontinent monseigneur le connestable commença à
assembler gens de toutes parts pour venir secourir
Pontorson, qui estoit assiégé dès le jeudy gras ; et estoient devant ceulx qui ensuivent : premierement le
comte de Warwic, gouverneur et lieutenant general du
roi d'Angleterre ; les sires de Talbot, de Scales, de
Ros, de Ovyrebi, de Fastouc, de Fuoastre, de Bour-
sieres, et grand nombre d'autres capitaines et baillifs ;
et en effet toute leur puissance qui pour lors estoit en
Normandie. Si voulut le duc Jehan, par l'enhortement
d'aucuns de ses gens, bailler Pontorson en la main des
Anglois avant que le siege y fust mis. Mais ceulx qui
estoient dedans refuserent le rendre, et disoient qu'ils
tiendroient pour monseigneur le connestable. Et par deliberation de tous ceulx qui estoient dedans fut conclu
de le tenir tant que faire se pourroit. Et bientost apres
monseigneur le mareschal de Bretaigne feit crier que
tous ceulx qui n'estoient deliberez d'attendre le siege
s'en allassent. Et messire Jehan Ouschart, capitaine
des Escossois, feit crier que tous ceulx qui vouldroient
s'en aller quand et luy fussent bientost prests. Si s'en
alla celuy jour le dict Ouschart à grande compaignée ;
puis tint le siege fort et ferme, et y eut de belles es-
carmouches, tousjours en attendant le secours de Bretaigne et de monseigneur le connestable, qui ne se pouvoit aider du Roy son maistre, ny de beaucoup de mes-
chants gens qui estoient avec luy. Toutesfois il amena

« beaucoup de gens de bien du pays de France, et cui-
« doit venir lever le siege. Si vint jusques en Bretaigne
« devers le duc son frere qui estoit à Dinan, et amena
« avec luy le connestable d'Escosse, le marechal de
« Bossac, et plusieurs autres capitaines, cuidant tirer
« avant. Mais le duc ne voulut, et ne luy fut conseillé
« adventurer la noblesse de Bretaigne pour si peu de
« chose comme Pontorson, nonobstant que le duc eust
« faict ban et arriereban.

« Toutesfois ceulx de Pontorson tinrent jusques au
« huictiesme jour de may, tant qu'ils n'eurent plus de
« vivres; et toujours cuidoient avoir secours. Et si y eut
« dès le jeudy absolu un mauvais eschec. Le baron de
« Coulonces, le seigneur de la Hunaudaye, le seigneur
« de Chasteau-Giron, le vicomte de La Beliere, messire
« Guillaume l'Evesque, Robin de Quiste, Olivier Tome-
« lin et autres saillirent de la dicte ville et vinrent ren-
« contrer és gréves de la mer, en un lieu appellé Bas
« Courtils, sur les bords de la Guintre, prés le pont, le
« seigneur de Scales, avec grande compaignée d'Anglois,
« lesquels conduisoient vivres en l'ost devant icelle ville
« de Pontorson. Là se combatirent-ils tres fort et tres
« longuement ensemble; et finalement les barons de
« Coulonces, Hunaudaye et Chasteau Giron furent deffaits,
« et y moururent tous trois; et y en eut plusieurs de pris
« prisonniers, entre les quels fut le vicomte de La Beliere :
« et ce fait, le dict seigneur de Scales mena et conduisit
« les dicts vivres jusques au siege que tenoit iceluy comte
« de Warwic devant Pontorson.

« Et apres aucun tems ladite ville fut rendue par com-

« position, et ceux de dedans s'en allerent, chascun un
« baston en sa main (1). »

C'est ainsi que le célèbre duc de Richemont n'éprouvait que des revers dans le diocèse d'Avranches. Les spoliateurs des domaines des guerriers de l'Avranchin, maîtres de la campagne et des cités, cherchèrent ailleurs des combats et des conquêtes. Le seigneur de Filvastre, qui possédait les biens des seigneurs de la Cervelle, descendit dans le pays de Hainaut pour s'emparer de ce comté ; mais il fut obligé de remonter sur ses vaisseaux et de s'enfuir. Guillaume Hodehal, qui jouissait de la fortune du seigneur de Chéruel, eut plus de succès ; avec seize à vingt Anglais il battit cent vingt Français, à une lieue du Mans. Dans d'autres rencontres, Henri Branche fut pris, et Blanqueborne tué par le seigneur d'Antrain. Le plus grand nombre se transportèrent au siége d'Orléans ; et l'histoire fait mention de Glacidas, de Gilbert de Halsal, de Jean de la Pole, de Guillaume de la Pole et du sire de Scales; c'étaient les plus vaillans guerriers anglais. Des guerriers de l'Avranchin s'y rendirent aussi ; ce furent Thomas de la Paluelle et Jean Guiton (2).

Bientôt Guillaume de la Pole est établi chef des Anglais. Il presse de plus en plus les assiégés, qui furent contraints d'abattre vingt-six églises pour se retrancher.
« Ils estoient néanmoins, dit un témoin oculaire, en grand
« doute et danger d'estre perdus, quand ils oüyrent nou-

---

(1) Mémoires de l'Anonyme sur la pucelle d'Orléans ; Guillaume Gruel, etc., etc.

(2) Le père Daniel, hist. de France, t. IV, p. 24, les nomme, par erreur, Lapalière et Giton.

« velles qu'il venoit une pucelle, laquelle se faisoit fort
« de faire lever le siege ». Ce qui en effet arriva.

Mais cette jeune fille, après avoir rempli sa mission,
tomba elle-même au pouvoir de ses ennemis, qui la firent
périr dans les plus cruels supplices.

L'évêque d'Avranches, Jean de St.-Avit, qui était encore à Rouen, fit un excellent plaidoyer pour prouver son
innocence, et la délivrer de la fureur de ses bourreaux.
On le renferma dans un cachot, pendant dix ans, sous prétexte qu'il avait voulu livrer la ville aux ennemis ; il mourut dans les fers (1). Un de ses successeurs contribua
puissamment à faire réhabiliter la mémoire de Jeanne
d'Arc. Il fut consulté par les juges, chargés de la révision
du procès, dans un voyage qu'il fit à Paris, où des affaires
indispensables l'appelaient, et il donna son sentiment par
écrit. « Il examine la forme et le fond du procès de con-
« damnation. On voit par la discussion sommaire, dans la-
« quelle il entre, qu'il croit à la réalité des apparitions
« de Jeanne, comme très-vraisemblables. Ce sont des
« réflexions abrégées, mais assez bien vues, d'un prélat
« voyageur, qui n'a pas le temps de faire un long dis-

(1) « Lettre à M. Longer, chanoine d'Avranches, écrite par M.
« Benoit, prêtre, demeurant à Rouen, au mois de septembre 1754. »
     « Monsieur, j'ai été à l'abbaye de St.-Ouen pour m'éclaircir sur
« ce que vous demandez à madame votre mère. Le père sacristain
« m'a dit avoir cherché dans le Nécrologe de l'Abbaye, il n'y a trouvé
« que les noms des anciens religieux et des nouveaux. Il m'a fait voir
« un manuscrit d'où j'ai tiré cet extrait :
     « In capella sancti Andreæ jacet Johannes de St.-Avit episc. Abrin-
« censis natus Castroduni in diœcesi Carnotensi qui obiit anno 1442,
« julii 22.
     « Iste Johannes carceri mandatus est decem annis ob nefarium
« consilium initum prodendæ urbis Rothomagi hostibus. » (Voyez les
manuscrits du d. Cousin.)

« cours ; et ce n'est pas un des moindres ouvrages faits
« en faveur de Jeanne (1). »

Plus tard, le savant Postel de Barenton, du diocèse d'Avranches, vengea encore la mémoire de l'héroïne
de Vaucouleurs, en faisant un excellent ouvrage intitulé :
Démonstration très-claire que Dieu a plus de sollicitude de la France qu'il n'a de tous les états temporels.
Il y prouve que Jeanne d'Arc était inspirée de Dieu.

La mort de cette héroïne ne releva point le courage
des Anglais. Les affaires ne changèrent point de face ; la
France était sauvée. Charles VII rentra bientôt dans sa
capitale, et pour reconnaître la protection de l'archange
St.-Michel, il forma le dessein d'instituer un ordre sous le
nom de cet archange (2) ; mais la mort l'en empêcha.
Son successeur s'en acquitta.

Charles VII envoya au Mont St.-Michel le fameux Dunois complimenter les héros qui avaient si vaillamment
défendu ce Mont. Ils pouvaient alors sortir très-librement.
Le baron de Lorres, à la tête de 4000 hommes, avait défait
les Anglais dans plusieurs rencontres sous les murs et
aux environs d'Avranches. Forcés d'abandonner la campagne, ils s'étaient réfugiés dans les forteresses. Le connétable de Richemont, avec Charles d'Anjou, comte de Mortain, vint alors mettre le siége devant Avranches. Ils y
furent pendant trois semaines. Les Anglais alarmés formèrent à la hâte une armée des troupes qui se trouvaient sur
les frontières de Bretagne, sous le commandement de Talbot. Les Français s'avancèrent au-devant d'eux, jusqu'au

(1) Gaule poétique de M. de Marchangy.
(2) Histoire des ordres religieux et militaires.... par le père Hélyot,
t. VIII, in-4°.

pont Aubault. Il ne paraît pas que le pont de pierre fût construit à cette époque. Sous Louis XIV, la tradition portait qu'il avait été bâti par un esprit de l'autre monde (1).

« Il y avait entre eux une riviere bien petite ; et, « tous les jours, dit Guillaume Gruel, nos gens cui-« doient combatre, et y furent faicts plusieurs che-« valiers.... et comme nos gens cuiderent passer ceste « riviere, il s'y noya deux ou trois gens de bien, et ne « peut on passer et demeurercnt les dicts Anglois en « bataille d'un costé et nos gens d'autre costé. Et « quand ce venoit au soir, tout le monde s'en alloit « coucher és villaiges, et loger leurs chevaulx. Et « vous certifie qu'il estoit nuict, qu'il ne demeuroit « pas à mon dict seigneur le connestable quatre cent « combatans ; et Dieu sçait qu'il y endura. Et une « nuict les Anglois vinrent gaigner un gué, et le trou-« verent endroict la ville d'Avranches qui jamais n'avoit « esté trouvé, et par là vinrent gaigner la ville, et « prinrent Auffroy Prevost, et aucuns de nos gens qui « faisoient le guet devant la dicte ville d'Avranches ; « et les autres se retirerent à la bataille, qui estoit « loing de là.

« Et quand nos gens sceurent que les Anglois es-« toient en la ville, tout le monde commencea à tirer « en Bretaigne sans ordonnance, et monseigneur le « connestable demeura à bien peu de gens, et lui « vinrent dire Antoine de Chabannes et Blanchefort, « que s'il ne s'en alloit, qu'il demeureroit tout seul. »

. C'est ainsi que le duc de Richemont éprouva un nouvel

(1) Histoire manuscrite de l'élection d'Avranches, écrite par l'ordre du savant Huet.

échec dans l'Avranchin. Cette affaire releva le courage des Anglais. Le sire de Scales voulut faire de Granville une forteresse pour contenir la garnison du Mont St.-Michel. Alors ce bourg fut entouré de fortifications, et Philippe Badin, abbé de la Luserne, fut appelé pour en poser la première pierre. Il y avait en cet endroit une ancienne église dédiée à Notre-Dame; des pélerins y allaient prier de toutes les contrées de la Normandie; le pauvre matelot y venait invoquer la Mère de douleur, ôtait son chapeau goudronné et s'agenouillait devant l'autel de Notre-Dame-de-Bon-Secours, patronne des mariniers (1). Les travaux étaient fort avancés, quand le sire d'Estouteville accourut tout-à-coup avec ses chevaliers et s'empara de la place, « par le moyen, dit « Monstrelet, d'un Anglois d'Angleterre qui bouta les « François dedans de nuit, pour un desplaisir que le Bas- « tard de Lescalle, qui en estoit lieutenant, lui avoit fait. » Le roi Charles VII accorda alors à cette cité deux foires par an et un marché chaque samedi (2).

Bientôt ce monarque réussit à expulser entièrement les Anglais du diocèse d'Avranches.

« Le jour St. Pierre fut prins Beuveron, dit Guil- « laume Gruel, et y estoit monseigneur Jacques de « sainct Paul, lieutenant de monseigneur et d'autres,

---

(1) « Lettres royaux portant création en la paroisse de Grantville »... à la bibliothèque du Roi (manuscrits), registre n°. 177, années 1444 et 1445.

(2) Voyez la charte ci-dessus. Elle prouve évidemment que la paroisse de Granville est bien antérieure à la construction de lord Scales; ce qui suffit pour réfuter les assertions de plusieurs antiquaires, qui font remonter à cette époque l'origine de Granville.

« et puis feirent une entreprinse à la requeste de mon-
« seigneur d'Estouteville sur Tombelaine, et y fut donné
« l'assault ; et par faute d'escheles fut faillie à prendre
« d'assault, et en debvoit mondit seigneur d'Estoute-
« ville fournir. Puis feirent autre entreprinse sur Mor-
« taing, et y allerent pour faire l'execution monseigneur
« le mareschal de Loheac, monseigneur Jacques de
« sainct Paul, lieutenant de mondict seigneur le con-
« nestable, monseigneur de la Hunaudaye, Joachim
« Rouault, et plusieurs autres ; et fut donné l'assault,
« qui dura depuis sept heures au matin jusques à la
« nuict. Et vous certifie qu'ils se deffendirent très bien,
« et le lendemain se rendirent, et n'y avoit plus homme
« en la place que cinq, qu'ils ne fussent blessez, et
« beaucoup de morts, et y eut faict de belles armes.
« Puis s'en retourna l'armée à sainct Jame de Beu-
« veron.

« Jean Guiton, vieil capitaine, desja celebre en
« cette guerre », dit une chronique de ce temps,
en fut établi gouverneur. Il fit construire et réparer
plusieurs églises de cette cité, comme le prouve le
passage suivant, extrait d'une charte adressée par
Charles VIII à l'échiquier de Normandie, en faveur
d'un autre Jean Guiton, fils de ce capitaine : « que le
« deffunt pere du dit complaignant en son vivant garde
« et occupant la charge de capitaine de nostre ville et
« chasteau du dit St.-James eusse du sien-fait plusieurs
« avantages... édifice et reparations aux dites églises et
« y ausmoné et donné des aournemens à servir Dieu et
« fondé messe et fait plusieurs biens apres le pays re-
« duit et reu de la main des Anglois qui par..... le occu-

« pant contre droit et raison durant lequel temps les-
« dites églises estoient tournees en decadence. »

Jean Guiton conserva la place de gouverneur de St.-
James jusqu'à sa mort. Robert de Verdun, son gendre,
lui succéda dans cette charge ; il fut le dernier capitaine
de St.-James (1).

Les sieurs de Montauban, maréchal de Bretagne, et
Joachim Rouaut allèrent promptement prendre la place
de Pontorson, dont ils donnèrent la garde au sieur Jean
Dubois ; et, quelques années après, Gilles de Brée en fut
nommé capitaine (2).

« Le dernier jour d'apvril, l'an 1450, dit Guillaume
« Gruel, arriva monseigneur le connestable à Avran-
« ches, et là trouva le duc François, qui avoit com-
« mencé le siege ; et estoit mon dict seigneur grande-
« ment accompaigné, et celle nuict logea à Pons soubs
« Avranches, pour ce qu'il n'avoit point encores de logis.
« Puis le lendemain premier jour de may, vint au
« siege, et bientost luy vinrent les nouvelles que mon-
« seigneur Gilles son nepveu estoit mort, dont il fut
« bien couroucé ; puis le duc le luy dist, et eurent
« grandes paroles ensemble : toutesfois la chose se dis-
« simula pour l'heure, de peur de plus grand scandale.
« Ce dit Gilles avoit esté souventfois exhorté et ad-
« monesté par le duc de Bretagne, son frère, et par
« ses parents, sujets et autres bienveillants du royaume
« de France de laisser la querelle et abandonner le
« parti des Anglois.... Après qu'il eut été traicté
« inutilement par douces paroles, on agit avec luy par

(1) Chronique de l'abbaye de Riflet.
(2) Chartrier de M. de Guiton.

« d'autres qui estoient rigoureuses.... La commune re-
« nommée estoit qu'il fut par l'ordre du dict duc es-
« tranglé une nuit par deux compagnons avec deux
« toüailles torses.... On imputa sa mort au sire de Mon-
« tauban qui le gardoit..... (1).

« Cependant fut assise l'artillerie, tant bombardes
« que engins volans, et autre artillerie ; et fut fort ba-
« tue ladicte ville d'Avranches, tant qu'elle estoit pre-
« nable d'assault ; et fut faicte composition. »

Lampet, officier anglais, qui y commandait, ne put
obtenir d'autres conditions pour lui et la garnison composée de 4 à 500 hommes, que celle de sortir un bâton
blanc à la main. Géhan Holme, chantre de la cathédrale, obtint que les priviléges du clergé seraient les
mêmes qu'ils étaient avant la descente des Anglais en
Normandie (2). Le sire d'Estouteville, capitaine des
chevaliers, fut établi gouverneur d'Avranches, et remplacé au Mont St.-Michel par May de Houllefort, bailli
de Caen. Le duc de Richemont s'empara ensuite de
Tombelaine, où les Anglais avaient élevé de forts re-
tranchemens, et établi un contrôleur et un capitaine.

« Au retour de la prise d'Avranches, l'an 1450,
« François I*'., duc de Bretagne, vint au Mont St.-
« Michel par dévotion, et le lendemain il fit faire en
« cette église un service solennel pour l'âme de feu
« Gilles son frère ; et après avoir demeuré huit jours
« en ce Mont, comme il sortait pour s'en retourner en
« Bretagne, un homme, habillé en cordelier, se présenta
« devant lui à la porte, et l'assigna de comparaître de-

(1) Histoire de Charles VII, par Chartier, pages 212 et 213.
(2) Manuscrits du d. Cousin.

« vant le tribunal de Dieu , dans quarante jours, pour
« rendre raison de tout ce qu'il avait fait à son frère
« Gilles, à quoi il ne manqua pas ; car au bout de ce
« terme il mourut (1).

Le diocèse d'Avranches fut délivré pour toujours de
la domination anglaise , et les anciens propriétaires
rentrèrent dans leurs possessions. Les héros qui avaient
tout sacrifié, vie, fortune, ne furent pas tous récompensés.
Le sieur de Cantilly, de la paroisse de Bacilly , distingué dans les armes , mais dont les titres n'étaient pas en
règle , ne put parvenir à faire reconnaître sa noblesse au
commissaire du roi, et fut condamné à la taille. Le même
commissaire , appelé Montfaut , y condamna également
le seigneur Lambart ou Lambert de Dragé. Le roi de
France pardonna à ceux qui, dans ces temps de calamités , avaient abandonné son parti. Il avait saisi le temporel des abbés de Savigny , de Montmorel et de la
Luserne , et l'avait donné à l'abbaye du Mont St.-Mi-
chel (2) ; il leur rendit leurs biens et sa protection.
Celui de la Luserne vint avec joie reconnaître son roi
légitime ; il était extrêmement vieux alors , et mourut
peu de temps après. Son successeur, Geoffroi-le-Court,
obtint le droit de porter la crosse et la mitre , et se
rendit recommandable par ses bienfaits. Richard de La-
val lui succéda. L'abbaye passa ensuite au neveu de
celui-ci, nommé également Richard. Après la mort de
Guillaume du Homme , l'abbaye de Montmorel fut gouvernée par Nicolas Eschart , qui jura fidélité au roi, le
2 juillet 1450. Il eut pour successeurs Jean Eschart et

(1) Manuscrit de Jean Huynes, à la bibl. d'Avranch.
(2) Gallia christiana , t. xi , p. 529.

Julien Eschart. Cette noble famille était de Bretagne, et célèbre en cette province. Celle de Savigny fut gouvernée par Jean Grivel, et ensuite par Nicolas des Mazures de Plat-Pinson (1).

Jean Gonault, un des religieux du Mont St.-Michel, en avait gouverné l'abbaye durant l'absence de Robert Jolivet. Le tombeau de ce dernier se voit dans une chapelle de l'église St.-Michel de Rouen (2); il est élevé de terre de trois pieds, et on y lit : « Ci git Robert abbé « du Mont St.-Michel conseiller du roi qui deceda le « 17 juillet 1444. Priez Dieu pour son ame. »

Après la mort de cet abbé, le souverain pontife força Jean Gonault à se démettre de sa charge, et il nomma abbé commendataire du Mont le cardinal d'Estouteville. Ce fut à la recommandation du roi de France, qui estimait singulièrement Louis d'Estouteville son frère, ce héros qui avait défendu avec tant de courage le Mont St.-Michel. Le cardinal fit une pension à Jean Gonault, afin que celui-ci se désistât de ses poursuites. Il s'employa tout entier à restaurer les bâtimens de son abbaye; il rétablit le chœur de l'église, les piliers et les voûtes des chapelles qui l'entourent (3). Ce grand homme devint le doyen du sacré collége, et Philelphe l'appelle *columna et columen S. Romanœ Ecclesiœ*. Il eut pour successeur au Mont St.-Michel un abbé régulier, André Laure, prieur de Pontorson, qui fit peindre, sur les vitres des

---

(1) Voyez le Gallia christiana, t. xi.

(2) Histoire de la ville de Rouen, de M. Servin. mais considérablement augmentée par de nouveaux éditeurs; trois volumes.

(3) Neustria pia ; Gallia christiana ; Manuscrits de Thomas le Roy.

chapelles bâties par le cardinal , ses armes , l'histoire de la fondation de l'abbaye , et le sacre des rois de France (1). Il était d'une ancienne famille du Dauphiné , et neveu du comte de Boschage , gouverneur du Mont St.-Michel et grand chambellan des rois de France ; il eut pour successeur Guillaume de Lamps , son proche parent , qui sacrifia tous ses revenus à continuer les ouvrages entrepris par le cardinal d'Estouteville. Il fit aussi construire les citernes , et permit à chaque ménage de la cité de venir prendre , toutes les semaines , dans ces citernes , deux cruchées d'eau de pluie. Aujourd'hui les habitans du Mont ne jouissent plus de cet avantage. Les religieux élurent ensuite Guérin Laure , et Jean de Lamps , frères des précédens.

Charles VII avait aussi saisi le temporel de l'évêque d'Avranches , et l'avait donné à l'abbaye du Mont St.-Michel , jusqu'à ce que ce prélat fût rentré dans le devoir ; c'était Martin Pinard , successeur de Jean de St.-Avit. Il était né à Nonant , baronnie qui avait appartenu à la maison du Hommet. Chanoine d'Avranches et doyen de Bayeux , il eut pour compétiteur Philpert de Montjoie , près St.-James , lequel , probablement , occupait quelque charge dans l'église d'Avranches. Ce dernier protesta devant l'église métropolitaine , puisque l'on trouve son nom dans les registres du chapitre de Rouen ; mais il ne fut point sacré , et ne prit point possession de l'évêché d'Avranches.

---

(1) Dans le même temps, le curé de St.-Pierre du Mont St.-Michel fit faire plusieurs peintures sur vitre ; sur la croisée de la sacristie on voit diverses figures, et au bas de chacune un des articles du symbole. Le 1er. en caractères gothiques est ainsi conçu : Credo ĭ deum patrĕ omnipotentem creatōr celi et terre.

Martin Pinard se soumit au roi de France, et obtint
le personnat de Tirpied, à charge d'entretenir dans sa
cathédrale un maître de musique et cinq enfans de
chœur. Il est parlé de cet évêque dans le cartulaire de
Marmoutier. On y voit que le siége d'Avranches était
vacant le dimanche *Jubilate*, l'an 1452; et, l'année suivante, il est fait mention de son successeur Jean Boucart, chanoine et archidiacre d'Avranches et docteur
en théologie (1). Il était né à Vaucelles, un des faubourgs de St.-Lo; et c'est pour cela qu'on l'appelait le
Vaucellan (2). On trouve, dans le Livre Vert, que son
chapitre, vers l'an 1462, était ainsi composé : Felix
Jeufron, Jean Pinard, Pierre Caillole, Nicolas le
Prestre. Nicolas Maidon était encore archidiacre du Val
de Mortain; Guillaume Aubert et Julien Heusé étaient
avoués à la cour épiscopale, *advocati*, c'est-à-dire
chargés de défendre, tant par armes qu'en justice, les
droits de l'Eglise. Le chapitre avait alors une contestation avec le curé de Marcey, au sujet de ses revenus en
cette paroisse (3). On trouve dans un autre titre que

(1) Martinus alius episcopus 1451 et 52. 20 aprilis qui eo anno vi-
detur sede vel etiam vita excessisse cum 1452. Sedes vacans dominica
Jubilate et 1453. Johannes episcopus iterum et 1464 et 55 inveniatur.
Cartulaire de Marm. à Tours.

(2) M. Servin, dans son histoire de Rouen, dit que Jean Boucart
était d'Avranches; c'est une erreur.

(3) Apunctuamentum factum cum curato de Marceyio pro omnibus
novalibus.
Universis presentes litteras inspecturis officialis Abrincensis salutem in domino notum facimus quod cum venerabiles et discreti viri
domini decanus et capitulum ecclesie Abrincensis a tempore quo memoria hominum non exteerat habuissent et haberent jus percipiendi...
duas partes decimarum... in tota parochia de Marceyio... et curatus
ejus parochie tertiam partem.... nuperque coram nobis exorta fuisset
questionis materia inter Joannem Godefroy curatam ecclesie de Marceyio et capitulum.

Jean le Marchant , homme d'un esprit pénétrant et d'une grande sagesse , était doyen du chapitre.

L'évêque d'Avranches fut le confesseur du roi Louis XI , qui succéda à Charles VII , l'an 1461. Au commencement de ce nouveau règne , le duc de Bretagne s'empara d'Avranches , qu'il conserva quelque temps. Ce prince avait pour chancelier Jean de Roumilly, du diocèse d'Avranches. Comines , dans ses mémoires , dit que c'était un très-habile homme. Le comte de Mortain , qui était frère du roi , entra aussi dans la révolte du duc de Bretagne ; il se nommait Charles , et jouissait des revenus de ce comté , depuis Charles IV d'Anjou , qui avait succédé à Charles III , son père , dont nous avons parlé (1). Mais le rusé roi de France sut désarmer les mécontens , et fit ensuite démolir leurs châteaux. La tradition constante du pays range parmi ceux qui furent alors renversés, les châteaux de Tirpied , de Périers et de Chérencey-le-Roussel ; bientôt même il attacha à la couronne le comté de Mortain : ainsi tout le diocèse d'Avranches appartint au domaine particulier du roi de France.

Il réunit également à la couronne le reste de la Normandie , et porta par-là un coup mortel à la féodalité. Les seigneurs perdirent leur puissance et leurs privilèges , et la « naturelle franchise » de la France se rétablit.

Il fit aussi le récensement de ceux qui étaient nobles en Normandie , afin que ceux dont les titres ne seraient point en règle supportassent leur part des charges du

(1) Laroque , hist. d'Harcourt ; hist. des grands officiers de la couronne.

Tiers-Etat. Son commissaire, nommé Montfaut, trouva nobles Alain Malherbe à Gatmo, Richard du Plessis et Robert des Jardins à Poilley, Bertrand de la Roque à St.-Pierre de Cresnay, ainsi que Jean d'Isigny et Bertrand du Parc (1); Thomas Aze à Mesniladelée, Richard du Prael à Avranches, Elion ou Lion Cholet à Tirpied (2), Guillaume Mahias à Vernix, Guillaume de Maingot à Landelles, Pierre ou Jean Leger à St. Sénier de Beuvron, Guillaume Janvier à St.-Martin de Montjoie, Guillaume Taillefer à St. Laurent-Terregâte, messire Guillaume du Pontbellenger, chevalier, à St.-Brice-de-Landelles; Henri Dubois à St. Aubin-Terregâte; mais Montfaut condamna à payer la taille Guillaume Dubois à Mesniltove; il jugea valides les titres de Jean Marie à St. Aubin-Terregâte et de Jean d'Isigny, de Renaud de Litrey au Luot, de Renaud de la Hache à Champeaux, de Guillaume Guerout à Mortain, de Thomas Cheval à Rommagny, de Jean de Corbelin à Martigny, de Jean de Percy à Parigny, de Jean de Montgaultier à Montgaultier, de Jean Cheval au Mesnilrainfray, de Colin de Brécey à Isigny, de Richard Thirel à Mesnilthébaut, de Guillaume du Mesniladelée à Brouains et de Richard du Mesnil son fils, de Jean de Brécey à Sourdeval, de Bertrand du Mesniladelée à Chérencey-le-Roussel et de Guillaume du Mesniladelée, de Pierre du Jardin à St. Cyr-le-Bailleul, de Michel Martin à St. Jean de la Haize, de Pierre de Carnet à Carnet, et d'Olivier de Carnet à Sacey.

(1) De son frère, marié en Anjou, est sorti Fréderic Timoléon du Parc, député de la Manche à la session de 1815.

(2) Voyez sa généalogie par Badier.

Mais ceux qui ne purent prouver par titres ou par témoins que, depuis quatre générations, y compris le bisaïeul, ils avaient joui de la noblesse, faisant profession des armes et sans dérogeance, furent condamnés à la taille. De ce nombre furent Roger Guilbert dit Mestier, ou Robert Guillebert dit Meslier à la Chapelle-Cecelin, Jean Dobé à St.-Loup, Jean le Guay à Poilley, Jean Bertine ou Bertins, ou Robert Bertinière et Etienne des Rats à St.-James, Jean du Pray à Bouillon, Jean de Chantepie aux Chambres (mais plus tard la noblesse de celui-ci fut reconnue) (1); Michel Maheust ou Malheult au Luot, Henri Gaultier à Boisyvon (mais il fut maintenu par un autre commissaire) (2); Guillaume de la Chambre au Mesnilgilbert (c'était une branche de la famille de St.-Manvieu) (3); Jean Champion à Sourdeval (on lui donnait le titre de maître, c'était celui des gradués en droit); Guillaume Aze à Mesniltove, Ambroise Cochard à Husson, Robert Dangy à Heussey, et Jean de Maigney à Brécey : ce dernier parvint aussi dans la suite à faire reconnaître ses titres (4).

C'est à cause de la minorité d'âge de beaucoup de gentilshommes, que la notoriété publique dispensait du paiement des tailles, qu'il y a des paroisses où Montfaut ne marque point de nobles (5).

(1) Par Roissi.

(2) Roissi.

(3) Ils étaient seigneurs du Mesnil par Jeanne Bacon. Voyez extraits de Dom le Noir.
Ils furent maintenus par arrêt du conseil, du 1er. avril 1670.

(4) Par Roissi.

(5) Il a été question plus haut d'un grand nombre de nobles reconnus par Montfaut, dont nous avons raconté les exploits. Voyez le manuscrit précieux de M. de Guiton sur la noblesse.

Louis XI vint visiter le diocèse d'Avranches, qui était son domaine. Après avoir passé quelques jours à Avranches, il se rendit en pélerinage au Mont St.-Michel. Depuis le siége que nous avons raconté, le nombre des pélerins était immense. L'année 1455 fut particulièrement remarquable par la multitude d'étrangers et surtout d'Allemands qu'on y vit affluer, « et ne peux en savoir « la raison, disait Monstrelet, sinon subite devotion qui « à ce les mouvoit. »

Le roi de France arriva au Mont St.-Michel avec un nombreux cortége ; il se recommanda à la puissante protection de l'Archange, par des vœux et une offrande de 600 écus d'or, somme alors très-considérable ; il laissa une bonne garnison avec de l'artillerie dans la place, qu'il fit entièrement réparer et mettre en état de défense ; il exempta aussi les habitans de l'impôt qu'il faisait lever pour rétablir les fortifications de Pontorson. En reconnaissance des services signalés que son père et lui avaient reçus de l'Archange, il institua l'ordre des chevaliers de St.-Michel. Tous les grands du royaume étaient présens ; le chancelier était assis et écrivait ; le roi parla ainsi :

« Nous a la gloire et louange de Dieu nostre crea-
« teur tout puissant et reverence de la glorieuse Vierge
« Marie a l'honneur et reverence de monseigneur sainct
« Michel archange premier chevalier qui pour la que-
« relle de Dieu victorieusement batailla contre lennemi
« envieux de lhumain lignage et le trebucha du ciel et
« qui son lieu et oratoire appellez le Mont St.-Michiel
« a tousjours secouru gardez preservez et deffendu sans
« estre prins subjuguez ne mis ès mains des anciens

« ennemis de nostre royaulme et afin que tous bons hauts
« et nobles courages soient incitez et plus emeus a
« toutes vertueuses œuvres. Le premier jour daoust de
« lan 1469 en nostre chastel d'Amboise avons cons-
« tituez creez et ordonnez et par ces presentes creons
« constituons et ordonnons un ordre de fraternitez ou
« amiable compagnie de certain nombre de chevaliers
« jusques a trente six lequel nous voulons estre nom-
« mez lordre de St. Michel sous la forme et articles ci
« apres descrits (1). »

Ensuite le roi appela les seigneurs pour les recevoir
chevaliers ; et Jean d'Estouteville s'étant présenté et
mis à genoux devant le monarque : « de par sainct Georges
« et de par sainct Michel, lui dit le roi, en le frappant
« légèrement sur les épaules avec une épée nue ; je vous
« fais chevalier. » Ensuite il lui donna un collier d'or fait
de coquilles entrelacées d'un double lacs, posées sur une
chaîne d'or, où pendait une médaille représentant
l'archange St. Michel foulant aux pieds un dragon et le
perçant de sa lance (2).

Ensuite on avertit ce chevalier que l'hérésie, la trahison, la lâcheté et la fuite dans le combat entraînaient
l'exclusion de l'ordre. Le chancelier lui donna aussi
lecture des articles par lesquels il était obligé de
payer au trésorier quarante écus d'or, ou la valeur,
destinés à l'achat d'ornemens pour le service de l'é-
glise du Mont St.-Michel, et, à la mort d'un confrère,

(1) Manuscrit de Jean Huynes, etc.
(2) Voyez histoire des Ordres Religieux, par Helyot, t. VIII, pages
377, 378, 413, etc.

d'y faire dire vingt messes, et donner six écus d'or en aumônes (1).

Les articles étaient au nombre de soixante-six. Au dix-neuvième, il était dit que les cérémonies se feraient au Mont St.-Michel, et au vingtième, qu'il y aurait signes au clocher de l'église abbatiale pour lesdits chevaliers (2).

Quelque temps après, le roi vint au Mont St.-Michel et y tint le premier chapitre de l'ordre (3). La veille de la fête, les chevaliers se présentèrent devant le souverain, et vinrent à l'église la tête converte d'un chaperon de velours cramoisi, revêtus de longs manteaux de damas blanc et fourrés d'hermine, bordés d'or et portant en broderie des coquilles et des lacs d'amour. Le lendemain, ils retournèrent à l'église pour entendre la messe; à l'offertoire, ils offrirent une pièce d'or, chacun selon sa dévotion, et après l'office ils allèrent dîner avec le roi. Le même jour, ils revinrent entendre les Vêpres; mais tous étaient vêtus de manteaux noirs avec des chaperons de même couleur, excepté le roi qui avait un manteau violet. Ils assistèrent aux Vigiles des morts, et, le lendemain, à la messe. A l'offertoire de cette messe, chaque chevalier offrit un cierge d'une livre, où ses armes étaient attachées. Le jour suivant, ils retournèrent encore à l'église pour entendre la messe en l'honneur de la sainte Vierge; mais ils étaient habillés suivant leur fantaisie. Ensuite ils ouvrirent leur cha-

(1) Hist. des Ordres Religieux, par Helyot, t. VIII, page 579, etc.
(2) Manuscrit de Jean Huynes.
(3) Histoire de France, par Du Haillan, p. 1149.

pitre dans une grande salle , qu'on appelle encore la Salle des Chevaliers (1).

Louis XI voulut prendre connaissance de la querelle des Nominaux et des Réalistes, et, d'accord avec Boucart, évêque d'Avranches , il fit un édit où il défendait de lire les livres et d'enseigner la doctrine d'Okam et des philosophes Nominaux. En conséquence, ces livres furent scellés et cloués dans la bibliothèque de l'Université de Paris , et dans les colléges par l'évêque d'Avranches (2).

Ce fut aussi par les soins de ce prélat que l'Université fut réformée (3). Il était très-instruit, et il a laissé un savant commentaire sur la bible. Il paraît aussi avoir eu une grande piété ; il fonda à St.-Lo, sa patrie , une messe de *Requiem*, le dimanche des Rameaux. On devait la célébrer avec diacre et sous-diacre, et y allumer trente-deux cierges. Il mourut l'an 1484, et eut pour successeur Louis de Bourbon, fils naturel de Jean de Bourbon, comte de Vendôme , et de demoiselle Guyonne Peignée de la Vieuville. Son père le fit légitimer, et le roi le nomma chanoine d'Avranches. L'année suivante , il fut élu évêque, et, au parlement de Paris , on lui céda la première place. Il augmenta de beaucoup les revenus de son église, y ajouta des chapelles et l'enrichit de plusieurs ornemens ; il fit aussi bâtir la maison épiscopale , telle qu'elle est aujourd'hui , et le château du Parc , maison de campagne des évêques d'Avranches.

(1) Histoire des Ordres Religieux , par Helyot ; et hist. manuscrite du Mont St.-Michel, par Jean Huynes.

(2) Histoire ecclésiastique de Fleury.

(3) Hist. ecclésiast. du père Noel Alexandre.

Les rois de France l'employèrent en plusieurs ambas-
sades. Pendant son épiscopat, le roi Charles VIII, successeur de Louis XI, « arriva au Mont St.-Michel, où
« il estoit pelerin ; auquel lieu il sejourna trois jours,
« faisant ses devotions et offrandes, et en remerciant
« mon dit seigneur Saint Michel chef de son ordre
« de la bonne victoire qu'il obtenoit contre ses enne-
« mis (1). »

L'an 1487, le 26 d'octobre, ce monarque établit
vicomte d'Avranches, son chambellan Jean le Roy, seigneur de Macey. Il donna la charge de maître d'hôtel à
Gilles de Couvran, natif de Sacey. On remarque encore,
dans l'église de cette paroisse, deux pierres tombales des
de Couvran, et un fragment des armes de ces seigneurs.

Charles VIII avait auprès de lui, à la bataille de For-
noue, Gilles Carbonnel de Sourdeval ou d'Aucey, qui
portait l'enseigne des gentilshommes (2). Ce brave et
quelques autres rassurèrent le roi, et lui protestèrent,
dit Brantome, « qu'ils n'estoient pas prests seulement
« de hazarder leurs corps pour son service, mais d'y
« employer leurs ames et les engager à tous les diables
« pour luy quand besoin seroit (3). »

On trouve dans une charte de ce monarque, que
Gilles Guiton, Sʳ. d'Astrée, était chevalier conseiller et
chambellan. Isabeau de Guiton, sa sœur, avait épousé
Jean de Semilly, baron d'Aulnay. Une fille unique, issue
de ce mariage, demeurait à Astrée.

« Un nommez Jehan Hebert soubs umbre, dit le roi,

(1) Jaligny.
(2) André de la Vigne.
(3) Voyez aussi Masseville.

« de ce quil veult dire avoir estes entre lui et ladite
« Jehanne de Semilly soubsagee aucunes paroles ou
« promesses de mariage qui si ainsi estoit auroient estes
« par.... ceductions.... ledit Hebert est de basse con-
« dition.... qui pour la mettre en autres lieux a lui
« favorables avec et par le moyen de levesque de Cons-
« tance son parent dit avoir obtenu certaines monitions
« sentences et censures appostoliques de nostre ame et
« feal conseiller levesque dAvranches.... nest la matiere
« sujette a la court ecclesiastique.... nostre dit procu-
« reur ne peut ni ne doit plaider en court deglise....
« Vous mandons et a vous baillis.... que ledit evesque
« dAvranches ou son official et chacun deux quils nen
« congnoissent ne procedent.... facent donner benefice
« dabsolution aux excommuniez saucuns en y a ... en
« contraignant.... les gens deglise par prinse de leur
« temporel en nostre main.... nonobstant appellacions
« doleances et clameurs de haro.

« Donnez a Paris le 15 decembre lan de grace mil
« quatre cent quatre vingt et huit (1). »

Le dernier de la famille des Charpentier, chastellins
de Charuel (*Castrum Carrueus*), nommé Robert, fut inhumé dans l'église de Sacey. On voyait sur son tombeau
une grande épée traversant un écu triangulaire, sur
laquel étaient trois roses. Il laissa trois filles, Yvone,
Berthe et Guillemette. La première épousa Pierre de la
Paluelle, fils de Thomas, et lui porta en dot la terre de
Charuel ou Chéruel; la seconde, Jean Duhomme; et
la troisième, Jean Guiton, fils de Jean.

(1) Chartrier de M. de Guiton.

Un ancien registre du prieuré de Sacey présente, au sujet de ces mariages, le quatrain suivant :

Les trois Charpentieres eurent cet heur
Que oncques neurent damoiselles
Destre brus a trois preux defenseurs
De monsieur sainct Michel.

Les trois pères de leurs époux étaient du nombre de ces héros qui défendirent le Mont St.-Michel contre les armées anglaises.

Guillemette et son époux reçurent, en leur château de Carnet, l'évêque d'Avranches, venu pour consacrer de nouveau l'église de Carnet, profanée par les membres de la confrérie de la Nativité de la Ste.-Vierge, qui avaient dîné en cette église, le jour de leur fête. La cour épiscopale descendit chez Pierre du Homme, surnommé le bon curé. L'évêque défendit, sous peine d'excommunication, de faire de pareilles assemblées dans l'église. Cet illustre prélat mourut à Tours, suivant les registres du chapitre d'Avranches, le 21 octobre 1510. Son corps fut apporté dans sa cathédrale, et son cœur dans l'abbaye de Savigny. Il fut pleuré de tous ses diocésains.

Le diocèse d'Avranches se glorifie encore aujourd'hui de l'avoir eu pour évêque. L'an 1779, on trouva, dans un caveau de la cathédrale, des os de ce saint prélat, sa tête, quelques cheveux et des débris de son cercueil. Quelques années après sa mort, un de ses successeurs composa pour lui cette épitaphe :

Borboniam illustras et laude et nomine gentem.
Dent tibi supremos pia numina sedis honores.

CHAPITRE XVI.

ROIS DE FRANCE MAITRES DU PAYS D'AVRANCHES.

Louis XII. François Ier. Henri II. François II. Charles IX Henri III.
Henri IV.

EVÊQUES D'AVRANCHES.

Louis Herbert, 1511. Jean de Langeac, 1527. Robert Cenalis ou
Cenau. 1532. Antoine le Cirier de Neuchelle , 1561. Augustin le
Cirier de Neuchelle , 1575. Georges de Pericard , ;583. François de
Pericard , 1588.

Louis Herbert, natif de Paris, chanoine d'Avranches,
succéda à Louis de Bourbon ; son père était trésorier général de France, et un de ses frères occupait le siége
épiscopal de Coutances. L'évêque d'Avranches fit le bonheur de ses diocésains ; long-temps après sa mort , on

parlait encore de sa grande douceur, de sa science et de sa piété. Les chanoines furent l'objet de son affectueuse sollicitude; il leur fit bâtir plusieurs maisons. Robert de Bapaumes était alors doyen du chapitre. Guérin Sanguin fut aussi élevé à la dignité de chanoine. Ces deux hommes, d'un mérite distingué, furent appréciés et aimés de leur prélat. Pierre du Homme, curé de Carnet, surnommé le bon curé, mourut dans ces temps, pleuré de son évêque et de son troupeau. Ce digne prêtre avait vécu, retiré dans son humble presbytère, à l'ombre de son église; il en sortait rarement. Sa porte était ouverte, à toute heure, à celui qui l'éveillait, sa lampe toujours allumée, son bâton toujours sous sa main. Ni la rigueur des saisons, ni la distance des lieux, ni les ravages des maladies contagieuses, rien ne l'arrêtait quand il s'agissait de porter l'espérance et le pardon aux pécheurs, et de fortifier le juste contre les angoisses du trépas : homme éminemment charitable et miséricordieux, tout le peuple l'appelait son père. Une pierre blanche, où fut gravé son nom, marqua la place où, près de la porte de son église, furent déposés les restes mortels de ce pieux pasteur (1).

L'évêque d'Avranches eut pour successeur le cardinal

(1) On connaît parmi ceux qui l'avaient précédé : Almodus Mautaille, vicaire-général ; Benoît le Feure, chanoine d'Avranches, en 1458 ; Enguerrand Michel ; et parmi ceux qui lui succédèrent : Nicole Douessey et Robert Douessey ; Guillaume Gaudin, mort l'an 1555 ; Jean Guiton, archidiacre d'Avranches ; de Mathan, conseiller du roi au parlement de Rouen, et doyen de la cour ; Liot ou Lo Masseline ; Jean le Chapelain ; Jean Simon ; Charles le Bourgois, sieur de Carnet, grand doyen d'Avranches ; Jean Tuffin, seigneur de la Motte-la-Royrie ; Jacques de Thieuville de Briquebaut ; Julien Nicole, vicaire-général d'Avranches ; Pierre Dauguet ; François-Nicolas Guiton, et Nicolas Legros.

Trivulce , comme on le voit par les registres du Vatican ;
mais il paraît que ce cardinal n'accepta pas, ou qu'il céda
presque aussitôt son siége ; car, la même année 1526, Jean
de Langeac fut nommé par François Ier. Jean de Langeac
avait vécu long-temps à la cour ; il avait été maître des
requêtes, et il avait été envoyé plusieurs fois en ambassade
par les rois de France. Ce prélat, accoutumé à être obéi, ne
pouvait souffrir la moindre contradiction ; c'est le premier
évêque qui ait été nommé par le roi. François Ier. nomma aussi , dans le même temps , aux abbayes , en vertu
du célèbre concordat par lequel ce monarque et le pape
Léon X modifièrent la pragmatique sanction. Ces ecclésiastiques , nommés par le roi et pourvus par le pape d'une
abbaye ou d'un prieuré , furent appelés prieurs ou abbés
commendataires. Se contentant de jouir des revenus des
abbayes, on les vit, oubliant l'esprit de paix et de re-
cueillement , qui devait être leur caractère et dont ils
devaient donner l'exemple , mener une vie de dissipation
et de plaisirs. C'était souvent au milieu de parties de
chasse , et précédés de chiens et de veneurs , qu'ils allaient visiter leurs abbayes. Beaucoup d'évêques , loin
de s'appliquer à combattre ces abus, les rendirent plus
graves encore. Les revenus attachés aux siéges épisco-
paux étaient généralement considérables ; on ne les
trouva plus suffisans. De riches prélats convoitèrent et
obtinrent de riches bénéfices. Cumulant avec les revenus
de l'évêché les revenus de toutes les abbayes dont ils par-
venaient à se faire nommer commendataires , ils vécurent
loin de leurs diocèses dans l'oisiveté , le luxe et le faste de
la cour. Abandonnés à eux-mêmes, la plupart des religieux
oublièrent le travail , la prière , la frugalité , toutes les

règles qu'avaient si sagement établies leurs saints fondateurs (1). Ces scandaleux abus firent regretter la pragmatique sanction, et long-temps en France on adressa à Dieu des prières publiques pour l'abolition du concordat, et le rétablissement des élections (2).

Dès le commencement de ce seizième siècle, Louis de Bourbon, évêque d'Avranches, avait été nommé abbé commendataire de Savigny. Il avait succédé à Nicolas des Mazures de Plat-Pinson, et il eut pour successeur Philippe de Sainte-Marie, qui fut le dernier abbé régulier de cette abbaye. Les rois de France nommèrent ensuite Louis d'Estouteville, le cardinal Jean Dominique Cuppi, l'évêque Bernard Cuppi, César de Brancas et le cardinal Charles d'Angennes. Lorsque celui-ci voulut prendre possession de son évêché du Mans, il fallut, chose singulière, des lettres de jussion du roi de France, pour le faire admettre avec sa longue barbe, parce qu'il ne pouvait se résoudre à la faire couper (3).

A l'abbaye de la Luserne, deux religieux se disputèrent le gouvernement, et se partagèrent les revenus ; ils se nommaient François Caignou et Jacques Cacquetier. Le roi nomma ensuite le cardinal Gabriel de Grammont, François de la Guiche, le cardinal Odet de Chatillon et André de Guidotti, qui était anglais.

Julien Eschart, abbé de Montmorel, grand pénitencier et chanoine d'Avranches, eut pour successeur Etienne-le-Belley, qui céda sa place, quelques années après, à Gilles-le-Belley, qui est appelé abbé commen-

(1) Histoire de François Ier., par Gaillard, t. vi, p. 46
(2) Dictionnaire de Trévoux.
(3) Dictionnaire de Trévoux, art. Barbe.

dataire. Dans le monastère de Moutons , Renée du Parc succéda à Marguerite Thiboust. Ensuite Magdeleine de Clinchamps fut nommée par le roi , ainsi que Louise de Courtravel. Louise de Favières disputa le gouvernement de l'abbaye à Marguerite des Escotais ; et Jacqueline du Plessis , que l'on dit tante du cardinal de Richelieu , à Marie de Ligny. Deux autres filles , appelées Marie Chapelain et Pétronille de Bois-Jourdain , dirigèrent paisiblement ensuite cette communauté. Ces abbesses envoyèrent Roulande des Loges gouverner leur prieuré de St.-Michel du Boscq. Le mobilier de cette religieuse était très-modeste. Il en existe un inventaire où l'on voit figurer une table, des bancs, dont les appuis étaient vieux et cassés, quelques ustensiles en fer, des vases de terre et de la vaisselle d'étain (1). Cette religieuse fut remplacée par Isabeau de Marrencour , qui fut présentée par la reine régente ; à celle-ci succéda Magdeleine du Parc, et ensuite Renée Néel , religieuse professe de Moutons. A l'abbaye Blanche , trois demoiselles de familles très-distinguées dans le pays , Guillelmine de Vauborel , Louise de Carbonel et Jeanne de Grimouville , furent élues abbesses. Le roi François Ier. ne nomma point les abbesses en vertu du concordat, car il n'y en est pas fait mention , mais en vertu d'un indult qu'il obtint du souverain pontife. Il nomma également aux prieurés, et celui de St.-James eut des prieurs commendataires. Jacques de la Paluelle était prieur en 1531. On trouve ensuite Christophe de Rommilly , René Baron , le sieur de Rommilly ,

(1) Manuscrits de l'abbaye de Moutons, penes nos.

Maurice Guillotin, prêtre ; Claude Bude ; Taillefer ; Guérin, chanoine d'Avranches, diacre ; Urbain Trottier, bénédictin, en 1727 ; Laurent Basile Barbier, abbé de Montiersneuf ; le dernier fut M. de Fargeonnel, conseiller clerc au parlement de Paris (1).

Les églises de St.-James, c'est-à-dire, St.-Benoit et St.-Martin, continuèrent d'avoir leurs curés particuliers ; et l'on trouve dans un vieux titre qu'à la fin du siècle précédent, le sieur de Brée et, après lui, le sieur Rogeron étaient pourvus « de la cure de St.-Benoit et de la chapelle de St.-Martin du Bellé annexe ». L'an 1500, le sieur Eschart fut pourvu, sur la présentation du prieur, « de la cure de St.-Benoit et de St.-Martin du Bellé « annexe ». On trouve ensuite le sieur Hucherie et le sieur de Rommilly pourvus des « églises paroissiales de « St.-Benoit et de St.-Martin du Bellé, autrement St.-« James ». Le sieur Bichot desservit ensuite ces églises. Les paroissiens lui donnèrent pour successeur le sieur de la Fresnaye. On trouve encore Pigeon, Levesque, Le Conte, Jean Chauvoye, Templer et Oresve (2). La ville fut donnée, l'an 1516, avec tous ses droits, revenus et haute justice, à Jean, duc de Bretagne ; mais elle revint bientôt à la couronne.

Au Mont St.-Michel, le roi François Ier. nomma pour succéder à Jean de Lamps, Jean-le-Veneur, évêque de Lisieux, grand aumônier de France et cardinal ; ensuite, Jacques d'Annebault, qui devint aussi cardinal et avait le plus grand crédit à la cour ; François-le-Roux, protonotaire apostolique, qui vendit une terre

(1) Manuscrits du prieuré de St.-James.
(2) Manuscrits du prieuré de St.-James, chez M. de Guiton.

du Mont St.-Michel, appelée Montrouault, pour payer ses impôts, et qui permuta avec Artur de Cossé, évêque de Coutances, pour l'abbaye de Saint-Melaine, au diocèse de Rennes.

François Ier. vint aussi au Mont St.-Michel, qui avait été choisi pour les cérémonies et les fêtes de l'ordre. Il fit ôter du collier des chevaliers les doubles lacs, pour mettre une cordelière, tant à cause qu'il s'appelait François, que pour se conformer à la prière d'Anne de Bretagne, sa belle-mère (1). Brantôme dit avoir été présent lorsque ce monarque fit une sévère réprimande à un chevalier, qui, pris dans un combat, avait ôté la marque de son ordre, afin que, n'étant pas reconnu chevalier, il n'eût pas à payer une forte rançon. Le roi François Ier. envoya son ordre au roi d'Angleterre, et Henri VIII lui envoya celui de la Jarretière, comme il paraît par le titre suivant :

« François par la grace de Dieu roi de France sei-
« gneur de Gènes souverain du très noble ordre de
« monseigneur St. Michel a tous ceux qui ces presentes
« lettres verront salut...... Comme les ambassadeurs
« commis et deleguez de la part de tres haut et tres puis-
« sant prince Henri par la meme grace de Dieu roi d'An-
« gleterre, seigneur d'Hybernie deffenseur de la foi,
« notre tres cher et tres amé, frere, cousin, perpetuel
« allié, confederé et bon compere, nous ayent exhibez....
« avoir plein pouvoir de nous presenter.... lamiable
« association du tres digne ordre de St. Georges,
« dit la Jarretiere....... et de nous prier et requerir

_____

(1) Favin, théâtre d'honneur et de chevalerie.

« icelle election accepter et prendre le manteau et col-
« lier et autres insignes de chevalier dudit tres digne
« ordre.... scavoir faisons que nous ayant egard et
« consideration.... et que de sa part il a accepté lelec-
« tion par nous et nos freres faite de sa personne au-
« tres digne ordre de St. Michel.... A ces causes ac-
« ceptons icelui tres digne ordre de St. Georges dit la
« Jarretiere, et ce fait nous sommes revestus et affu-
« blez du manteau et autres insignes....... Lan de grace
« 1527 (1). »

François Ier. confirma tous les priviléges de l'abbaye
du Mont St.-Michel. Il légua le comté de Mortain au
duc de Montpensier ; Anne de Montpensier le porta
ensuite dans la maison d'Orléans ; le même roi, ayant
transféré Jean de Langeac à l'évêché de Limoges, nomma
évêque d'Avranches Robert Cenalis ou Cenau, l'an
1532.

Ce prélat, natif de Paris, était vertueux et fort instruit. Docteur de la maison de Sorbonne, il fut comme
la lumière de tous les docteurs et de tous les prélats de
son siècle. Le roi lui demanda un relevé des revenus
de son évêché. Il déclara que sa baronnie d'Avranches
s'étendait dans les paroisses de la bourgeoisie d'Avranches, du Val St.-Pair, de Ponts, de St.-Jean-de-la-
Haize, de Vessey, de Juilley, de Précey, de Poilley, de
St.-Quentin, de St.-Osvin, de St.-Ouen de Celland, de
la Gohannière, de Ste.-Pience, de Braffais, de Champeaux, d'Angey, de Plomb, de Vains, du Luot, de
St. Senier près Avranches, de St.-Brice, de Lolif, de St.-

(1) Elie Ashmole, traité de l'ordre de la Jarretière.

Pierre Langer   de Bacilly et des deux Cresnay ; et qu'il
devait pour cette baronnie quatre chevaliers pendant
quarante jours , pour le service d'Ost (1).

On voit cependant , dans le recueil des historiens de
Normandie (2), que l'évêque, pour sa baronnie d'Avranches , devait le service de cinq chevaliers.

Il ajouta qu'il possédait les moulins de Ponts , sur la
rivière de Sée , et qu'il avait le droit de pêche au-dessus
et au-dessous de ces moulins.

Guillaume Martin tenait sa baronnie d'Avranches; messire Fleuri Carbonel , chevalier , avait tenu son fief de
Haubert , dont la paroisse de St.-Pierre-Langer faisait
partie ; dans cette même paroisse le fief de Monteille
était occupé par l'écuyer Alain du Buat , et celui de Montjoie par David de Rommilly. « René de Grimouville , dit
« Robert Cenalis , fils de Jean de Grimouville , écuyer,
« sieur de la Lande , à cause de Marie du Homme sa
« mère, et François le Baunoir , écuyer, au droit de
« transport à lui fait par Jean de la Ferrière , écuyer ,
« tiennent un fief de Haubert entier , nommé le fief du
« Homme. »

C'était peut-être le fief le plus ancien du pays. Il
paraît que c'est de ce fief que la famille du Homme tire
son nom. Les seigneurs qui l'occupaient étaient tenus
d'accompagner l'évêque quand il prenait possession de
son siége , et de le servir à table le même jour.

Dans la paroisse de Précey , Guillaume de la Motte
tenait le fief de la Motte pour 20 sous tournois de rente.

(1) Manuscrits du d. Cousin , à la bibl. d'Avranches.
(2) Duchesne , page 1045.

Antoine d'Estouteville, seigneur d'Apilli, tenait le fief
d'Apilli pour un demi-fief de chevalier. D'autres seigneurs, Jacques d'Argouges, Enguerrand de Coui, Bertrand du Parc, représentant le droit de Jean Avenel; Hervé
Quelin, héritier de Jean Maurice; André du Pont-Bellenger,
Samson Herault, Thebaut-le-Mercier, Jean d'Argennes,
tous écuyers, tenaient d'autres fiefs et étaient sujets à
d'autres redevances.

« Jacques Pigace ecuyer, continue Robert Cenalis,
« à cause d'une vavassorie assise dans Vergoncey appel-
« lée le Varage me doit quand je fais mon entree un
« bœuf blanc. Je dois moi-même au roi un epervier
« blanc de rente par chaque an, à cause des moulins
« nommés les Moulins-le-Roi situez joignants les faux-
« bourgs d'Avranches et de Ponts. »

Aux Cresnay, on devait à l'évêque 40 sous de rente, et
ailleurs 5 sous de rente.

Jean Vivien, licencié aux lois, était alors lieutenant-
général du bailliage d'Avranches, et ses descendans ont
occupé cette place honorable jusque dans ces derniers
temps. Cet aveu lui fut présenté, le 6 novembre
1535, par Amaury Regnault, écuyer, procureur de Robert Cenalis, « pour le vérifier, et furent entendus Gilles
« le Goupil enquêteur et examinateur pour le roi, et
« nobles personnes, Jean Feschal chevalier seigneur du
« Grippon, François de Crux seigneur du lieu, et de la
« Huberdiere à Ponts, Gilles Guiton seigneur de la Rous-
« selliere chevalier et capitaine de 50 hommes d'armes
« pour le service du roi, Remond de la Hache,
« noble homme, Michel Jauquelin écuyer (ou plutôt
« Gauquelin), seigneur du lieu et de la Fouquerie,

« François de Poilvilain seigneur de la Herissiere et du
« Mesniladelée, Jean de la Fresnaye à St. Benoit de
« Beuvron, Guillaume de Boisyvon seigneur de la Haye
« à Bacilly, Julien de Juvigny seigneur de St.-Nicolas et
« d'Amfréville, Jean-le-Rogcron sieur du Mezerai, et
« Jean d'Argouges sieur de Jautée. »

Ensuite l'évêque d'Avranches rendit compte de sa baronnie de St.-Philbert, pour laquelle il devait encore au roi le service de cinq chevaliers.

Robert Cenalis avait un frère Cloud Cenalis, qui était aussi un prêtre recommandable par sa science comme par ses vertus. L'évêque d'Avranches le nomma grand-vicaire. Ces deux savans personnages s'appliquèrent à répandre la lumière et à faire fleurir la vertu et la piété dans leur diocèse ; ils firent d'excellens statuts. Chaque curé devait les apporter avec lui au synode, tous les ans, et les lire au moins une fois par mois, sous peine de payer cent sous (1).

Les statuts contenaient pourtant des choses singulières. On y trouve ce vers :

Post pen , cru , lu , ci , sunt tempora quatuor anni.

A la lecture de ce statut, il s'éleva une rumeur dans le synode. Les uns prétendaient que c'était une énigme, les autres un logogriphe ; chacun demandait à son voisin ce que cela signifiait. Un prêtre de l'assemblée se leva et dit : vous nous contez-là des rébus. Non , répartit l'évêque ; ce vers indique les jours où vous êtes obligés de jeûner pour les Quatre-Temps. Toute l'assem-

(1) Concilia Norm., p. 266.

blée partit d'un éclat de rire, et les plus anciens chanoines ne purent se défendre de partager l'hilarité générale.

L'évêque expliqua son réglement, et il ajouta que le jeûne des Quatre-Temps arrivait toujours après la Pentecôte, l'exaltation de la Ste.-Croix, la fête de Ste. Lucie dans l'Avent, et après les Cendres. Il prescrivait ensuite que les ecclésiastiques se fissent couper la barbe et les cheveux, pour assister au synode, arrêtant que celui qui les laisserait croître paierait deux sous d'amende (1). Les éclats de rire allaient recommencer ; mais le prélat continuant se mit gravement à prouver en vers latins que porter une longue barbe, c'était l'indice d'un crime qu'on avait commis ou qu'on commettrait : les boucs et les chèvres n'ont-ils pas de la barbe sous le menton ? Ces hideuses barbes de bouc seront rejetées au dernier des jours.

Tessera nunc sceleris barba est, indexque futuri
Criminis, aut certè conscia præteriti.
Nos vocat ad mores author pietatis ovillos :
Hircinos abigit, damnat, abesse jubet.
In dextram sibi servat Deus, inque sinistram
Hirsutum exsibilat barbatulumque pecus.

Ce docte évêque ne se montra pas moins l'ennemi des longues chevelures que des longues barbes. « Coupez, « disait-il à ses prêtres, ces cheveux qui vous donnent « l'aspect de fantômes, et vous assujétissent comme des « esclaves. »

---

(1) Quicumque locum synodi non rasus et tonsus de novo intraverit, solvat duos solidos. (Concilia Normanniæ du p. Bessin, pars posterior, page 267.)

Exuite has larvas, serviles ponite cultus.

Et pour ne pas fournir un prétexte aux chicaneurs, ajouta-t-il, de disputer pour un poil de chèvre (1) (car il y en a qui défendent leur barbe avec la même ardeur qu'ils mettaient à défendre leurs autels et leurs foyers), sachez qu'un savant évêque de Paris, Pierre Lombard, ayant, malgré son nom (car le nom des Lombards vient de ce qu'ils portaient une longue barbe), fait des remontrances contre la barbe au roi Louis le jeune, ce monarque et toute sa cour se firent raser le menton, de sorte que, de *philopogonates* qu'ils étaient, ils devinrent *misopogonates* (2).

Ces mots étaient propres à faire naître de nouveaux éclats de rire ; cependant on se contint, et le prélat continua :

« La coutume de porter de grands cheveux et de laisser croître la barbe venait du premier roi des Francs, qui leur prescrivit cet usage pour les distinguer des Romains. Il dura jusqu'au temps de Pierre Lombard. Les lois ecclésiastiques défendent formellement de le conserver, et il n'est plus permis qu'à ceux qui font le voyage de la Terre-Sainte de laisser croître leur barbe. Amédée, duc de Savoie, ayant renoncé au monde et accepté le premier siége de la chrétienté, que lui offraient les pères du concile de Bâle, fit aussitôt raser sa barbe, parce que les pères du concile jugeaient indigne d'un si grand honneur celui qui aurait porté la barbe longue (3). »

(1) Sed ne qua supersit vitilitigatoribus de lana (quod aiunt) caprina rixandi occasio.... pro suo barbitio certarent tamquam pro aris et focis.... (Concilia Normanniæ.)

(2) C'est-à-dire, d'amateurs de barbe, ils en devinrent contempteurs.

(3) Concilia Normanniæ, pars posterior, page 268.

« L'évêque leur cita encore d'autres autorités, et il dit en sortant : qu'on soutienne encore maintenant qu'il n'est pas conforme au droit et à la coutume de soumettre au rasoir ces barbes, touffues comme les forêts (1). Qui ne rougirait de perdre encore un temps long et précieux à chasser les bêtes qui naissent dans ces forêts de barbe et de cheveux ? »

Les statuts de Robert Cenalis contenaient un abrégé de la vie des prêtres et toute l'ancienne pratique de l'église d'Avranches, comme il est dit dans le prologue. Le quatrième fait mention de ceux qui étaient tenus, depuis plus de deux cent cinquante ans, d'assister aux synodes ; c'étaient les abbés du Mont St.-Michel, de la Luserne et de Montmorel, le chapitre de Mortain, les prieurs de Sacey, de St.-Jacques de Beuvron, de St.-Hilaire, des Biards, de Réfuveille, de St.-Léonard, du Mont St.-Michel, de Tombelaine, de Pontorson, de Genets, de Brion, des Loges-Marchis, de Céaulx, de St.-Jean-le-Thomas, de Balam, de Poilley, de Précey, de la Mancelière, de Martigny, et le prêtre du Mont St.-Michel.

Dans le 5e. statut, l'évêque condamnait les ecclésiastiques qui paraissaient en public les épaules découvertes ; ils ont emprunté cet usage des Suisses, disait l'évêque, et ils cherchent la nouveauté jusque dans les habillemens. Il condamna également les repas publics des laïques, où plusieurs de ses curés commettaient de si grands excès, qu'ils oubliaient leur office, ne pouvaient plus administrer les Sacremens, et deve-

---

(1) Eant nunc institutorum veterum novatores : et dicant sylvescentis barbæ rasuram nec jure comprobari nec usu..... dumque a sui capillitii sylva subnascentes feras abigunt.... annus est.

naient souvent la cause de dissensions , de procès et de querelles parmi le peuple. Il pria les baillis et les vicomtes de ne point admettre à leur tribunal les prêtres chargés de la procuration des laïques , à moins qu'ils ne se présentassent pour défendre la veuve et l'orphelin.

On voit dans le dix-septième statut qu'on sonnait encore à l'entrée de la nuit le couvre-feu ; et , dans le vingt-huitième , que l'usage barbare d'exposer les enfans existait encore. On a vu , disait l'évêque , surtout anciennement , de malheureux enfans ainsi exposés périr de faim, ou être privés de la vue par les corbeaux , ou dévorés par les bêtes.

Une assemblée de chanoines de Mortain , tenue dans le but de renouveler leurs anciens statuts , nous offre aussi des choses curieuses (1). Un de ces statuts nous apprend que l'on frappait du pied sur les bancs , pour chasser du chœur les ecclésiastiques qui y entraient avec des bas blancs , rouges , verts , jaunes , ou bleus ; qu'il y avait , à la porte du chapitre , un marguillier pour veiller et empêcher que quelque passant ne s'arrêtât à considérer ce que faisaient les bons chanoines , ou sur quoi ils délibéraient. Les statuts sont en latin, comme ceux de Robert Cenalis ; ils contiennent des dispositions fort sages.

Pendant l'épiscopat de Cenalis , on vit briller quantité d'hommes célèbres dans le diocèse d'Avranches : Guillaume-le-Moine , grammairien ; Guillaume Morel né au Teilleul , savant dans les langues , écrivain et grammairien ; Jean Vitel , auteur d'un poème sur le siége du Mont

_____

(1) In capitulo generali possunt ordinare , statuere et corrigere.... L'original dans le chartrier de la tour de Mortain ; la copie panès nos.

St.-Michel ; Laurent de Mortain , qui donna une bonne édition de l'apologétique de Tertullien ; Thomas Forster né à Avranches , médecin célèbre. Après plusieurs voyages dans les différentes parties de l'Europe , il se fixa à Rouen ; il publia un traité *de peste et tenamone*.

Mais Guillaume Postel les surpassa tous. Il naquit en 1510, à Barenton, dans le diocèse d'Avranches ; il n'avait que huit ans quand son père et sa mère lui furent enlevés par une maladie pestilentielle. A quatorze ans , il quitte le village de Say, près de Pontoise, où il était maître d'école, et il vient à Paris. Pour éviter la dépense , il s'associe avec des inconnus. Volé et dépouillé par eux, il se retire à l'hôpital : la misère et la maladie l'y retiennent deux ans. A peine en fut-il sorti, qu'une cherté de vivres extraordinaire le force de s'éloigner de Paris ; il va passer le temps de la moisson dans les plaines de la Beauce, où il gagne sa vie à glaner. Revenu à Paris, il se met au service de quelques régens dans un collége, et s'applique à l'étude avec tant d'ardeur, qu'en peu de temps il devient le maître de ses maîtres, et acquiert la réputation d'un savant universel. Jamais on n'a tant vanté dans aucun homme de lettres l'universalité des connaissances. Maurice Bressieu , un de ses collègues , disait :

« Postelli virtutes et litteras ,
« Non mihi si centum linguæ sint , oraque centum ,
« Ferrea vox....
« Enumerare queam.

« Non plures Mithridates norât linguas:... non quis-

« quam philosophiæ fuit studiis clarior.... theologiæ callet
« mysteria.... mathematicas artes tenet.... omnium est
« homo linguarum , omnium artium et disciplinarum ,
« omnis virtutis promptuarium. »

C'est-à-dire, il ne savait pas moins de langues que
Mithridate : théologie, philosophie, mathématiques, etc.,
il connaissait tout.

Généreux et communicatif, il aimait à faire part aux
autres de sa fortune comme de ses lumières. François 1er,
qui lui donna deux chaires à la fois au collége royal ,
l'avait chargé d'aller chercher des manuscrits dans le
Levant ; il les rechercha avec soin, et il en rapporta
plusieurs. Il voyagea autant qu'il étudia ; il écrivit beaucoup. On peut voir la liste de ses ouvrages dans M. de
Sallengre , dans Niceron , dans Chauffepié. Il était protégé auprès du roi par du Châtel, la reine de Navarre et
par son propre mérite , que le roi savait apprécier. Il
avait fait imprimer un livre intitulé : *De la Concorde du
Monde*, dans le but de ramener tous les peuples à la
religion chrétienne. Il entra dans la société des Jésuites,
parce que, disait-il, « leur maniere de proceder est la
« plus parfaite apres les Apotres qui onq fut au monde. »
Mais il n'y persévéra pas ; il eut une contestation avec
Laynez , qu'il compara à celle de St. Paul avec St.
Barnabé.

Aux approches de la vieillesse , il se retira à Venise ;
« et là, dit-il, une petite vieille femmelette, de l'âge de
« cinquante ans , » vint le trouver et le pria de la
prendre sous sa direction ; alors il écrivit le livre de la
Mère Jeanne, et celui de la *Virgine Veneta*. Les
femmes , disait-il , devaient obtenir le règne de tout

l'univers , et c'était la mère Jeanne qui allait les faire vaincre et régner. Il eut aussi des visions ; il prétendit que l'ange Rasiel lui avait révélé les secrets du ciel. Il se plongea dans les rêveries des Rabbins. Enfin il revint à Paris , et se retira au monastère de St.-Martin-des-Champs ; ou, selon d'autres, on l'y enferma. L'orgueil du savoir et la vieillesse l'égarèrent ; il mourut bientôt après, à l'âge de 71 ans, laissant un nouvel exemple de la grandeur et de la faiblesse de l'esprit humain.

Cenalis ne le cédait point à tous ces savans; il composa une histoire de France où il y a des recherches précieuses , une autre intitulée *la Hiérarchie de la Normandie* , un catalogue de ses prédécesseurs et un ouvrage sur les poids et mesures. On a encore de lui plusieurs ouvrages de controverse contre les protestans. Il réfuta plusieurs ouvrages anonymes de Calvin , et dévoila à toute la France les erreurs et les supercheries des hérétiques. Ce fut lui qui fit rejeter aux docteurs catholiques la formule que l'empereur Charles-Quint proposa , en attendant les décisions d'un concile général , et que l'on appela l'*Interim*.

Un vicaire-général du diocèse d'Avranches , qui vivait dans le siècle suivant , dit qu'il n'y avait point de lieu dans le diocèse où il ne se transportât pour prêcher , pour affermir dans la foi et rappeler ceux qui s'égaraient. On sait que Calvin n'était rien moins que poli dans ses écrits, et qu'il lui arrivait souvent de donner des injures au lieu de raisons. Il traita l'évêque d'Avranches de chien , de fripon , de cyclope , et finit par le renvoyer à la cuisine , parce qu'il se nommait Cenal. *Ut*

nomini suo respondeat Cenalis, ad culinam rever-
titur (1).

Malgré les soins que prenait l'évêque d'Avranches
pour préserver son diocèse de l'hérésie, il ne put empêcher que l'amour de la nouveauté ne gagnât quelques
cœurs, et, entre autres, Jacques Guiton, curé de Villiez,
qui devint grand-vicaire du cardinal Odet de Chatillon, et
maire de la Rochelle. L'erreur eut des autels, et bientôt
des temples.

Antoine-le-Cirier, successeur de Cenalis, assista au
concile de Trente. Celui-ci avait abandonné son évêché
et s'était retiré à Paris. Son successeur était un homme
d'une grande science. Il était aussi né à Paris, conseiller
du roi au parlement de cette ville, et doyen de Notre-
Dame. Il prit possession de l'évêché d'Avranches, par
procureur, le 28 novembre 1561 ; et, en personne, le jour
St.-Ouen 1562. Après avoir établi des grands-vicaires,
il repartit sur-le-champ pour le concile de Trente, et
ne revint dans son diocèse qu'une fois, dans l'espace de
plus de quatorze ans qu'il en fut évêque. Jean Chesneau,
docteur dans l'un et l'autre droit, conseiller au parlement de Normandie, fut, peu de temps après, élu
doyen par le chapitre, et il gouverna avec la plus grande
sagesse cette église abandonnée. On lit dans l'histoire de l'Eglise, par l'abbé Choisy, que le prélat voulut
faire reconnaître aux pères du concile les libertés de
l'église gallicane. « Antoine-le-Cirier, dit-il, évêque
« d'Avranches, au concile de Trente, encouragé par
« les ambassadeurs de France, dit que l'institution et

(1) Calvin, tome VIII.

place d'armes , et ne cessa pas d'être le boulevard du parti protestant dans ce malheureux pays ; c'est de là que Montgommery portait partout le fer et la flamme , chassant devant lui les habitans effrayés.

Il n'est point de famille qui ne conserve encore aujourd'hui le souvenir des ravages, des cruautés et des incendies de ce Montgommery ; dans plusieurs maisons de la ville et de la campagne on voit des tableaux qui les retracent, et on les trouve représentés jusque sur les vitres des églises. La demeure des religieux fut aussi ravagée par les sicaires de Montgommery. Ils se jetèrent sur l'abbaye de Savigny , d'où ils enlevèrent quatorze calices , ainsi que la crosse et la mitre de l'abbé ; et , quelques mois après, ils se saisirent de l'abbé, César de Brancas, l'attachèrent à une colonne et le percèrent de mille coups. Pierre Cornille , abbé de Montmorel , fut aussi poursuivi par la famille de Montgommery , à qui Henri II avait donné le pouvoir de nommer les abbés de ce monastère. Il fut obligé de se retirer au Mont St.-Michel; mais ses biens furent pillés : on le trouve, peu de temps après , curé à St.-Aubin de Terregaste. Durant quelques années de tranquillité , qui vinrent ensuite , Jean Louvel et Robert Morel gouvernèrent cette abbaye.

Montgommery n'était pas le seul chef protestant qui dévastât ce pays. Un de ses officiers, le sieur du Touchet , entra dans la ville épiscopale par la trahison de quelques-uns des habitans , un lundi du mois de mars 1562 ; il pilla la cathédrale, brûla les titres, la chaire , dépouilla les reliquaires, et enleva tout ce qu'il trouva d'ornemens précieux, d'or et d'argent , de calices et de vases sacrés (1). Ce profanateur ruina ensuite les églises des faubourgs et en enleva les trésors et les richesses. Enhardis par ces succès, les protestans parcoururent en tout sens le diocèse, massacrant les prêtres, pillant les églises, et n'y laissant rien de sacré ni de précieux (2). La désolation fut extrême.

« Le 26 juillet 1562, dit un annaliste de ce temps, « les eglises de St. James et de St. Benoist furent rui- « nées par gens iniques et mal vivants. Les images « rompus et cassés les livres brulez et les vitres rom- « pues avec les cloches les ornemens perdus et em- « portez par les dits perfides et mechants. Somme il y « eut grande persecution aux gents deglise au dit « an (3). »

Dans un autre manuscrit on lit : « Furent occis a Ar- « gouges et mis en terre sainte les onze personnes « dont les noms suivent : M°. Clement Berault prê- « tre et les autres. »

Montgommery faisait transporter l'or et l'argent des églises à Tombelaine, qui lui appartenait. C'était là qu'il battait monnaie. On y a encore trouvé, il y a quel- ques années, un lingot d'or et des pièces de monnaie qu'il y avait fait frapper. « Ce chef le plus entrepre- « nant et le plus audacieux de tous les chefs de la ré- « forme, dit l'historien Garnier, fut appelé à Rouen par « les huguenots de cette ville, pour la défendre (4).

(1) Manuscrits du docteur Cousin.
(2) Histoire chronologique des évêques d'Avranches, par Nicolle, grand-vicaire, etc., page 85, etc.
(3) Chartrier de M. de Guiton.
(4) Histoire de France, par Garnier, tome xxx, page 186.

« Il étoit le plus nonchalant en sa charge, dit Bran-
« tome, et aussi peu soucieux qu'il étoit possible, car
« il aimoit fort ses aises et le jeu ; mais quand il avoit
« une fois le cul sur la selle, c'étoit le plus vaillant et
« le plus soigneux capitaine qu'on eut sceu voir. »

Il soutint ce siége mémorable avec le plus grand
courage pendant cinq semaines, et se sauva ensuite sur
une galère. Le roi envoya Jacques de Matignon et le
duc d'Estampes réprimer les brigandages de Montgommery et de ses troupes dans le diocèse d'Avranches.
Ils s'emparèrent de Pontorson et mirent garnison à
Avranches. Ils réussirent aussi à chasser les protestans
de la ville de Vire, avec le secours du sire de Sourdeval, dont le château avait été pillé (1). Mais bientôt re-
parut Montgommery, qui s'empara de la ville épiscopale
sans coup férir, et y laissa une enseigne d'infanterie sous
les ordres du capitaine Viel-Couché. A la tête de six ou
sept cents chevaux, il se dirigea vers Pontorson et vers
le Mont St.-Michel pour les attaquer ; mais, après plusieurs assauts, il fut obligé de se retirer. Le sieur de
Larchant se signala par sa belle défense dans le Mont
St.-Michel, où il combattait au premier rang ; il y reçut
plusieurs blessures. La paix se fit alors en France entre
le roi et ses sujets révoltés. La ville d'Avranches fut
évacuée par Gentilmesnil, gentilhomme protestant,
après un séjour de cinq semaines. Charles IX vint alors
au Mont St.-Michel avec son frère Henri. Il tint ensuite
un chapitre des chevaliers de son ordre de St.-Michel,
dans l'église de Notre-Dame à Paris. Il prit place à

(1) Histoire militaire des Bocains.

main droite, sous un dais de drap d'or ; et à la gauche, sous un pareil dais, étaient les armes des rois d'Espagne, de Dannemarck et de Suède, qui étaient aussi chevaliers de cet ordre.

Ce monarque, voyant que les protestans avaient toujours les armes à la main contre lui, et qu'ils ne faisaient aucun cas de son autorité (1), ordonna une exécution cruelle. Matignon, gouverneur de la basse Normandie, tint le pays dans le calme (2) ; ce vieux guerrier ne voulut combattre les ennemis de son roi que lorsqu'ils se présenteraient armés, ou en champ clos. L'ordonnance du roi ne fut point exécutée dans l'Avranchin. L'évêque d'Avranches était alors à Paris. L'année précédente, il avait assisté au couronnement de la reine de France, Élisabeth, épouse de Charles IX ; il figura dans cette cérémonie en qualité de sous-diacre. Cette bonne princesse, entendant parler de la conduite et des désordres de son mari, se jeta à genoux et se mit à pleurer en récitant son chapelet.

Montgommery se sauva en Angleterre. Revenu quelque temps après, il fut pris à Domfront et traîné à la suite du vainqueur, qui alla assiéger St.-Lo. Cette ville était défendue par François de Bricqueville, qui avait épousé la dame de la Luserne, et avait hérité de sa terre. Montgommery, convaincu que cette résistance désespérée serait funeste à tous ces braves, s'approcha des remparts, et cria aux assiégés de se rendre. François de Bricqueville le traita de lâche ; et, se tour-

(1) David Hume ; Charles Dumoulin.

(2) Histoire de Normandie, par Masseville, t. v, p. 701. Vie du maréchal de Matignon, etc.

nant vers ses capitaines , il ajouta : il n'a pas su mourir
les armes à la main ; ensuite appelant ses deux enfans ,
l'un âgé de douze ans et l'autre de dix, il les place à
ses côtés sur la brèche , les arme d'un javelot, crie
aux assiégeans qu'il donne à Dieu sa vie et celle de ses
enfans , qu'il préfère les voir mourir « impollus et pleins
« d'honneur que de les laisser avec des infidèles et des
« apostats ; » il combat avec fureur et tombe , la tête
brisée par une arme à feu, sur un tas de cadavres (1).
Les vainqueurs épargnèrent ses deux enfans ; ils se
nommaient Paul et Gabriel. Plus tard ils se signalèrent
en plusieurs occasions, l'un portant le nom de la Luserne
et l'autre celui de Colombières. Il existe encore aujour-
d'hui un descendant de cette noble famille. Il porte hono-
rablement ce nom illustre (2).

Montgommery , « ce vieux capitaine, plein de ruses
« et d'artifices, » comme l'appelle l'historien Garnier (3),
pensa échapper à ses gardes. Quelques braves , touchés du sort qui l'attendait , tâchèrent de le sauver.
On le transportait hors de la ville, caché dans les
flancs d'un cheval éventré , quand Matignon, passant
par hasard , surpris d'un pareil spectacle , ordonna
d'arrêter. Tout interdits , les porteurs s'arrêtèrent, et
ne purent tromper la vigilance et l'œil pénétrant du
maréchal. La supercherie fut découverte , et l'ennemi
de son pays fut conduit à Paris et condamné à mort.
Son arrêt de mort portait que ses enfans étaient dé-

(1) Accepto in oculo sclopetti qui ad cerebrum usque penetravit
ictu enectus est. De Thou.

(2) De Bricqueville, député.

(3) Histoire de France, tome xxx, page 196.

gradés de noblesse. Il pria les assistans de vouloir bien
leur dire qu'il consentait à cette dégradation, s'ils ne
faisaient pas des actions capables de les en relever;
mais que s'ils succédaient au mérite de leurs aïeux,
il n'y avait point de puissance qui pût les empêcher
de succéder à leur noblesse. On lui donna des direc-
teurs éclairés pour le faire rentrer dans le sein de
l'église; il refusa de les entendre. Ce n'est point en
les condamnant à mort que l'on convertit des hommes
égarés. Il fut exécuté l'an 1574.

Il laissa plusieurs enfans. Une de ses filles, nommée
Louise, épousa le seigneur de Brécey, qui avait em-
brassé le protestantisme; elle fit bâtir le château de
Brécey et un prêche. On voit dans de vieux actes (1)
qu'elle possédait le bourg actuel et l'ancienne baronnie de Brécey, et qu'elle y fieffa quelques parties de
terre. Gabriel II, son frère, fit démolir le vieux château de Ducé, sur la rivière de Selune, et construisit
celui qu'on y admire aujourd'hui. Il y fut enterré, comme
le prouve l'épitaphe qu'on lit sur un tombeau, dans les
débris du prêche (2). De Lorge fut encore un des en-

---

(1) Plusieurs habitans du bourg de Brécey en possèdent, et entre
autres M. Lair, armurier.

(2) Voyez cette épitaphe dans les manuscrits de M. Cousin : Memo-
riæ sacrum.

Hic situs est magnus ille comes Gabriel secundus Montgomericus
Gabrielis filius et Jacobi nepos, quem cum audis, virtutem bellicam
animo cogitas. Hic inquam est. Mars ille Gallicus, terror hostium,
amor suorum, patriæ salus, nunquam victus, et quamvis impari
numero semper victor, qui licet multa claris natalibus plura tamen
virtuti debet; hic est. Qui juventutem laboribus, civilem ætatem vic-
toriis senectutem quot morbis, totidem magni animi monumentis il-
lustrem egit. Hujus consilium et mentem Franci omnes, fidem et
animum tres postremi reges, ardorem bellicum hostes Galliæ sunt
experti. Felix qui summam nobilitatem rerum gestarum gloria, honores meritis, famam virtute superavit. Hic tandem relictis magni

fans du célèbre Montgommery ; mais ils n'eurent ni la
puissance , ni les richesses de leur père. Ils perdirent
Tombelaine , et plusieurs de leurs châteaux furent dé-
molis ; ils conservèrent néanmoins celui de Pontorson ,
et firent encore quelques ravages dans l'Avranchin.

Mais les plus grandes entreprises des protestans furent
dirigées contre le Mont St.-Michel. Artur de Cossé, évêque de Coutances, en était à cette époque abbé commendataire. Un moine du Mont St.-Michel, qui, dans ces derniers temps , nous a laissé l'histoire manuscrite de son
monastère , a peint cet évêque sous les plus noires couleurs (1) : d'autres en font l'éloge (2). Voici comment
ce moine le traite :

« Le roi Charles IX ayant taxé le clergé pour sub-
« venir aux frais de la guerre contre les huguenots ,
« notre abbé commendataire chercha les moyens de
« payer la taxe de son abbaye sans toucher à ses reve-
« nus ; et, pour laisser à la postérité un témoignage in-
« signe de sa grande piété, il jeta incontinent sa pen-
« sée sur les saintes reliques et argenterie de la tré-
« sorerie de cette église ; chose qui ne lui était pas
« extraordinaire.... Il amena donc un orfèvre au Mont
« St.-Michel , et fit marché avec lui pour la belle crosse

sanguinis et magnarum virtutum hæredibus nepotibus suis relicta
etiam ne totus obiret generosissima conjuge Susanna de Boucquelot
bene meritam de suis regibus et de patria mentem cœlo reddidit pridie
kal. Aug. anno Domini m. DC. xxxv.

> Hoc Montgomericum sub marmore tenap viator ,
> Si tamen hic virtus tanta latere potest.
> Non una hæc tellus tam grandem continet umbram ,
> Hunc in terde sue Gallia tota gerit.

(1) Manuscrit de Jean Huynes.
(2) Vie des évêques de Coutances , par Toussy , page 335, etc.

« de dix mille écus , donnée par le cardinal d'Estoute-
« ville , d'un grand calice d'or , et d'autres objets de
« grand prix.

« Le prieur claustral, nommé Jean de Grimouville ,
« zélé pour cette abbaye , s'opposa aux intentions de ce
« loup ravissant, sous le nom de pasteur , et s'étant
« joint avec quelques-uns des moines , se prit de paroles
« avec ledit Cossé , et dans la chaleur donna un si grand
« soufflet au vénérable abbé , que le pavé lui en donna
« un autre , ajoutant que le diable emporterait plutôt
« l'abbé , que l'abbé, la crosse ; tellement que tous
« les moines se réunirent avec le prieur, et le pauvre
« Artur tout épouvanté prit la fuite avec son orfèvre ,
« qui , par malheur , avait déjà le calice d'or et autres
« argenteries de grand prix. Ainsi cette imposition de
« main nous a conservé notre crosse , et le reste que
« nous voyons dans la trésorerie. »

Artur porta jusqu'à Rouen sa colère, et obtint du parlement que les moines éloigneraient ce grand prieur
et en éliraient un nouveau, tous les trois ans. Le roi nomma
Jean de Grimouville abbé commendataire de la Luzerne ;
mais les religieux du Mont St.-Michel , au bout de trois
ans , le nommèrent une seconde fois grand prieur ,
et il revint mourir au milieu d'eux.

Artur fut violemment outragé par les protestans. Ils
le prirent et le conduisirent à St.-Lo avec plusieurs chanoines ; ils lui couvrirent la tête d'une mitre de papier,
et ils le promenèrent sur un âne , le visage tourné vers
la queue qu'ils le forçaient de tenir dans ses mains. Il
leur échappa heureusement, déguisé ; et, chassant devant
lui l'âne d'un meunier, il parvint à Granville, qui ap-

partenait aux catholiques (1). Il eut pour successeur dans son abbaye du Mont St.-Michel, le cardinal François de Joyeuse.

Ce fut pendant le gouvernement de ces abbés que les protestans attaquèrent le Mont St.-Michel.

« L'an 1577, continue l'annaliste du Mont St.-Michel, « sur les huit heures du matin, le 22 juillet, entre « dans l'église du Mont St.-Michel une troupe d'environ « vingt-neuf pélerins en apparence, et en effet des hé- « rétiques et ennemis de l'église, envoyés par le sieur « du Touchet, gentilhomme assez huguenot (2), les- « quels, pour n'avoir pas été fouillés assez exactement « à la porte de l'abbaye, entrèrent avec des poignards « et petits pistolets. Après avoir contrefait plusieurs dé- « votions, même fait dire des messes, une partie d'eux « s'assembla devant la porte de l'église, d'autres à la « porte du corps-de-garde, et trois ou quatre descen- « dirent à la porte de la ville, et, l'un d'eux ayant donné le « signal, se saisirent du corps-de-garde du château, « désarmèrent les soldats et en tuèrent un, qui aima « mieux mourir que de rendre l'épée. Ils offensèrent et « blessèrent quelques moines et plusieurs pélerins qui « se rencontrèrent en l'église. »

Un auteur protestant raconte qu'ils tuèrent le prêtre qui leur avait dit la messe (3). Jean Le Mansel, se- crétaire du chapitre et maître des novices, qui a laissé cette histoire par écrit, assure « qu'en cette déroute, « il eut la moitié du col coupé d'un coup de couteau. »

(1) Manuscrit de la bibliothèque royale.
(2) Il était du Teilleul.
(3) La Popelinière.

« Sur ces entrefaites , continue l'annaliste , arrive le
« sieur Touchet avec douze cavaliers au galop , pensant
« surprendre la ville ; mais la porte leur en fut fermée, et
« Dieu permit que le dessein dudit sieur Touchet ne réussît
« pas, lequel s'étant retiré dans un bois à une ou deux
« lieues de ce Mont , d'où il pouvait voir le signal de ses
« gens , arriva un peu trop tard pour jouer son coup , de
« sorte que ces beaux pèlerins déguisés , étant trop tôt
« découverts, n'eurent pas le temps de faire plus grand
« désordre en l'église et autres lieux , selon leur inten-
« tion ; et , dès le même jour , ils se trouvèrent tellement
« hébétés et comme stupides dans les détours de ce
« monastère , qu'ils n'avaient pas eu le loisir de consi-
« dérer que Louis de la Morinière , sieur de Vicques ,
« gentilhomme , enseigne du maréchal de Matignon ,
« paraissant avec peu de gens dedans ce rocher , ils se
« rendirent à la première sommation , et en sorti-
« rent comme ils y étaient entrés, le lendemain à huit
« heures (1). »

Cette action du sieur de Vicques , ou Viques , plut
tellement au roi Henri III , qu'il déposa René de Batar-
nay , chevalier, de la charge de capitaine du Mont , et
substitua ledit sieur de Vicques en sa place , où il se
comporta généreusement jusqu'à sa mort , et fut le
premier qui prit le nom de gouverneur du Mont St.-
Michel.

Le roi Henri III nomma évêque d'Avranches, à la
mort d'Antoine-le-Cirier, son frère Augustin-le-Cirier (2),

(1) Thomas Le Roy raconte aussi le même événement.
(2) Registres du chapitre d'Avranches, cités par M. le d. Cousin.
Voyez ses manuscrits.

conseiller au parlement de Paris, et doyen de l'église cathédrale d'Avranches. Ce prélat établit de beaux réglemens et fit concevoir de grandes espérances; mais une mort prématurée l'enleva à son diocèse à l'âge de 40 ans, en l'année 1580. Son tombeau fut placé au milieu du chœur de sa cathédrale. Il eut pour successeur, en qualité de doyen, Bernard de Juvigny, de l'illustre maison de Juvigny. Louis de Brabant occupait à cette époque la vicomté d'Avranches; Claude Sedille et P. le Got, chanoines (1), furent députés par le chapitre, l'an 1581, pour assister au concile de Rouen. On trouve, l'an 1583, un Guillaume le Got, prêtre, docteur en théologie, chanoine et grand-vicaire d'Avranches, et député par tous les ecclésiastiques de la vicomté pour réformer les coutumes de Normandie. André du Hamel, seigneur de Villechien, fut chargé dans le même but de représenter le duc de Montpensier, comte de Mortain.

Le sieur de Villechien demanda qu'on ajoutât au chapitre du Coutumier intitulé : *De tenure par hommage*, que le vassal, faisant son hommage, devait avoir un genou à terre, la tête nue, sans armes, ni éperons. On décida qu'il ne serait fait aucun changement à l'ancienne coutume.

La même année 1583, Georges de Péricard, scholastique d'Avranches, conseiller du roi au parlement de Normandie, prit possession de l'évêché d'Avranches. Il eut pour successeur son frère François, qui avait été curé de Vessey et doyen de la cathédrale. Le duc de Mercœur nomma encore leur frère Adoart gouverneur de la ville et

(1) Concilia Normanniæ, p 234.

du château d'Avranches. Cette famille était toute dévouée aux Guise et à la Ligue.

La France était alors tout en feu. Calvin y avait allumé la guerre civile, comme Luther l'avait allumée en Allemagne (1). Quand on écrit la vie de nos rois, sans s'occuper de la nation, comme l'ont fait la plupart de nos historiens, on omet les faits qui se sont passés dans chaque province, faits souvent glorieux et toujours intéressans pour la patrie. Aussi ces histoires sont-elles généralement dépourvues de ce caractère national qui plaît et qui attache. Les fautes des chefs de l'état font excuser celles des chefs de parti ; mais lisez les annales de chaque province, et vous connaîtrez tout le mal que les protestans ont fait à la société tout entière, les meurtres, les viols, les ravages, les sacriléges dont ils se sont rendus coupables. Dans le diocèse d'A-vranches, parmi les seigneurs qui se crurent obligés de défendre la religion de leurs pères, les lois fondamentales de la France, l'honneur de leur maison, on compta vingt-sept seigneurs de la Broïse. Ils habitaient à leurs manoirs dans les paroisses de Refuveille, de Mesniltove, de St.-Poix, de Romagny, de Beauficel et de la Chapelle-Urée. Un d'eux était lieutenant-général à Mortain. On vit aussi prendre le même parti René d'Anteville, gen-tilhomme de la chambre du roi, demeurant au Mesnil-thebault, et ses six fils ; Julien Etienne du Bailleul-Gran-din, procureur du roi, et Jean du Bailleul, bailli de Mor-tain, qui avait acheté au prix de 1000 fr. ses titres de no-blesse ; Jean Duhamel, lieutenant-général en la vicomté

(1) Histoire de François Ier., par Gaillard, t. vi, p. 49.

de Mortain, anobli en 1543, résidant à Moulines ; Guillaume Gombert, grand laquais du roi et de feu Henri (il habitait à Notre-Dame de Livoie) ; Gedeon ou Guyon de Vesly, sieur de Beaudenic, morte-paie à Pontorson (il jouissait de son privilége suivant la volonté du roi) ; Pierre Vaultier, avocat du roi à Periez, anobli et condamné à l'indemnité de 13 livres, rachetable au denier quinze, suivant qu'il l'assura au commissaire du roi ; Guillaume de la Chambre, avocat à Mortain (il avait un procès aux aides depuis vingt ans, il était de Mesnilgilbert) ; Jacques Vivien, sieur des Chommes, lieutenant du bailli du Cotentin, demeurant à Notre-Dame-des-Champs; Gilles le Provost, chirurgien et avocat du roi ; François de Juvigny, sieur de la Heaule, receveur de l'arrière-ban du bailliage de Mortain, demeurant aux Loges-sur-Brécey ; Jacques Cochart, maître des eaux et forêts du comté de Mortain (il était né à la Cochardière au Teilleul) ; Bertrand de Clinchamps, sieur de la Pigacière ; François et Jacques frères, mineurs, étudiant à Paris ; François Thebault, vicomte de Mortain, sieur de Mesley ; Jean Dubois, sieur de la Fresnaye, commandant à Avranches, et Pierre de Campront, avocat du roi en cette ville ; Raveu de Campront, sieur d'Aubroche, seigneur de St.-Benoît, dont le fils fut tué, l'an 1590, dans la maison du Cheval-Noir à Avranches.

Tous ces seigneurs étaient distingués par les places honorables qu'ils occupaient. Le commissaire du roi, envoyé en ces temps dans le diocèse d'Avranches, en trouva une multitude d'autres, illustres par leur naissance, leur courage et leur attachement à la religion (1) :

_____

(1) Manuscrit de M. de Guiton, sur la noblesse de la Normandie.

Jacques Errault ; Charles Mahé, sieur de Moulines ;
François Hervé ; Julien et Jean de Juvigny, seigneurs
de St.-Nicolas-des-Bois, de la Panti et de St.-Barthelemy ;
Jacques de la Hache, sieur de Magny, demeurant à
Refuveille ; les seigneurs le Breton de la Trinité, de St.-
Quentin et de Periez ; Jean Galloin, sieur du Mesniltove et de Coulouvray ; Ambroise Cheval, sieur de
Loiselière, demeurant à Juvigny ; les seigneurs Payen
des Chéris, de Chalendrey et des Pas ; Christophe Gue-
roult, sieur du Chesnay, résidant au Mesnilrainfray,
et ses fils ; les seigneurs de Vauborel de St.-Symphorien,
Chalendrey et de la Panti ; ceux de Billeheust, demeurant à St.-Poix et ailleurs ; Jacques de Bordes, seigneur
de Marcilly ; Etienne Couvey, sieur de la Touche ;
Nicolas Juhé du Teilleul ; Ambroise de Goué du Mesnilbœuf ; Hilaire Mallet, sieur de Heussey, résidant
à St.-Jean du Corail ; les seigneurs de la Touche à Ferrières, où leurs descendans résident encore aujour-
d'hui ; ceux de la Houssaye de Sourdeval, de Montigny
et de St.-Barthelemy ; Etienne de Sirieul, sieur de la
Cauchardière, résidant à Romagny ; les seigneurs d'I-
signy de Cresnay ; Jacques Parrain de Chalendrey ; Jacques de la Lande, seigneur de St.-Jean du Corail ; les seigneurs Le Marchand du Grippon et de Chavoy ; Gilles
Mallet du Neufbourg ; les sieurs Piton de Notre-Dame-
des-Champs, de Bacilly et des Chambres ; Pierre le Prevost, sieur de Vitel, à St.-Georges, et son frère Pierre
de la Trinité ; treize seigneurs de Poilvilain, seigneurs du
Mesniladelée et de la Rochelle ; un autre demeurant au
Bois-Misoir, à Lolif ; Jacques de Beauvois de Lolif ; six
seigneurs Le Roy de Macey ; un septième au manoir de

Tanis, et un autre au Desert aux Pas; André de Fontenay;
les seigneurs Martin de Lolif; Julien de Gouvets, sieur
de Vernix; Jacques de la Villette, sieur du Bouravenel,
à St.-Martin de Landelles; François et Jean Morin de
Vains; Julien de St.-Manvieu, sieur de St.-Jean du
Corail; les seigneurs du Buat; ceux de la Hache de Boucey et de Curey; ceux de Pontavice de St.-Laurent-Terre-
gâte; les seigneurs Le Mercier de St.-Saturnin et de Bacilly; Antoine de Mathan, sieur de Vains, et ses six
enfans; François de la Ferrière de Poilley, et Claude de
la Ferrière, sieur du Mesnilthebault; Pierre de Martigny de Curey; Jean Collardin de la Trinité; Jacques et
Jean Gascoing de Dragey; Gilles le Doucet, sieur de
Launet, à Rothon; Guillaume de Luisière de Bion; Char-
les-le-Forestier, sieur de la Torterie, habitant de Marcey; Jean d'Argennes, sieur de la Champagne, demeurant à Plomb, et un autre sieur de Crespon, à Juilley;
Bonne d'Aurai, baron de St.-Poix, et ses six fils; Jean Cochard, sieur de la Picaudière, à Husson; les seigneurs Le
Choisne de Cherencey-le-Roussel, de la chapelle Cécelin,
des Loges-sur-Brécey et de Ger; Mathurin de la Bizaye
de St.-Brice-de-Landelles; Thomas Poret, sieur du
Fresne; Jacques Reillet, sieur du Gault, à Sacey; Gilles
de Bavari, sieur d'Asnières, au Mesnilthebault; Jacques
Brouault, sieur d'Angey, et un autre résidant à Sartilly; Charles Morin de St.-Médart du Grand-Celland;
Allain Gauquelin, sieur de la Fouquère de St.-Ouen-
de-Celland; Pierre Richer, sieur du Voulge de Chavoy,
et un autre à Juvigny; Quentin-le-Grand, sieur de Lo-
rient de Précey, et ses trois fils; Julien-le-Rogeron, sieur
de Preaux, près St.-James; François de la Bellière et son

frère Pierre, seigneurs de St.-Pierre Langer et de Brécey ; les seigneurs de la Binolaye de St.-James ; Jean
Gautier de Boisyvon ; Gilles de Lezeaux de St.-Pierre-
Langer ; Jacques-le-Breton , sieur de la Motte du Mesnilgilbert ; Jean de Magney, au Mesniltove, et un autre de
ce nom , à St.-Pierre de Cresnay , et Jacques Gosselin ,
sieur de Martigny.

Voici d'autres hommes illustres du pays d'Avranches :
d'abord Jacques et Pierre Brossard (ils demeuraient à
Bion et exerçaient la verrerie ; on voulut leur faire partager les charges du Tiers-État ; mais ils montrèrent des priviléges que leur avaient accordés les rois de France, Charles VII, Louis XI, François Iᵉʳ., Charles IX et Henri III ;
ces titres avaient été vérifiés au parlement de Grenoble) ;
ensuite un seigneur de Lorraine, qui était venu s'établir
à Chalendrey (il se nommait Philippe de Tounnetot) ; Gilles
Fortin, sieur de Beaupré, qui fut anobli en 1592, avec indemnité de 33 l. , pour être converties en rente , au profit
de la paroisse de St.-Denis de Cuves ; Jean Dumesnil ,
sieur de la Gondinière , fils d'Olivier , lequel était fils de
François, anobli en 1544, avec indemnité de 4 l. de rente
en faveur de la paroisse d'Isigny (ce seigneur demeurait
à Montigny) ; François Marette , sieur des Monts, demeurant à Avranches , anobli en 1595 , à la charge de
10 l. de rente , rachetable pour 100 l. , aux paroissiens
de Notre-Dame-des-Champs ; Antoine de Charnace et
Jean son frère, qui étaient en procès aux Aides contre les
paroissiens de Macey et de Boucey (en attendant la fin de
leur différend, ils étaient obligés de contribuer aux charges de l'État ; l'un fournissait 5 l. pour deux ans consécutifs,
et l'autre 10 l.) ; Guillaume de la Hautonnière, sieur de l'Es-

tang et des quatre Masures ; Jean et Olivier Hullin, anoblis
en 1597, avec charge de 100 l. pour la paroisse de
Notre-Dame-des-Champs; Jacques Ernault, sieur de Chantore, anobli en 1579, et Jacques, dit Duplessis, en 1567 ;
Jean Giroult, en 1576, condamné à l'indemnité de 100 l.
(celui-ci résidait à Rothon); Blaise Desmier de Villebois
(il était natif d'Angoulême, et était venu se fixer à St.-
Aubin-Terregâte; on voulut l'obliger de payer la taille,
mais Montgommery obtint pour lui le délai de trois mois,
et il fit vérifier ses titres); un autre seigneur venu du
Maine, nommé René du Fresne, qui s'était fixé aux
Loges; Pierre de St.-Pair, sieur du Plessis, qui
habitait à St.-Brice de Landelles ; quatre mineurs du
nom de Lancesseur, fils de Jean, sieur de la Polinière,
à Bacilly, qui, par un arrêt des francs-fiefs à Rouen,
du 3 octobre 1577, jouit des priviléges de la noblesse ;
François Gaudin, sieur de la Godefroy, qui fut anobli par Charte, en 1587, à la charge de 100 l. ; Guillaume, Jean et Nicolas de Cantilly, trois frères, demeurant à Dragey (ils étaient, ainsi que Gilles Fremin et
ses cousins qui résidaient à Mortain, en procès aux
Aides pour leur qualité); Christophe Dodeman, peintre
et vitrier à Avranches, qui justifia d'un *vidimus* et accord fait avec quelques paroissiens, qui consentaient
qu'un nommé Le Roux, de cette qualité à Coutances,
demeurât exempt de la taille ; Julien Pocras, sieur
de Marigny, qui ne justifia point de sa noblesse,
quand Roissi, commissaire du roi, parut chez lui ;
les trois frères Davy de St.-Senier de Beuvron, qui
présentèrent des titres assez valables, mais en produisi-
rent deux qui étaient clairement falsifiés ; on y lisait

Devin pour Davy en plusieurs endroits ; un autre Davy de
Vezins, qui ne justifia pas non plus suffisamment, n'ayant
que des copies pour l'un des degrés ; un autre Davy,
sieur du Perray, qui résidait aux Biards, et prouva sa
qualité par un arrêt de 1570 ; Jean Hullin, sieur du
Neufbourg ; Jean Auvray, sieur de Beaurepaire ; Louis
Arnault, sieur de Chantore, qui furent anoblis en 1595 ;
et Billard, sieur de Champeaux ; Morel, sieur de la Trinité ; Auvray, sieur des Adrients ; Guichard, sieur du Mou-
linet et de Villiez, qui, plus tard, furent anoblis dans
leurs descendans (1).

On vit aussi les illustres rejetons des anciens héros des
conquêtes de l'Angleterre et de la Palestine, conserver
la foi de leurs pères et leur gloire sans tache : Jean Avenel, sieur de Chalendrey ; Thomas Avenel, sieur de la Cocherie, à la Panti (il demeurait à Mortain avec ses
deux fils) ; Julien Avenel, fils de Jean, sieur de la Touche
(il habitait à Fontenay-le-Husson avec Gilles son frère) ;
enfin Charles Avenel, sieur d'Avalis, résidant au Mesnilthébault, avec Claude et René ses frères ; Georges de
Taillefer, sieur du Plantis, dans la paroisse des Chéris ;
Nicolas de Taillefer, fils d'Antoine, sieur de la Lande,
résidant à St.-Laurent-Terregate, avec Yves et Thomas,
ses fils ; Georges, frère de Nicolas, sieur du Plantis,
qui avait quatre fils, Louis, Jean, Jacques et Quentin, tous dignes du nom qu'ils portaient ; Antoine Regnault et Jacques son frère, qui résidaient à Vains ; les
seigneurs de Rommilly, de St.-Clément, de Landelles, de
la Mancellière et de Montjoie (un autre résidait à la Cha-

_____

(1) Chamillard.

pelle-Hamelin, dont il était seigneur); Gilles et Jean de
St.-Germain, seigneurs de Parigny et de Fontenay; Philippe Ferrey (le seigneur de St.-Maur était alors Richard du Mesniladelée); dix seigneurs de Boisyvon, qui
habitaient à Bacilly, à Angey et à Juilley; Jacques de
Boisyvon, sieur de la Chapelle, ci-devant conseiller du
roi au parlement de Rouen (il avait pour fils Jacques
de Boisyvon, vicomte de Bayeux); un autre Samson de
Boisyvon, seigneur du lieu; les seigneurs de Guiton, de
Carnet, de Montanel et de St.-James; ceux de la Paluelle,
résidant à Sacey et à St.-James; ceux de la Cervelle, de
Villiers et d'Aucey; Jean de Verdun, sieur de Dorière,
à St.-Laurent-Terregâte, et de Barenton; Julien de
Verdun, sieur de Ferrières; Nicolas de Verdun, sieur
de la Crenne, qui habitait à Aucey; son neveu, qui
demeurait à Margotin; enfin Jacques Douessey, sieur
du Bois de Selune, qui demeurait à St.-Brice-de-Lan-
delles.

Tous ces seigneurs coalisés repoussèrent les protestans; néanmoins ils ne pouvaient encore empêcher que
leur habitation ne devînt la proie des flammes. Montgommery, un jour, à deux heures du matin, accompagné du
sieur de la Ravardière son beau-frère, et de soixante hommes d'armes, se présenta devant le vieux château du sieur
Despreaux, près de St.-James, en rompit les portes à
coups de pétards, fit prisonnier le sieur Despreaux et
l'emmena à Pontorson. Il fallait autrefois des armées et
des années entières pour détruire ces forteresses (1).

René de Vanbest, sieur de Fleurimont, fut dans ce

_____

(1) Chartrier de M. de Guiton.

temps établi gouverneur de Pontorson, et en fit réparer
toutes les brèches. Pendant son gouvernement, le prince
de Condé, qui s'était mis à la tête des protestans, ayant
pris la résolution de passer en Angleterre, vint en 1585
en chercher les moyens dans l'Avranchin, avec trois de
ses compagnons ; il arrivait du Maine. Il trouva durant cinq jours un asile au manoir de Jautée, dans la
paroisse d'Argouges, chez Jacquemine de la Haie, veuve
de Gilles Guiton. Voici comment la dame de ce château
a raconté l'arrivée de ce prince :

« Le 18°. jour de novembre 1585 a heure de nonne
« arriverent soubdainement en ce manoir quatre che-
« vaucheurs conduis par un pauvre charbonnier de la
« forest de Foulgeres bien que patis de froid et fatigue
« prime que descendre lun deux voulut parler a moi et
« vint dreit a ma chambre ou de prime face me dis estes
« vous Jacquemine de la Haye je respondis que ouy et lui
« me dis je suis le prince de Conde qui vient vous deman-
« der azile toute esbahye je repartis ah mon dieu que
« est donc advenu je vous raconteray tantost puis me
« dit allez commander a vos gens tenir secrette cette nos-
« tre venue et prendre soin de mes compaignons ce que
« feis incontinent puis pensent que jestois veufve et voyant
« mon aisne fils qui tout estonne entroit au logis je le prins
« et conduisis en la chambre ou lui dis veicy monsieur le
« prince de Condé qui vous demande azile bien quesbahy
« de tout ce cas incontinent se meit a genoux baisa la
« main dudit seigneur jurant par son serment le vouloir
« garder servir et deffendre envers et contre tous et loyau-
« ment le feit car a bien le noble cœur de son pauvre pere

« des sieurs Claude de la Tremoille et Davantigny et un
« varlet seulement qui aussi estoient au logis entrerent les
« deux en la compaignie et avoient le rhume si dur qua
« peine sentendoient parler ja estoit en pourpoint ledit
« seigneur mon Jehannot entre ses genoux gaussent mon
« fils Louis qui par respect ne se vouloit seoir allors que
« furent repus se mint ce bon seigneur en mont lit et ses
« deux nobles compaignons en la grand sale et ainsi sy
« feit cinq jours durant faisant bon guet tant de jour que
« de nuit et non sans grand travail desprit et grandes pen-
« sees car nos gens estant sept il nest possible quon se
« sceust si bien donner garde que lun ou lautre ne die quel-
« que parole mais Dieu aida et cependant vindrent lettres
« du comte de Montgommery contenant comme y auroit
« lopportunité dune nefe a Cheruel lez Cancale pour pas-
« ser a Grenezay et la nuit suivante arriva messire Jacques
« de Montgommery sieur de Corboson avec quelques
« dix hommes gens de main et ensuite les sieurs de Cler-
« mont et de Bussac qui loges estoient au chastel de Sacey
« courant le pays pour prendre langue et tous feirent leur
« partement a laube du jour accompaignez de mon fils
« Louis Guiton sieur de Jautee mes nepveux Jehan et
« Thomas Guiton sieurs de la Villeberge et de Carnet
« Jacques de Clinchamps sieur de la Pigaciere François
« de Verdun sieur du Margottin et Gabriel de la Cervelle
« sieur dAuxey tous montes a cheval a cette noble occasion
« et sy passa la riviere de Coesnon au Guez perou sous la
« moustache du sieur de Fleurimont capitaine de Pontor-
« son qui pour avoir a femme Diane de Cossey est bien
« avant dans la Ligue enfin a 11 heures arriverent bagues

« sauves audit lieu de lembarcation laquelle sy feit par
« bon temps et prime que dentrer, dans le bastel nostre
« gentil prince feis tous remercimens a la noble compai-
« gnie puis embrassent mon fils Louis lui commanda faire
« de meme a la bonne maman car ainsi me souloit ho-
« norer et pour dernière fin tous firent retour a sauvete et
« grand contentement (1). »

Les seigneurs de l'Avranchin respectèrent ainsi leur
prince, quelle que fût sa manière de penser ; ils exposaient
même ainsi leur vie pour sauver la sienne. Montgommery,
sieur de Corboson, était protestant. Après avoir procuré
cette retraite à son chef, il continua sa tyrannie dans le
pays ; il parvint même à s'emparer de Pontorson.

« De Lorges, assisté de Corboson et de la Coudraye
« assez huguenots, dit l'annaliste du Mont St.-Michel,
« l'an 1589, peu après le décès de Henri III, surprirent
« la ville du Mont St.-Michel, qui tenait pour la Ligue, et
« y firent de grandes ravages pendant quatre jours qu'ils
« en furent maîtres ; mais le sieur de Vicques, qui pour
« lors était absent, ayant appris cela, accourut en toute
« diligence, et, étant entré dans la place par des voies
« inconnues aux ennemis, donna une telle épouvante à
« ces nouveaux hôtes qu'ils furent contraints de déloger
« sur l'heure sans résistance, ce qui fut tenu pour mi-
« raculeux.

« Enfin, l'an 1590, notre bon et pieux gouverneur étant
« au siège de Pontorson, que le duc de Mercœur, chef de
« la Ligue en Bretagne, prince de la maison de Lor-
« raine, tenait assiégé, fut tué le 14 décembre, combat-
« tant pour la cause de l'église de Dieu. »

(1) Chartrier de M. de Guiton.

Le gouverneur était de St.-Quentin, dans le diocèse d'Avranches, et y laissa cinq enfans, qui suivirent l'exemple de leur père. Ils habitaient le château de l'Ile-Manière, sur la Selune.

Le duc de Mercœur, l'an 1591, lui donna pour successeur dans son gouvernement du Mont St.-Michel, le sieur de Boissusé (il s'appelait Jacques de Louvat, sieur de Boissusé). Il signala son entrée en cette charge, continue l'annaliste, « par une défaite singulière des huguenots, « qui dressaient tous les jours des embuscades et inven- « taient de nouveaux stratagèmes pour envahir ce Mont. « Ceux de ce lieu qui tombaient entre leurs mains, « étaient sur-le-champ mis à mort, ou réservés pour le « gibet. Un jour, ayant pris un des soldats de la garnison, « et lui ayant mis le couteau à la gorge, ils lui dirent « que, s'il voulait sauver sa vie, il promît de leur livrer « cette abbaye, et que de plus ils lui donneraient bonne « somme d'argent. Ce pauvre homme, se voyant si pro- « che de la mort, accepta l'offre et toucha 200 écus; « puis ils convinrent des moyens de mettre sa promesse « en exécution, qui fut qu'ils se trouvassent au pied des « bâtimens, et que, s'arrêtant en cet endroit, il les entre- « trerait dans les basses salles par le moyen de la ma- « chine qui sert à monter l'eau et les provisions dans la « place. C'en était fait du monastère, si le soldat ne s'é- « tait repenti de sa trahison. Il alla découvrir au gouver- « neur tout ce qui s'était passé, lequel, après lui avoir « pardonné sa faute, lui commanda d'exécuter ce qu'il « avait promis; et lui dit sieur gouverneur avec ses autres « soldats se résolut de passer au fil de l'épée tous ces « ennemis par une contre-trahison. Leurs chefs étaient

« les sieurs de Sourdeval, de Chaseguey et Gabriel de
« Montgommery. Le temps semblait favoriser leur dessein;
« l'air était si chargé de vapeurs et d'épais brouillards
« qu'ils arrivèrent sur ce rocher sans être aperçus de
« personne. Alors le soldat, leur donnant bonne espé-
« rance, se mit à entrer les ennemis l'un après l'autre,
« et, à mesure qu'ils montaient, ils étaient reçus à bras
« ouverts de deux autres soldats du château, qui se di-
« saient être de leur parti et de même intelligence que le
« premier. Ils les conduisaient ainsi un à un par-dedans la
« grande salle qui est au-dessous du réfectoire, où, pour
« mieux jouer leur rôle, leur faisaient boire un coup de
« vin, pour (ce disaient-ils) avoir meilleur courage à
« tuer les moines; puis les faisaient entrer au corps-de-
« garde où on leur perçait le corps d'un coup de halle-
« barde, et ils en mirent ainsi à mort jusqu'au nombre
« de quatre-vingt-dix-huit, dont quarante-deux de Pon-
« torson. Les chefs susdits, s'étonnant qu'un si grand
« nombre de soldats, tous gens d'élite, dans un si petit
« lieu, ne fissent aucun bruit, commencèrent à douter
« du succès de leur entreprise, et demandèrent que, si
« tout allait bien, on leur jetât un moine par les fenêtres.
« Les soldats de la garnison convertirent incontinent un
« prisonnier de guerre qu'ils avaient, en moine. Ils lui
« donnèrent un vieil habit, un froc, et lui ayant donné
« d'une épée au travers du corps, le jetèrent sur le ro-
« cher; mais, doutant encore de l'affaire, Montgommery
« voulut savoir la vérité avant que de se hasarder; car
« il devait monter ensuite. Il fit monter son page en qui
« il avait toute confiance, lequel, ne voyant personne
« des siens, s'écria : Trahison! trahison! et se laissa tom-

« ber à terre ; de quoi les ennemis, prenant l'épouvante,
« descendirent au plus vite du rocher, pendant que ceux
« d'en haut firent une décharge de pierres et d'armes à feu,
« sur eux, dont quelques-uns furent trouvés morts sur les
« grèves ». On voit encore, du côté du Nord, cette ouverture en forme de trappe, par où les religieux alors faisaient entrer quelques provisions ; elle s'appelle encore la porte de Montgommery.

Peu de temps après, le sieur de Montgommery mit le feu au château de Pontorson, que les ligueurs avaient repris. Dans le château de Ducey, qu'il fit bâtir, on voit, sur la cheminée du salon, un tableau représentant Montgommery, l'épée à la main, regardant le château de Pontorson, auquel il vient de mettre le feu, avec cette inscription : *Morte non Fortuna*. On montre également dans ce même château le bouclier et l'épée de ce seigneur.

La même année 1591, le duc de Montpensier, comte de Mortain, assiégea la ville d'Avranches pour la soumettre à Henri IV. Pendant soixante jours elle fut battue par l'artillerie ; la cathédrale en souffrit beaucoup ; le palais épiscopal fut ébranlé ; des pans de muraille tombèrent avec fracas. La brèche était large et ouverte du côté de la plate-forme ; les ennemis y montèrent, le gouverneur y fut tué ; son frère, évêque d'Avranches, y soutint long-temps les efforts des assiégeans, et il y fit des prodiges de valeur. Ainsi le rapporte un manuscrit de ce temps (1).

L'année suivante, la forteresse de Tombelaine se soumit au roi Henri par capitulation. Le vicomte de Vire et

_____
(1) Voyez les manuscrits de J. Cousin.

le seigneur du Grippon se noyèrent le même jour en venant à terre ; mais le Mont St.-Michel résista et tint constamment pour le parti de la Ligue.

Cette même année 1592, le gouverneur Boissusé fut remplacé par l'ordre du duc de Mercœur. Il paraît que les religieux avaient fait des plaintes de son administration. Le sieur de la Chesnaye-Vaulouvel, gouverneur de Fougères, fut élu en sa place. Ce gentilhomme breton fut gouverneur des villes et des châteaux du Mont St.-Michel et de Fougères, jusqu'en l'an 1595, époque de sa mort (1).

Boissusé, irrité contre les religieux du Mont St.-Michel, se jeta dans le parti des protestans, et chercha tous les moyens de se venger.

Cependant le roi Henri, voyant son royaume ravagé par la guerre civile, prit le parti de se rapprocher des catholiques. L'évêque d'Avranches fut délégué avec d'autres grands du royaume pour assister à l'assemblée de Surène, et Jean Guiton, en qualité de député de cet évêché, assista à l'absoute du roi. Il était fils de Raoulland, seigneur de Carnet, et de Charlotte de Roncherolles. Il naquit au château des Guiton, proche St.-James, et fut archidiacre et chanoine de l'église cathédrale d'Avranches. Thomas Guiton, son neveu, avait épousé Beatrix de Rommilly, veuve de Jacques Budes, seigneur du Hirel, et mère de dix enfans. Elle devint enceinte ; mais on accusa ses enfans et l'intendant de la maison de leur père d'avoir fait périr le fruit de ses entrailles, et d'avoir fait perdre à leur beau-père la faculté d'engendrer. Quelques jours après, le cadavre de cet intendant fut retiré de la ri-

(1) Chartrier de M. de Guiton,

vière de Dierge , où il fut trouvé lié dans un sac de toile. Plusieurs meurtres se succédèrent , et, malgré l'intervention épiscopale et celle du prince , trois Budes périrent , et les Guiton de Carnet et de la Rousselière tombèrent en quenouille (1) , dans les maisons de Mathan et de Chantore.

Jean Guiton arriva à St.-Denis le 25 juillet 1593, et se présenta devant le roi : « Mons l'archidiacre , lui dit « le bon Henri , en lui touchant le bras , je scais que « vous estes des nostres (2). »

De retour à Avranches, il monta en chaire et commença son sermon par ces paroles : « Nominatus est usquè « ad extrema terræ : son nom est rendu célèbre jus- « qu'aux extrémités du monde ; » et il ramena le peuple à son roi.

Dans sa vieillesse, il se retira dans la paroisse de Carnet, dont il s'était réservé la cure. Il fit reconstruire le chœur de cette église, et il y fut inhumé au pied du maître-autel le 6 mars 1604 , étant désigné pour l'épiscopat. Sur le chapiteau de la porte du chœur , on lit encore :

C'est Jean Guiton seigneur de Carnet...
Et curé dudit lieu qui m'a fait (3 .

L'évêque d'Avranches destina alors son neveu à lui succéder dans son évéché; il se nommait Henri Boivin.

(1) Chartrier du château de Saray.

(2) Mémoires de l'Etoile , t. 10°., page 593 , et récit des choses curieuses advenues à St.-Denis , etc.. p. 10°.

(3) Il ne put être évêque d'Avranches, parce que François de Pericard en fut évêque un demi-siècle.

Il était fils de Jean Boivin, conseiller au parlement de Rouen.

L'an 1594, le 27 janvier, à une heure après minuit, les protestans, qui vivaient de rapine dans le diocèse d'Avranches et ne reconnaissaient aucune autorité, réussirent à trouver une issue pour s'introduire dans le Mont St.-Michel. Ils attachèrent un pétard à la fenêtre d'une auberge, et par ce moyen ayant fait brèche, ils entrèrent dans la ville au nombre de quinze ; mais ils furent vigoureusement repoussés, et leur chef, nommé le capitaine de Courtils, demeura sur la place d'un coup d'arquebuse qui lui traversa les jambes.

Les protestans de Pontorson coururent cette même année piller l'abbaye de la Luserne. René Jourdain avait succédé à Jean de Grimouville. Quoique abbé commendataire, il s'était montré le père du monastère, avait fait rentrer les fonds, les rentes et les revenus qui étaient aliénés. Les calvinistes ruinèrent tout de fond en comble, et renfermèrent dans un cachot l'abbé qui, ayant la goutte, ne put s'enfuir avec ses religieux. On parvint néanmoins à le tirer de leurs mains et à le transporter à la Rochelle, où il mourut. Ses religieux élurent Pierre Morillant, pour les conduire dans ce temps de calamité, qui éteignit la ferveur dans les monastères.

Dans l'abbaye Blanche, il ne resta que deux religieuses sous Jacqueline du Saussay. Elle fit venir sa nièce Isabelle du Saussay, fille du baron de Clais, pour avoir soin de sa vieillesse. Françoise de Baise fut envoyée ensuite de Villers-Canivet pour rétablir ce couvent ; mais cette gloire était réservée à Isabelle du Saussay, qu'elle fit élire, et qui augmenta les biens du monastère ; elle reçut plusieurs religieuses et fit régner la plus grande ferveur.

Les calvinistes continuèrent leurs ravages, l'an 1595. Jacques de Louvat, sieur de Boissusé, s'était mis à leur tête ; ils se rendirent en silence au pied du Mont St.-Michel, surprirent la garde, à portes ouvrantes, et s'emparèrent de la ville. Boissusé y mit tout à feu et à sang, et n'y laissa guère que des masures et des cadavres. Il en eût fait tout autant à l'abbaye ; mais il ne put y entrer, et fut chassé par l'artillerie.

Il y eut encore, l'an 1596, une attaque contre le Mont St.-Michel, de la part du marquis de Belle-Isle. Ce ligueur, gouverneur de la ville et du château de Fougères, vint avec ses capitaines au Ferré, proche St.-James, trouver les sieurs de Canisy, de la Fresnaye, et plusieurs autres seigneurs, pour prolonger la trève entre eux ; ce qu'il ne put obtenir. C'était le jeudi 11 janvier 1596 (1).

Il entreprit alors de s'emparer du Mont St.-Michel ; c'était le sieur Latouche de Kerolent, gentilhomme breton, qui en était gouverneur ; il fit sa soumission à Henri IV, et conserva sa place. Belle-Isle se rendit au Mont St.-Michel accompagné de cinq cents hommes, selon Davila ; mais il est probable qu'une partie de sa troupe resta en embuscade dans les bois voisins. Il monta au château. Arrivé à la dernière porte qu'on lui entr'ouvre, il prétend y introduire avec lui sa suite, et aller saluer le gouverneur Latouche de Kerolent, son ami. On lui fait résistance ; alors, disant qu'on lui manque de respect, il tire son épée, tue le sergent et le caporal de la

(1) Chartrier de M. de Guiton.

garde, force le poste et pénètre avec sa troupe au milieu de l'abbaye. Tout ce qu'il y avait de soldats et de domestiques au dedans, se réunit au gouverneur ; on se bat à toute outrance de place en place ; les religieux mêmes se jettent dans la mêlée et combattent avec courage. Le valet de chambre du gouverneur tue d'un coup de pistolet le marquis de Belle-Isle. L'ennemi perd encore un capitaine nommé Villebasse, fils du sieur de la Balue. Alors, sans chef, il n'oppose plus qu'une faible résistance, et s'enfuit bientôt en désordre. Dans ce combat, Henri de Latouche, frère du gouverneur, perdit aussi la vie. Cette attaque eut lieu le 23 mai 1596 (1).

On montre encore aujourd'hui la place où succomba le marquis de Belle-Isle, et la croisée par laquelle il fut tué (2).

« C'est ainsi que ce Mont, vénérable à toute la terre, « semblait destiné à résister à toutes les forces humaines, « et à prouver la puissance du bras céleste qui l'a tou- « jours protégé. »

L'inventaire des titres et chartres de l'église paroissiale du Mont St.-Michel porte une grande quantité de fondations faites à cette époque à cette église :

(1) Chartrier de M. de Guiton ; manuscrit de Jean Huynes ; manuscrit du d. Cousin, etc.

(2) Le marquis de Belle-Isle se nommait Charles de Gondi : il était fils du maréchal de Rets, venu en France avec Catherine de Médicis ; sa famille existe toujours à Florence. Ce marquis de Belle-Isle avait épousé Antoinette d'Orléans, fille du duc de Longueville ; sa vertu égalait sa beauté. Un soldat qu'elle avait employé à venger la mort de son époux ayant été pendu, sans qu'elle pût obtenir sa grâce, elle se dégoûta du monde et prit le voile dans le couvent des Feuillantines de Toulouse, en 1599 ; elle fut ensuite religieuse et coadjutrice de l'abbaye de Fontevrault. Elle quitta cet ordre pour fonder la congrégation du Calvaire, et mourut en 1618 en odeur de sainteté. (Ces Gondi étaient établis à Montmirel, en Brie.)

« M°. Nicolle du Fresne p^bre. dudit lieu donne dix
« livres de rente a leglise de St. Pierre du Mont St. Mi-
« chel a charge le premier lundi de la passion une grande
« messe et le dix°. jour de decembre tel et pareil service
« avec vepres des trespasses soit les dicts jours ou leur
« soirs precedents aux charges cy apres scavoir est que
« sera paye au cure du dit lieu ou a son vicquaire qui
« celebrera la grande messe quatre sols aux ministres
« chacun douze deniers au M°. descolle qui chantera et
« assistera aux dictes messes par chacun des dicts ser-
« vices vingt deniers aux clercs vingt deniers pour son-
« ner les cloches deux sols la somme de trois sols qui
« seront a chacun des dicts services distribuee a douze
« paouvres en memoire des douze apostres de Jesus
« Crist......... Et sera dits deux services les deux grandes
« messes de *Requiem* et les deux basses messes du pre-
« mier service *Lune de nomine Jesu* et lautre *De quin-*
« *que plagiis cresti* et au second service *Lune de Angelis*
« et lautre de Nostre Dame de pitié......... *Item* sera
« paye au M°. descolle et clercs qui assistera chaque
« jour au soir pour chanter le *Salve Regina* avec son
« verset *de Virgo dj De profundis* et les oraisons ac-
« coutumees et pour lentretenement de ce par chacun
« an trente sols qui est pour le dict M°. descolle quinze
« sols et aux clercs quinze sols sur luy.... 1576. »

Un autre prêtre de la paroisse du Mont-St.-Michel,
nommé Julien de Cambray, fit encore une autre fondation où on lit : « aux festes de Noel Pasques lAsention la
« Pentecoste et du St. Sacrement aux prosnes des grandes
« messes de chacunne des dites festes a perpetuite
« soit faicte recommandation et prierres par le cure ou

« celuy qui dira icelles messes pour lame du dict deffunct
« et de ses amis vivants et trespasses admonestant les
« assistants de dire une fois *Pater noster et Ave Maria*
« a l'intention du dict deffunct..... l'an 1562. »

Nicolas Bernier, sieur de la Lande, sergent-major du
Mont St.-Michel, donna vingt sous pour celui qui sonne-
rait pendant les brouillards. Il fit encore une autre fondation pour « estre recommandé aux prierres des assis-
« tants d'un *Pater et Ave* a genoux pour le repos de son
« ame. »

Il voulut également que tous les ans on donnât « traize
« sols a traize pauvres qui assisteront avec leur chapelet
« pour prier Dieu pour lui à son service religieux an-
« nuel... l'an 1650. »

Un autre prêtre, nommé François Petit, curé de ce
Mont, donna, dans son testament, « un sold pour une
« prierre de *Pater et Ave* qui se fera lorsque les pres-
« tres commenceront la procession du St. Sacrement.....

Une femme, nommée Catherine-le-Guey, donna dix
sous de rente annuelle « pour la personne qui sera com-
« mise par les dicts bourgeoys a sonner lune des cloches
« affin dadvertir et donner adresse aux personnes qui
« seroyent an peril dans les greves pendant les frimats et
« brouillards..... »

Remond de Hermanville, écuyer, sieur de St.-Pierre,
qui mourut l'an 1617, le 25 juin, comme on le lit sur
son tombeau, dans l'église paroissiale du Mont St.-Mi-
chel, voulut qu'on célébrât pour lui, tous les ans, dans
cette église, « trois messes a notte... au jour de son de-
« ceds le jour et fest des sept dormants et jour St.-
« Remy....... *Item* les dicts bourgeoys seront tenus faire

« dire et chanter quattre *liberats* avec leurs versets or-
« dinaires au retour de la procession sur sa sepulture
« quil desire estre soubs le crucifix..... Y aura deux
« torses allumees tenues par deux escolliers avec leurs
« surplix..... *Item* seront tenus les dicts bourgeoys
« faire chanter a perpetuité tous les dimanches de ca-
« resme par deux escolliers avec leurs surplix *Domine*
« *non secundum* devant le St. Sacrement de la grande
« messe deux torses allumees.... ».

Frère Guillaume du Chesnay, prieur claustral de l'abbaye du Mont St.-Michel, voulut aussi qu'on l'enterrât
dans l'église de St.-Pierre du Mont, et qu'il y fût célébré
à son intention « une messe haulte a notte un libera a
« la fin dicelle laquelle sera dict et celebree en la cha-
« pelle en laquelle sera sa sepulture apres son deceds
« qui sera le jour des Rameaux que la procession
« de la dicte eglise St. Pierre monte en ycelle abbaye
« mesme deux autres pareils services les jours de lA-
« santion et asparition St. Michel que la dicte proces-
« sion monte aussi en la dicte abbaye....... *Item* sera
« payé vingt sols au religieux predicateur qui preschera
« le caresme chaque an parce quil sera tenu faire faire
« une prierre au peuple a la fin de son sermon a lin-
« tention du donateur le dict jour et feste des Rameaux
« et mesme dire et celebrer la messe ycelui jour.... ».

Une dame, nommée Judith du Fresne, voulut aussi
faire ses offrandes à St.-Pierre du Mont St.-Michel et
payer la somme « de huict livres...... et pour faire la
« charite par chacun an perpetuellement du pain et vin
« pour faire la communion des jours et festes de Pasques
« ycelui pain vallant chacun six deniers... ».

Une demoiselle Claude Auvray fit une fondation où elle demanda « quatre *Subvenite* chantés aux prosnes « des messes des festes de la Conception St. Nicolas « Annunciation et St. Pierre aux liens...... ».

Un autre bourgeois de ce lieu voulut « une haulte « messe a diacre et soubsdiacre avec un nocturne et « laudes des trespassés le vingt-huit°. janvier jour « St. Charlemaigne..... ».

Jean Nepveu, autre bourgeois du Mont St.-Michel, donna une rente perpétuelle de « dix sols a prendre sur « tous ses biens et speciallement sur une maison seize « au dict lieu ou pend pour enseigne *l'Image St.-Michel* « pour estre et participer aux messes et prierres qui se « font en la dicte eglise que pour avoir une prierre « de *Pater* et *Ave* le jour du Vendredi-St., qui sera « recommandée aux assistants par le sieur curé ou vi- « quaire qui aura pour son sallaire douze deniers a « prendre sur la dicte somme l'an 1548. ».

Romain Cornille constitua une rente sur sa maison dite « *Trois-Rois* proche le Lion d'Or » dans le Mont St.-Michel ; et, à la fin du XVII°. siècle, l'église de St.-Pierre du Mont St.-Michel était dotée de 180 rentes diverses (1).

A cette époque on construisit encore divers bâtimens au Mont St.-Michel. On refit, depuis la voûte des gros piliers du chœur jusqu'à la hauteur actuelle, le clocher

_____

(1) Tous ces articles sont tirés de l'inventaire des titres, chartes, etc., de l'église paroissiale du Mont St.-Michel, que nous avons trouvés au milieu de plus de deux cents titres dans cette église : nous avons vu par nous-même qu'ils sont tous relatés et analysés dans cet inventaire que nous avons emporté.

de l'église de l'abbaye, que la foudre avait renversé (1).

La ville du Mont St.-Michel n'avait alors qu'une seule rue contournée en limaçon ; elle conduisait jusqu'à la porte de l'abbaye. On a depuis pratiqué une autre ruelle qui communique à la première, par-dessous le chœur de l'église paroissiale. Elle commence sous le grand autel de l'église, et va aboutir entre deux tourelles sous une autre voûte, à la porte de l'abbaye.

De petites maisons en amphithéâtre sur le penchant de la montagne, vers le midi et l'orient, bordent ces deux rues. Les remparts qui servent aujourd'hui de promenade, servaient alors de fortification.

Il arriva aussi en ces temps, au Mont, un événement extraordinaire. Le 14 de juillet 1594, Jean Tollvast, fils de Jacques, de la paroisse de St.-Malo de Carneville, diocèse de Coutances, fut amené par sa mère, son frère et son cousin, au Mont St.-Michel. Son état excitait la frayeur ; il était chargé de chaînes, et depuis six semaines le démon le tourmentait horriblement. Il parlait grec et latin, sans avoir jamais étudié ces langues, et se tenait en l'air, sans toucher à la terre. Le promoteur de l'abbaye, qui se nommait Jacques Payen, entendit la confession de ce jeune homme ; il employa ensuite les exorcismes de l'église. Après quelque résistance, le démon se retira, et sa victime se trouvant parfaitement guérie, laissa ses liens suspendus devant l'i-

(1) Voyez le manuscrit de dom Huynes. Les Bénédictins ont traduit en latin et inséré dans le 11°. vol. du *Gallia christiana* l'histoire de ce religieux, auquel ils ont emprunté tout ce qu'ils disent du Mont St.-Michel. L'histoire de dom Huynes fut continuée et écrite de nouveau l'an 1664, par un autre religieux. C'est cette copie que l'on possède à Avranches.

mage de St.-Michel. Le procès-verbal est signé du prieur claustral Jean de Grimouville, de Gilles de Verdun, chantre ; d'Olivier de Bardouil, prieur de St.-Brodale ; de Charles de St.-Pair, sous-chantre ; de Rolland Leger, prieur de Chauzey ; en outre d'un prêtre nommé Pierre Souflel, du promoteur Jacques Payen, et de plusieurs autres.

Le docteur Feu-Ardent, si célèbre par son mérite et par sa science, après des renseignemens pris sur les lieux et des recherches exactes, inséra dans un de ses ouvrages cette guérison miraculeuse (1).

François des Rues, dans sa description des antiquités de la France, raconte un autre événement remarquable, arrivé le 25 août 1597. Un nommé Jean Alix, de Mesniltove, âgé d'environ vingt-huit ans, sourd-muet de naissance, assistant au St.-Sacrifice de la Messe, qu'un prêtre, nommé Pierre Foulques, célébrait à son intention dans l'église de St.-Poix, reçut le don de l'ouïe et de la parole au moment de l'élévation du corps de Notre-Seigneur. Ce jeune homme, rempli de foi, s'écria au milieu d'un grand nombre de personnes qui assistaient au St.-Sacrifice : Jésus, Jésus, Jésus, miséricorde ; *corpus Domini*, etc. Monsieur St.-Louis, que j'aie la parole !

Il lui sembla qu'il sortait de sa bouche un brandon de feu. Tout le peuple l'entoura et loua la miséricorde de Dieu : depuis ce temps il entendit et parla fort bien.

Antoine de Morry, conseiller et aumônier du roi Henri IV, rapporte ce fait dans un savant discours qu'il dédia à ce monarque.

_____

(1) Son histoire du Mont St.-Michel.

CHAPITRE XVII.

XVII°. SIÈCLE.

ROIS DE FRANCE.

Louis XIII. Louis XIV.

ÉVÊQUES D'AVRANCHES.

Charles Vialart, 1642. Roger d'Aumont, 1645. Gabriel de Boisleve, 1651. Gabriel-Philippe de Froulai de Tessé, 1669. Pierre Daniel Huet, 1692.

Après la mort de Latouche de Kerolent, les seigneurs de la Luserne et de Bricqueville furent encore gouverneurs du Mont St.-Michel. François de Joyeuse continua de gouverner l'abbaye jusqu'à l'an 1615. La foudre étant tombée sur le Mont et ayant fait des ravages épouvantables, il fallut un arrêt du parlement de Rouen pour le forcer à faire les réparations. Il eut encore une

autre contestation. Le Hericy fut pourvu de la cure de
Macey par les religieux du Mont St.-Michel. André
Boëda fut nommé à cette même cure, par Guillaume
Fortin, grand-vicaire du cardinal ; les religieux gagnèrent leur cause. « A François de Joyeuse succéda
« Henri de Lorraine, âgé de cinq ans, dit l'anna-
« liste du Mont St.-Michel. La principale administration
« fut confiée à Pierre de Berrule, fondateur et général
« de la congrégation de l'Oratoire de France. Ce car-
« dinal, ne pouvant par lui-même remplir les obligations
« de cette place, y envoya un prêtre de l'Oratoire. Celui-
« ci s'y rendit, et ayant montré ses pouvoirs, les reli-
« gieux le reçurent ; mais ayant vu que le désordre ré-
« gnait parmi eux, que les pélerins s'en retournaient mal
« édifiés, et que chacun maudissait les abbés commen-
« dataires qu'on disait être la cause de tous ces mal-
« heurs, ce bon prêtre, touché de tous ces maux, en
« fit un fidèle rapport, ainsi que de l'état des bâtimens
« qu'on avait négligés, à M. et Mmᵉ. de Guise, lesquels
« ayant tenté en vain tous les moyens possibles pour
« mettre quelque ordre dans un tel désordre, se virent
« obligés d'appeler les moines de la congrégation de
« St.-Maur. L'abbaye du Mont St.-Michel fut donc
« réunie à la congrégation de St.-Maur, qui y envoya
« des prieurs pour la gouverner. »

L'article 1ᵉʳ. du concordat fut ainsi conçu :

« Ladite abbaye du Mont St.-Michel sera dorénavant,
« à l'avenir et à perpétuité, unie et incorporée à la con-
« grégation de St.-Maur en France, régie et gouvernée
« par leurs supérieurs et selon leur constitution, sans né-
« anmoins aucune diminution ni changement de la dignité

« abbatiale, ni des droits qui en dépendent, lesquels
« demeureront en leur entier, tant pour ce qui concerne
« la nomination du roi que pour les autres droits et
« prérogatives appartenants audit seigneur abbé et à ses
« successeurs abbés ; ni aussi aux présentations, colla-
« tions et aucune disposition des bénéfices dépendants
« de ladite abbaye. »

L'article 9°. :

« Et pour subvenir à la nourriture et entretènement
« desdits pères et religieux de ladite congrégation de
« St.-Maur, et autres charges ci-après déclarées, ledit
« seigneur abbé, en la présence desdits sieurs de son
« conseil, tant pour lui que pour ses successeurs abbés,
« a promis et promet auxdits pères de ladite congré-
« gation leur donner, faire payer tous les ans et à perpé-
« tuité, sur les plus beaux et clairs deniers de ladite
« abbaye, et par préférence à tous autres, de six mois
« en six mois, et par avance, 10,000 l. tournois en ar-
« gent, franc et net de toute charge (1). »

Un second concordat avec le cardinal de Lorraine
porte :

« Le cardinal cède auxdits religieux la baronnie d'Ar-
« devon, pour être unie à leur manse conventuelle avec
« les droits de cens, dixme, moulin, seigneurie et
« autres droits dépendants des fiefs composants ladite
« baronnie ; se réservant expressément le droit de con-
« firmer les officiers de justice que lesdits religieux
« pourront nommer, ainsi que la présentation et la
« collation des bénéfices dépendants de ladite baronnie. »

(1) Manuscrit du Mont St.-Michel, perte nos.

Dans ce concordat, les religieux reçurent des biens-fonds au lieu de la pension portée dans le premier (1).

Dans le même temps, la discipline n'était pas mieux observée dans l'abbaye de Montmorel.

Gabriel II de Montgommery vendait au plus offrant la place d'abbé. Robert Morel, trois ans avant sa mort, avait fait creuser son tombeau et placer cette épitaphe : *Robertus Morel, diligentia, virtute, obedientia abbas hujus domus, illo adhuc vivente, hic me poni fecit anno Domini 1599. Intra vel extra corpus, anima ejus requiescat in pace. Amen.*

Son successeur était natif du voisinage de Montmorel, bachelier en théologie et licencié en droit. Il perdit son titre d'abbé pour cause de simonie. Henri de Boivin de Vaurouy, neveu de l'évêque d'Avranches, n'en acheta pas moins de Montgommery la même dignité. Il était prieur du rocher de Mortain, coadjuteur de l'évêque d'Avranches, évêque de Tasse ou Tapse, et non de Tarse, qui est un archevêché. Il assista à l'assemblée du clergé, tenue à Bordeaux en 1624, et fut député par la province de Normandie pour assister à Paris à celle de l'an 1635. C'était un homme très-savant et bon prédicateur ; il mourut l'an 1637, et fut fort regretté à Avranches. Il avait résigné son abbaye à son neveu Guillaume de Boivin, qui, voyant le désordre parmi ses religieux, appela les chanoines réformés de France, et accorda aux autres une pension. Son successeur fut Etienne-François de Beauvais.

A Savigny, le cardinal d'Angennes avait eu pour

_____

(1) Autre manuscrit du Mont St.-Michel, penès nos.

successeur Claude du Bellay, célèbre par sa naissance, ses talens et son bon gouvernement ; il avait donné une bonne traduction en français de quelques ouvrages de St.-Bernard, et fait plusieurs augmentations à son abbaye. Il mourut l'an 1609, et un de ses religieux lui fit l'épitaphe suivante :

« Nous avons eu, dit-il, ce grand homme pour nous « gouverner ; il était jeune, mais il avait au printemps « de la vie toute la maturité des vieillards ; sa sagesse « avait devancé ses années. Il était encore aussi recom- « mandable par sa piété, sa religion et ses bonnes « mœurs ; nous nous souvenons encore de cette affabilité « qu'il avait pour nous ; la mort nous l'a enlevé (1). »

Il eut pour successeur Antoine de Bourbon, fils naturel de Henri IV ; ensuite Nicolas Longis, docteur en théologie ; le duc Charles de la Vieuville ; Henri de la Vieuville, chevalier de Malte ; Charles-François de la Vieuville, évêque de Rennes, et François-Marie de la Vieuville, aussi évêque de Rennes. Ce dernier introduisit la réforme dans son monastère, et y fit observer la règle rigoureuse de l'ordre.

L'abbaye de la Luserne continua d'être gouvernée par des abbés réguliers, et la ferveur régna parmi ces bons religieux. Jean de la Bellière reçut la bénédiction de l'évêque d'Avranches l'an 1601, et il fit oublier tous les maux que les calvinistes avaient faits à son monastère. François de Longpré, abbé général de l'ordre de Pré-

---

(1) .... Fuit hujus Saviniacæ domus archimandrita., juvenis quidem, sed vernus senex, et prævertens annos sapientia, religione pius, moribus probus..... eremi confratribus monachis affabilis, suis amabilis.... sed ô miseriam ! vix illuxit.... (Monument de l'ancienne église de Ste.-Catherine à l'abbaye de Savigny.)

montré, l'envoya visiter ses monastères de la Normandie, pour y rétablir la discipline. François de la Bellière eut la même abbaye, et reçut du supérieur général la même commission. Après ces deux grands hommes, qui avaient gouverné avec tant de sagesse, le roi de France voulut qu'on nommât un abbé commendataire ; mais le souverain pontife s'y refusa, et Denis-le-Corsonnois fut nommé. Pendant son gouvernement et malgré ses avis, les religieux prirent la règle rigoureuse de l'ordre. Il craignait qu'ils n'eussent pas la force de supporter cette réforme. Son successeur ne se mit point en peine de la leur faire observer. C'était un clerc de Toulouse, appelé Valentin de Bigorre ; il fut nommé par le roi et résida constamment à Paris. Le souverain pontife refusa celui qu'on lui proposa ensuite, parce qu'il apprit que ce n'était point encore un abbé régulier, et les religieux restèrent plusieurs années sans abbé.

Les rois de France voulurent aussi nommer les prieures du monastère de Moutons. Elisabeth de Bouillé, fille de René, comte de Créances, et de Renée de Laval-Bois-Dauphin, qui avait pris le voile dans ce monastère, avait succédé à Pétronille de Bois-Jourdain, qui avait résigné en sa faveur. Le roi nomma ensuite Marie de Bouillé, qui introduisit la réforme dans le monastère, et fit vœu de clôture perpétuelle. Les religieuses ne purent s'accorder à sa mort pour en élire une autre, et, durant sept ans, Renée Marie de Bouillé fut regardée par les unes comme supérieure, et Caroline le Fèvre par les autres. Marie de Beaux-Oncles fut nommée pour finir ce schisme. Ce fut pendant le gouvernement de ces prieures, l'an 1625, que François d'Orléans, marquis

de Rothelin , baron haut-justicier de Varenguebec , fit
une transaction avec elles au sujet de St.-Michel-du-
Boscq. Il consentit à la réunion de ce bénéfice à l'abbaye
de Moutons , à condition que « trois messes par semaine
« seraient dites comme d'usage , outre le service , selon
« les droits de fondation , et un service tous les ans
« pour les seigneurs et dames de Varenguebec ; en
« outre ladite dame abbesse souffrirait audit sieur mar-
« quis l'apposition de ses armes au chœur de l'église de
« ladite abbaye de Moutons , comme bienfaiteurs en
« icelle (1). »

On voulait ainsi éteindre le prieuré de St.-Mi-
chel-du-Boscq , mais inutilement. Henri d'Orléans ,
baron de Varenguebec , s'y opposa le premier. On élut
une Charlotte Avenel , fille de noble homme Thomas
Avenel , seigneur de la Cocherie et des Folaines et ver-
dager de la forêt de la Lande-Pourrie , et de défunte demoiselle Marie Martin. Elle eut pour contendante à ce
prieuré de St.-Michel-du-Boscq , une religieuse du couvent de Notre-Dame de Frontel , au diocèse de Paris ;
mais elle gagna aux assises de Coutances. Deux religieuses de Moutons furent envoyées faire quelques réparations à St.-Michel-du-Boscq ; elles étaient remuantes et
peu dociles. L'abbesse avait voulu les éloigner, pour faire
quelque changement dans son couvent ; elle ne tarda pas
à s'en repentir. Elles ne voulurent plus s'en revenir ,
se firent résigner le prieuré de St.-Michel-du-Boscq par
la sœur Avenel , alors très-âgée , et gagnèrent leur cause
devant l'archevêque de Rouen. Elles s'appelaient Marie

(1) Inventaire des titres de l'abbaye de Moutons , pénès nos.

de la Roque et Jacqueline d'Arclays de Montamy ; cette dernière succéda à sa compagne.

Isabelle du Saussay fut élue supérieure de l'abbaye Blanche, l'an 1604. On trouve dans le chartrier de Mortain un titre où l'on voit qu'un nommé Feron, pour être associé aux prières de ces bonnes religieuses, lui donna 8 livres de rente foncière ; on lit dans le même titre qu'elle fit un échange pour certaines rentes avec un nommé Robert, apothicaire. Cette religieuse résigna à Henriette de Quelain, fille d'un des membres du parlement de Paris. C'est cette dame qui fit rétablir son monastère en abbaye, et qui lui en fit restituer le titre. Celle qui lui succéda, appelée Marie-Magdeleine Marin, acquit la métairie de Lostuère, dans le Teilleul, pour le prix de 3,450 livres (1).

Le roi menaça ces deux dernières supérieures de saisir leur temporel, si elles ne faisaient une déclaration de leur revenu. On voit dans cet aveu qu'elles possédaient douze masures dans la paroisse de St.-Clément, et qu'il y en avait une appelée le fief au Reculé, consistant en six acres de terre, qui leur rapportait tous les ans vingt-quatre sous et la façon de six douzaines d'écuelles de bois, appréciées à dix-huit sous. A Romagny, celui de la Chesnaye leur valait quatorze sous, une poule et dix œufs. Elles avaient de semblables biens dans cinquante paroisses ; mais à La Panti elles possédaient toutes les dîmes, dont une partie était réservée pour leur confesseur, qui était toujours un prêtre de l'abbaye de Savigny (2).

(1) Inventaire des titres.... de l'abbaye Blanche, penès nos.
(2) Inventaire des titres et papiers concernant les domaines, terres,

des manuscrits, pourvu qu'ils n'avaient pas soin de nettoyer
leurs édifices d'idoles. 3° Ou bien s'rapporte, conclure
« l'évêque, qu'il y aura preuve qui se mêlent de malé-
« fices ; dès à présent nous les suspendons de l'office et
« leur ecclésiastique (1). » Il déclara tous excommu-
« niés tous les sorciers, et défendit de lire leurs livres. »

On trouve dans les capitulaires *sorciaria* , dont nous
avons fait le mot sorcier : c'était une croyance universelle
dans tout le diocèse que les sorciers avaient communication avec le diable ; et qu'ils se rendaient à des assemblées nocturnes, qu'ils appelaient le sabbat. Ils s'y trans-
portaient sur un manche à balai ; et sortaient par la
cheminée , après s'être graissés de quelques drogues
soporatives. Il fallait aussi prononcer, mais avec une
scrupuleuse exactitude, ces mots sur le faîte de
la maison : *Flo par sur haie buisson* ; ensuite on
était transporté à l'assemblée infernale ; où le diable
paraissait en forme de bouc , autour duquel on faisait
plusieurs danses et cérémonies magiques. On dit qu'un
jeune homme, nommé Babbe-les-Rouges, se leva à minuit, un samedi, pour se rendre au sabbat ; mais, arrivé
sur le faîte de la maison , il ne put se ressouvenir des
paroles magiques, et s'écria : *Flo d'travers haie buisson*.
Aussitôt il se sentit emporter avec une violence extrême
à travers les haies , les buissons et les épines. Le matin ,
on le trouva à demi mort , tout déchiré et ensanglanté ,
au milieu des ronces , dans un lieu inculte et désert.
Voilà des croyances populaires (2).

(1) Voyez les conciles de Normandie du père Bessin, seconde partie,
page 3o5.

(2) Gratien cite un canon d'un ancien concile où l'on trouve à peu
près les mêmes erreurs combattues :

Illud etiam non est omittendum quod quædam sceleratæ mulieres re-

L'évêque ordonna aux confesseurs de tenir écrits dans les confessionnaux les cas réservés à lui et au pape, et d'étudier la somme de Silvestre. Il établit des Capucins à Avranches , et il consacra leur église. L'an 1610 , il fut député par le clergé pour aller trouver le roi ; et , par deux fois la même année , il harangua Louis XIII et la Reine-Mère (1). Voici le début du singulier discours qu'il adressa au roi : « Sire , les « anciens appelaient leurs rois enfans et nourrissons « de Jupiter , et fils du Soleil ; à quoi se rapporte notre « créance , aussi véritable que la leur était feinte , que « les nôtres sont l'image du vrai Dieu en terre...... « Vous êtes outre cela , Sire , en partie ecclésias- « tique comme nous : car les rois de France par leur « sacre reçoivent la sainte onction par laquelle la di- « gnité sacerdotale est unie avec la royale ; recevant « même le pouvoir de l'imposition des mains , par là- « quelle ils guérissent les malades..... »

La harangue à la reine n'est pas moins bizarre.

« Ce qui nous a le plus consolez en ce malheur, dit-il, « est qu'en cette nuit de ténèbres et afflictions , aussitôt « après notre Soleil couché , ce bel astre de la Lune a « commencé à paraître , laquelle les Egyptiens ont éga- « lée au Soleil. C'est vous, grande princesse , belle « clarté de notre hémisphère , et notre astre domi-

tro post Satanam conversæ dæmonum illusionibus et phantasmatibus seductæ credunt et profitentur se nocturnis horis cum Diana dea paganorum vel cum Herodiade et innumera multitudine mulierum equitare super quasdam bestias , multarum terrarum spatia intempestæ noctis silentio pertransire, ejusque jussionibus velut dominæ obedire et certis noctibus ad ejus servitium evocari.

(1) Voyez le dernier volume in-folio des Mémoires du clergé de France.

« nant, qu'à bon droit nous pouvons comparer à la
« Lune..... » Il fut encore député pour la province de
Normandie, à l'assemblée du clergé tenue à Paris l'an
1615, et l'an 1625, il fut envoyé ambassadeur par le roi
à la cour d'Espagne.

Louis XIII visita le diocèse d'Avranches. A Mortain,
il fit une déclaration qui portait : « que tous les princes,
ducs et pairs de France, officiers de la couronne,
seigneurs, gentilshommes et autres, qui, sous quelque
prétexte que ce fût, auraient pris les armes malgré les
défenses du roi, seraient déclarés criminels de lèse-
majesté, si, dans un mois, ils ne déposaient les armes
et ne se rendaient près du roi ; que s'ils agissaient ainsi,
il leur accorderait abolition du passé et grâce de leur
rébellion. »

Ce monarque porta un coup mortel à la puissance des
huguenots, qui voulurent encore lever l'étendard de la
révolte. Il avait confirmé, dans son gouvernement de
Pontorson, Gabriel II de Montgommery. L'an 1621, les
calvinistes cherchèrent à le gagner en lui proposant
de le faire leur chef. On lit dans les mémoires du
temps (1) :

« Pontorson, place d'importance, pouvant donner
« quelque jalousie à la basse Normandie, étant com-
« mandée par le comte de Montgommery, personnage
« de la religion, grand capitaine et pécunieux, pouvant
« toujours lever à ses dépens un équipage de plus de
« deux mille hommes, pour tenir ses voisins en bride,
« s'ils se mettaient à mal faire : mais il a tellement assuré

---

(1) Histoire mémorable de ce qui s'est passé en France, page 565.

« le roi de son service et obéissance, qu'il a offert de
« lui rendre la place quand il lui plairait. »

L'année suivante, M. de Blainville vint en prendre
possession au nom du roi, et, l'an 1623, Louis XIII ordonna de raser les fortifications de la ville et du château, « craignant, dit un manuscrit du temps (1),
« que Messieurs de Lorges de Montgommery, qui en
« étaient originaires, ne levassent la tête. » A peine
aujourd'hui conserve-t-on le souvenir de l'emplacement
de ce célèbre château.

Gabriel de Montgommery se retira dans celui qu'il
fit bâtir à Ducey. Il mourut protestant. Son successeur
s'appelait Jean ; il vendit le fief du prieuré de St.-James
à Charles de la Paluelle, fils Jean. Charles de la Paluelle
s'attacha au cardinal de Richelieu, ensuite au cardinal
Mazarin ; il devint baron en 1638, comte de Pontavice
par son mariage avec l'héritière de cette maison, et, quelques années après, il fut créé marquis de la Paluelle, dé-
coré de l'ordre du roi, etc.

Il quitta alors l'ancienne demeure de ses ancêtres,
la vieille Paluelle, qui est située au milieu des marais,
d'où elle avait tiré son nom, et vint habiter aux Granges,
que l'on appelle aujourd'hui la Paluelle. Ce lieu agréable
faisait partie du fief du prieuré de St.-James, qui avait
été donné d'abord par le prieur, l'an 1587, à Charles de
Rommilly, sieur du Boismainfray, « pour le prix de sept
« vingts écus à réservation expresse de patronage ou
« patronages si aucuns y avait, lesquels demeureraient
« au prieur (2). »

(1) Hist. manuscrite de l'Avranchin, par le savant Huet, penès nos.
(2) Manuscrit du prieuré de St.-James ; chartrier de M. de Guiton.

L'an 1593, le sieur du Boismainfray disposa en faveur du sieur de Montgommery de ce fief, qui passa enfin à Charles de la Paluelle. La haute réputation de ce seigneur rejaillit sur la ville de St.-James ; néanmoins on lui refusa une place à sa mort dans le chœur de l'église St.-Jacques. La ville appartenait au roi ; l'abbé de Marmoutier était patron de l'église de St.-Jacques, et le prieur de cette église l'était aussi des églises de St.-Benoît et de St.-Martin.

Charles de la Paluelle laissa deux enfans, Isaac et André. Celui-ci entra dans l'état ecclésiastique ; Isaac mourut jeune et ne laissa qu'une fille qui épousa Claude Gaspar de Carbonnel, gentilhomme du pays de Caux, qui prit le titre de marquis de Canisi. Pourquoi ne prit-il pas celui de marquis de la Paluelle ? Il y aurait eu de la gloire à faire revivre cette famille si ancienne et si illustre. Elle avait pour devise ces mots latins : *Mihi gloria calcar.*

La noble famille de Guiton à la même époque fut sur le penchant de sa ruine ; elle prit part à la révolte des protestans.

Jacquemine de la Haye, veuve de Gilles de Guiton de Ligerais, avait reçu le prince de Condé, qui était protestant. Etant rentré en France, il envoya à cette dame une belle chaîne d'or ; et ce petit Jehannot, qui s'était jeté entre ses genoux pour le caresser, il le fit page de Henri IV. Il était né à St.-James et avait été élevé dans la religion catholique ; mais étant entré dans la marine, où on lui reprocha d'avoir fait le corsaire, il se retira à la Rochelle, auprès de son oncle Jacques Guiton, dont il suivit les égaremens. L'an 1617, il se qualifiait de capitaine des nefs rochelloises. La même année il revint visiter le pays de ses ancêtres, et fit société avec René le Roy, fils aîné du sieur de Macey. Un soir, au milieu du jeu et d'une compagnie nombreuse, ils se prirent de querelle ; un duel fut proposé. Ils se donnèrent la main, puis s'en allèrent à leurs castels. Le lendemain, ils arrivèrent au rendez-vous, accompagnés de leurs témoins. Leurs joues étaient pâles. Dites-moi, n'êtes-vous point cuirassé en dessous, dit le jeune René ? Nos seconds visiteront nos pourpoints, répondit son adversaire. Ensuite ils recommandèrent leur âme à Dieu et léguèrent leur corps à la poussière. René fut tué (1).

Guiton repartit pour la Rochelle. L'an 1624, il succéda au prince de Soubise dans la charge d'amiral des Rochellois, et, l'an 1627, il devint leur maire ou dictateur.

Alors le cardinal de Richelieu assiégeait la Rochelle, le boulevard des huguenots. Ce fut une des plus glorieuses entreprises de son ministère. Il en ferma le port aux Anglais par une digue construite dans l'Océan. Louis XIII assista pendant plusieurs mois à ce siége mémorable et s'y exposa en héros. Il y dépensa 40 millions.

Les protestants se repentirent bientôt d'avoir pris les armes. Guiton avait d'abord montré de l'éloignement pour être élu leur dictateur, mais se voyant pressé, il prit un poignard et dit : « Je serai maire, puisque vous le voulez ; mais c'est à condition qu'il me sera permis

(1) Chartrier de M. de Guiton.

d'enfoncer ce poignard dans le sein du premier qui parlera de se rendre. Je consens qu'on en use de même envers moi, dès que je proposerai de capituler ; et je demande que ce poignard demeure sur la table de la chambre où nous nous assemblons dans la maison de ville. »

Il soutint ce caractère jusqu'à la fin. La disette devint si grande à la Rochelle, que le peuple fut réduit à manger les choses les plus dégoûtantes. Cependant le plus grand nombre des habitans ne perdaient point courage. Quelques-uns ayant proposé de se soumettre, Guiton fut tellement indigné de la perfidie ou de la lâcheté du principal d'entr'eux, qu'il lui donna un soufflet, en disant que son discours ne méritait qu'une pareille réponse. Le roi de France apprit cette mésintelligence, et somma les habitans d'ouvrir les portes de leur ville. Il envoya un héraut d'armes au maire Guiton : celui-ci refusa de l'entendre.

La ville devint un vaste cimetière. On ne creusait plus de fosses ; on enfermait les cadavres dans les maisons, et on bouchait les rues remplies de corps morts. Nous allons tous périr, s'écria un des habitans ! « Eh bien ! répondit froidement Guiton, il suffit qu'il en reste un pour fermer les portes ». Cependant, après onze mois de résistance, épuisés par toutes les horreurs de la famine et de la peste, les Rochellois furent contraints de capituler. A peine la ville fut-elle rendue, que le cardinal de Richelieu s'empressa de recevoir le maire Guiton, dont il admirait la prudence et le courage. Il lui ôta néanmoins le privilége de marcher dans la ville,

précédé d'un certain nombre de hallebardiers revêtus de
ses livrées.

« Le duc d'Angoulême voulut aussi voir le fameux
« Guiton ; quelques officiers, du nombre desquels je
« fus, dit Pontis, accompagnèrent le duc. Ce guerrier
« était petit de corps, mais grand d'esprit et de cœur.
« Sa maison nous parut magnifiquement meublée. Nous
« y vîmes un grand nombre d'enseignes qu'il montrait
« l'une après l'autre, en nommant les princes sur
« lesquels il les avait prises, et les mers qu'il avait
« courues. »

Cet homme célèbre revint dans son pays natal, au
mois de septembre, l'an 1629. Il avait eu deux frères,
qui moururent fidèles à la foi de leurs pères, et une
sœur, appelée Goharde, qui fut fille d'honneur de la
reine Catherine de Médicis. Le prince de Condé lui avait
procuré cette place. Elle épousa Bertrand de Foissi, sieur
de Cresnay, qui fut tué à la bataille d'Ivry ; ensuite
Bertrand de Clinchamps, seigneur de Montanel. Elle
mourut au château de Jautée, l'an 1634. Le Rochellois lui
avait vendu tous ses héritages situés dans la châtellenie
de St.-James, y compris les fiefs de Ligerais et de la
Guérinais, et il se fixa à la Rochelle, où il eut une fille,
appelée Jeanne, qui fut mariée à Gaston de la Mar-
tonnie.(1).

La disgrâce de ce rebelle rejaillit sur toute sa famille ;
car depuis ce temps elle fut délaissée, malgré les services qu'elle avait rendus à l'état en tant d'autres circonstances. Le duc de Vendôme, petit-fils de Henri IV,

(1) D'Hosier, roi d'armes du royaume.

se souvint un jour de ces seigneurs si courageux et d'une noblesse si ancienne. Il avança dans les armes un autre Jean Guiton, qui mourut capitaine-général des côtes de l'Avranchin, en 1729.

La prise de la Rochelle calma le fanatisme des protestans. A dater de cet événement, leur histoire dans l'Avranchin n'offre plus rien d'intéressant. Un des principaux membres de cette secte, Jacques Dalibert, écuyer, mourut aussi à cette époque. Il était président dans l'élection d'Avranches. Ses dépouilles mortelles furent déposées dans son jardin à Pontorson. On dit que sa nièce allait tous les jours dire son chapelet sur sa tombe (1).

Le diocèse fut néanmoins encore ravagé en ce temps-là. L'an 1639, le 6 juillet, les commissaires vinrent mettre le salage dans la vicomté d'Avranches. Les impôts étaient alors si excessifs, qu'il en existait même sur le pain. Une sédition éclata dans toute la Normandie. Elle commença à Avranches, et on appela alors cette ville l'Allumette de la Ligue. Le chef était un Jean Nupied (2), capitaine des Saulniers. Ils commencèrent par assassiner ceux qui étaient venus faire enregistrer les édits bursaux, Jean de Vaugrou et Charles de Poupinel, où, suivant un autre manuscrit, Charles de la Pepinière, natif de Coutances (3).

Les mémoires de la bibliothèque d'Avranches portent que des femmes de cette ville crevèrent les yeux à ce dernier avec leurs fuseaux, traînèrent inhumainement

(1) Chartrier de M. de Guiton.
(2) Biblioth. royale de Paris, nos. 1598 et 1599.
(3) Chartrier de M. de Guiton.

son cadavre près de Rouffigny, et qu'il expira au Plessis,
près de Changeon (1).

« Les coupables, pour se soustenir à la punition, »
dit l'annaliste continuateur de dom Huynes, prirent les
« armes, grossirent leur troupe de tous les mécontens, »
pillèrent, égorgèrent, rançonnèrent et commirent mille
« désordres. Ils formaient un corps d'armée d'environ »
dix mille hommes, et se nommaient les Napieds. Ils
« disaient n'en vouloir qu'aux gabeliers, dont ils tuèrent »
plusieurs. Il serait long de déduire les maux et les
« ravages que ces séditieux causaient à dix lieues à la »
« ronde. »

Les villes ne furent point épargnées par ces révoltés.
A Pontorson, ils abattirent la maison de Louis de St.-
Genis, élu en l'élection d'Avranches.

Pour remédier à de si grands maux, le roi de France
envoya le maréchal de Gassion, un des plus célèbres
guerriers de son siècle. Ce général, à la tête de 800
chevaux et de 5,000 hommes d'infanterie, s'avança sur
Avranches, par Gatne et Brécey, parut sur la hauteur
de la bruyère, au Bovis, détacha M. de Tourville avec
un gros de cavalerie sur les grèves du Mont St.-Mi-
chel, où serpentent les rivières de Sée, de Selune et de
Couesnon, afin de couper toute retraite aux rebelles, et
de les abîmer dans les sables mouvans.

Ils s'étaient retranchés et fortifiés à la Croix-des-
Perrières, sous les murs d'Avranches. Leurs redoutes
furent enlevées de vive force, quoique défendues avec
courage. Un Lepley, du Val St.-Pair, un de ses propre

(1) Mémoires de M. Cousin, à la bibliothèque d'Avranches. Le passage a été effacé par quelqu'un qui a voulé dire aussi ...

mais le marquis de Courtaumer, des environs de Domfront, et huit à dix officiers et autant de soldats. Si ce
brave eût été soutenu, c'en était fait de l'armée du
maréchal. On ne pénétra dans le faubourg qu'à l'entrée
de la nuit; on se battit avec opiniâtreté de rue en rue,
à la lueur de l'incendie. Il se fit un horrible carnage
aux environs de l'église de St.-Gervais. Les maisons
s'écroulaient de temps à autre avec fracas, et ensevelis-
saient les guerriers tout vivans. On a encore trouvé, depuis peu, en creusant, dans les faubourgs, une prodigieuse quantité d'ossemens.

La ville, entourée de fortifications, n'était pas dis-
posée à se rendre; le siége pouvait durer long-temps;
mais le gouverneur, s'étant laissé corrompre, trahit ses
concitoyens et ouvrit les portes à l'ennemi. Là se termina la dernière révolte des communes.

Le général français fit condamner à mort, par un tribunal de sang, le reste des infortunés qui avaient échappé
à ses armes.

« Vous ne pouvez pas donner, lui écrivait le car-
« dinal de Richelieu, plus de satisfaction au roi que
« vous n'avez fait dans la réduction des rebelles de Nor-
« mandie.... Vous verrez dans la suite l'égard dont il
« prétend reconnaître vos actions.... vous pouvez bien
« penser que je n'y apporterai point d'obstacle. »

Cependant les rois de France voulurent faire cesser
ces horreurs, et Louis XIII accorda des lettres de
grâce à tous ceux qui pourraient être encore trouvés
coupables.

François de Péricard, évêque d'Avranches, ne fut
point témoin du malheur des vaincus; il était alors absent

pour défendre les droits de sa charge, qu'on lui voulait contester, et il mourut cette même année, le 25 novembre, en revenant dans son diocèse. Son corps fut rapporté dans sa cathédrale, et déposé dans la chapelle St.-Georges, entre les tombeaux de ses deux frères, Georges et Adoart.

Adoart avait eu pour successeur Jean du Quesnoy, vicomte d'Avranches. Celui-ci descendait de Robert du Quesnoy, des environs de Rouen. Cet officier étant venu avec ses soldats en garnison à Avranches, épousa la veuve d'un gentilhomme fort riche, nommé Grisi (1).

L'épiscopat de François de Péricard fut illustré par Jean Fortin, docteur de Sorbonne, doyen et grand-vicaire d'Avranches, homme des plus célèbres de son temps ; Vincent le Got, docteur en l'un et l'autre droit, archidiacre ; Denis Luquin, aussi docteur, théologal et official et grand orateur ; Cristofle de Ste.-Geneviève, grand pénitencier, qui était docteur de Sorbonne, et Jacques Tragin, qui avait aussi été doyen d'Avranches pendant quelque temps.

L'évêque d'Avranches eut pour successeur Charles Vialart, originaire de Paris, fils de Félix Vialart, seigneur de la Forest et maître des requêtes de l'hôtel du roi, et de Jeanne Hennequin. Il était supérieur général des Feuillans quand il fut nommé évêque, l'an 1640 ; il ne fut sacré que l'an 1642, et il fit son entrée solennelle à Avranches, le 26 septembre de la même année.

Tous les historiens s'accordent à louer cet homme de

_____

(1) Manuscrits de M. Cousin.

bien, qui passa sa vie à instruire son peuple, à l'édifier, à secourir les orphelins, les pauvres et les malades. On célèbre également son esprit et ses talens ; il a composé un ouvrage intitulé : *La Géographie sacrée ;* un autre qui a pour titre : *Histoire ecclésiastique ;* enfin un troisième, auquel il donna le nom de *Tableau de l'éloquence française.*

Pendant son épiscopat, son clergé donna aussi l'exemple de toutes les vertus. Il trouva à son arrivée des prêtres qui cultivaient la terre et nourrissaient de nombreux troupeaux. Il y en avait aussi qui avaient à peine le strict nécessaire, et qui, pour gagner leur vie, s'occupaient à faire des tonneaux. Quelques-uns invitaient les étrangers à entrer chez eux, et, sur le seuil de la porte, ils leur faisaient entendre qu'ils fournissaient tout ce qui était nécessaire à la vie, et que le prix serait modique (1). Ces abus furent réprimés.

Bientôt le pasteur se contenta de cultiver son jardin, et de nourrir quelques animaux domestiques, comme la chèvre, la vache, des brebis, et il tint sa porte ouverte à toutes les indigences. Au lieu de se mêler aux sociétés bruyantes du voisinage, les prêtres s'assemblèrent tous les mois, sous la présidence de leur doyen, pour entretenir l'union entre eux, pour s'instruire et s'édifier mutuellement. Il leur était ordonné de manger ensemble, et de ne servir à ce repas « que du veau, du bœuf et « du mouton, et deux plats de volaille au plus. » Un des convives était chargé de faire, pendant le dîner, une lecture « dans Grenade ou dans Molina. »

(1) Voyez les statuts des évêques d'Avranches, dans les conciles de Normandie du père Bessin, bénédictin.

Le vénérable évêque vécut trop peu de temps pour le bonheur des peuples de l'Avranchin, qu'il portait à la vertu, encore plus par ses exemples que par sa grande science. Son corps fut déposé dans le chœur de sa cathédrale, d'où il a été enlevé il y a peu d'années. Son successeur, Roger d'Aumont, était frère d'Antoine d'Aumont, maréchal de France. Ce prélat était d'un caractère si violent qu'il lui arrivait d'appeler au duel les gentils-hommes de son diocèse. Un jour, assistant avec son clergé à une procession, il voulut en sortir, tout revêtu qu'il était de ses habits pontificaux, pour aller donner des coups de crosse à M. de Jervigny, de la maison de St.-Germain, qu'il haïssait, mais on le retint par sa chape. Un de ses ennemis supprima à son prénom la syllabe *ger*, dans un mandement affiché aux portes de sa cathédrale, ce qui composait un mot dont la prononciation rendait celui de Rodomont, et ce nom burlesque lui demeura (1).

L'annaliste du Mont St.-Michel ne donne pas une autre idée de cet évêque. L'abbaye était alors gouvernée par Jacques de Souvré, bailli de la Marée, chevalier commandeur de St.-Jean de Jérusalem, et ambassadeur dudit ordre auprès de Louis XIV. Henri de Lorraine avait eu pour successeur Jean Baptiste Dollier, proche parent de Ciaqmars, fayot du roi, mais le souverain pontife ne se hâta point de le sacrer, et, pendant ce temps, Ciaqmars fut confirmé le voir de tête tranchée, et l'abbé commendataire se retira dans une autre abbaye. Tout ce que l'on connaît de ces abbés, c'est

(1) Chartrier de M. de Gaiton.

qu'il intenta un procès à ses religieux pour la baronnie d'Ardevon. M. de Souvré lui succéda, et prit possession par procureur. Ce fut à un des chanoines d'Avranches qu'il donna cette commission. Il y eut alors un troisième concordat de passé entre cet abbé et les religieux. Ce concordat confirma les deux premiers, et accorda encore aux religieux de nouveaux biens-fonds et des sommes considérables pour les réparations (1).

« Pendant son gouvernement, au commencement de
« l'année 1647, dit l'annaliste, messire Roger d'Au-
« mont, évêque d'Avranches, prétendant avoir droit de
« visite sur les religieux de l'abbaye du Mont St.-Mi-
« chel, fit porter parole aux révérends pères, pour ter-
« miner le différend à l'amiable ; mais l'affaire ne s'ac-
« commoda pas. »

L'historien donne tout le tort à l'évêque.

« Roger d'Aumont, étant de retour à Avranches, tint
« son synode le 2°. jour de mai, où il fit plusieurs
« statuts et ordonnances ; entre autres il déclara que les
« religieux de l'abbaye du Mont St.-Michel étaient inca-
« pables d'ouïr les confessions du peuple, n'étant pas
« approuvés de sa part ; et que les confessions faites
« auxdits religieux étaient nulles et invalides, et se de-
« vaient réitérer. Deux jours après, M. François Petit,
« curé de ce Mont, étant allé à Avranches pour quel-
« ques affaires, ledit évêque le fit venir dans son palais,
« où il lui fit de rudes réprimandes pour n'avoir pas
« assisté au susdit synode, et le menaça même de prison.
« Quoiqu'il prétendît en être exempt à cause de sa

(1) Manuscrit du Mont St.-Michel, penès nos.

« dépendance à l'archidiaconat du Mont, l'évêque le taxa
« pour ce délimé, supposé à 0.1. dimanche, que le
« curé fut obligé d'emprunter pour payer monsieur
« l'évêque, [...]

« La vingt-unième [...] du [...]
« susdit prélat [...] apparition au Mont Saint-Michel
« pour y signifier la visite qu'il y voulait faire, tant en
« l'abbaye que dans la paroisse, et le 24e du mois, le-
« dit évêque y arriva sur les 3 heures du matin, avec un
« train magnifique. Il avait sept chevaux à son carrosse,
« vingt-deux cavaliers, deux autres portant le bagage
« avec les clochettes, et seize écuyers des officiers
« dudit prélat. Il était suivi de plusieurs [...] pages,
« valets, [...] que les principaux officiers d'Avranches
« l'accompagnaient. Il envoya [...] le lieutenant gé-
« néral au siège d'Avranches, [...] père prieur et
« de sa communauté et l'on n'avait pas dessein de rece-
« voir ledit évêque. À sa [...] enquête il fut répondu
« que ledit évêque [...] la visite
« du St-Sacrement des [...] seulement,
« et non pas au chapitre ni [...]
« tendaient à son [...] que [...] peut-être lui
« servirait d'archidiacre. [...]

« L'évêque n'ayant point [...] voulut
« lut prendre connaissance [...] de la visite [...] prêtre
« des religieux. Il monta à [...] toute la suite.
« La communauté, avec le curé de la paroisse et des prê-
« tres, le reçurent au corps-de-garde [...] champ. Le
« seigneur évêque fut surpris, ne s'attendant pas à une
« si honnête réception. Il avait fait apporter ses habits
« pontificaux, que ses aumôniers lui mirent. Une belle

« crosse et mitre qu'on lui présenta ne lui servirent
« pas. Après toutes les cérémonies ordinaires, il entre
« dans l'église ; après avoir visité le St.-Sacrement et
« les saintes reliques, descendant dans la nef, il aperçut
« les confessionnaux, et demanda qui avait permis de
« confesser et qui avait approuvé les confessions. Il lui
« fut répondu que les religieux avaient pouvoir d'en-
« tendre les confessions par un privilége spécial de cette
« abbaye , *ab initio institutionis monasterii* , qu'ils
« en avaient toujours joui , et avaient même été confir-
« més en ce droit par les évêques d'Avranches, ce qu'on
« était prêt à lui faire apparaître. Alors l'évêque dé-
« clare interdits les confesseurs , et fait défense au père
« prieur de permettre les confessions des externes en
« l'abbaye, de quoi ledit père prieur et sa communauté
« se portent appelans au St.-Siége ; à cela le seigneur
« évêque réitéra plusieurs fois la défense sous peine
« d'excommunication *ipso facto*. Les religieux interje-
« tèrent nouvel appel, qualifiant son procédé d'abus ,
« et en en tirant acte de deux notaires qu'ils avaient
« présens. Ledit évêque insista de rechef qu'on eût à
« sonner la cloche pour assembler les religieux au cha-
« pitre, pour ce, disait-il , les corriger, examiner et
« procéder au scrutin , comme étant leur vrai et légi-
« time supérieur. Il ne lui fut aucunement obéi en cela,
« et il lui fut répondu qu'on reconnaissait un autre supé-
« rieur de l'abbaye. Enfin, après avoir fulminé plusieurs
« excommunications, dont les religieux se portèrent
« appelans , il descendit en l'église paroissiale. Il dé-
« fonça les portes et fit lever les serrures ; il y donna
« la confirmation et communion à quelques personnes

« qu'il avait fait venir à ce sujet ; puis il interdit le
« curé. Le père prieur, qui avait été présent, se porta
« de rechef appelant ; et, nonobstant toutes ces censures
« et excommunications, en prenant congé dudit évêque, il
« lui dit qu'il allait prier Notre-Seigneur pour lui à la
« sainte messe ; et de fait·il la vint dire aussitôt, et
« on continua de confesser en cette église comme aupa-
« ravant.

« Sur tout cela il fut intenté un procès. »

On trouve dans les actes du clergé de France, que
l'évêque ordonna de plus que la sentence d'excommunication serait affichée à la porte principale de l'abbaye
et à celle de l'église de St.-Pierre-du-Mont, et qu'il
nomma pour desservir cette église Gilles Cormeille,
prêtre.

Il choisit aussitôt pour avocat le célèbre de Monthelon ; Laudier plaida pour M. de Souvré et pour le curé
du Mont St.-Michel ; Girard, pour Dom Grégoire Ta-
risse, supérieur général de la congrégation de St.-Maur ;
et Gautier, pour les religieux du Mont St.-Michel.

Voici l'arrêt du grand-conseil :

« Ordonne que l'excommunication envers les religieux
« levée à Cautelle, demeurera purement et simplement
« levée : ordonne que ledit Petit, curé de l'église parois-
« siale de St.-Pierre dudit Mont St.-Michel, se reti-
« rera par-devant ledit évêque pour lui être la suspen-
« sion et interdiction portée par sadite sentence levée ;
« laquelle suspension et interdiction ledit évêque sera
« tenu lever à la première réquisition dudit Petit. Comme
« aussi sera ledit Petit, curé, tenu d'assister aux synodes
« toutes et quantes fois qu'ils seront convoqués par ledit

« évêque d'Avranches. A maintenu et gardé ledit évêque
« d'Avranches en tout droit de visite en ladite église
« paroissiale de St.-Pierre et monastère dudit Mont
« St.-Michel, fors et excepté sur les lieux réguliers,
« discipline régulière et personnes desdits religieux,
« tant et si longuement qu'ils demeureront en congréga-
« tion, et ne pourront lesdits religieux confesser aucuns
« séculiers, ni commettre à cet effet, qu'ils ne soient
« auparavant approuvés par ledit évêque sans dépens. »

Il y eut encore un autre procès entre l'official et le
promoteur d'Avranches, et l'archidiacre et le promoteur
du Mont St.-Michel. Roger d'Aumont et M. de Souvré
prirent pour arbitres Pierre Pithou, conseiller du roi
en sa cour de parlement à Paris ; Jacques de Sainte-Beuve,
docteur et professeur en théologie ; de Monthelon, Mar-
tinet et Gilles Laudier, avocats audit parlement. Les juges
décidèrent que l'arrêt du grand-conseil et une ancienne
transaction du 2 février 1236 seraient exécutés.

L'anonyme qui a continué les deux annalistes que nous
avons cités plus haut, raconte que M. de Souvré com-
muniqua à Louis XIV le dessein qu'avait l'évêque de
Coutances de lever de terre les restes précieux de St.-
Gaud, à St.-Pair, sur les confins du diocèse d'Avranches, et qu'il députa pour cette translation Dom Arsène
Mancel, prieur de l'abbaye du Mont St.-Michel, et un
autre religieux du même lieu, nommé Rupert Belin ;
car la baronnie de St.-Pair dépendait du Mont St.-Mi-
chel (1).

_____

(1) On ne peut qu'abréger sa narration ; car son écriture est très-
mauvaise et presque illisible. Voyez le manuscrit à la bibliothèque
d'Avranches.

On présenta, dit-il, à l'évêque de Coutances un ancien manuscrit latin en écriture gothique. Ce manuscrit
rapportait qu'en l'an onze cent trente-un, on trouva dans
le chœur de l'église de St.-Pair un cercueil de pierre, où
l'on vit un corps parfaitement conservé, et qui exhalait
une douce et suave odeur. On remarqua sous sa tête une
pierre sur laquelle étaient gravés certains caractères.
Celui qui était descendu dans le tombeau l'enleva et la
montra à un nommé Roger, qui, n'ayant pu déchiffrer
ces caractères, la présenta au vicaire du lieu et aux autres
ecclésiastiques présents, qui ne purent dire non plus ce
qu'ils signifiaient. Il se trouva là par hasard un prêtre appelé Guillaume d'Avranches, qui, ayant pris la pierre, la
leva, et s'étant approché d'une fenêtre, y lut ces mots :
*hic requiescit beatus Gaudus olim episcopus Ebroi-
censis*. On connut alors que c'était le corps du bienheu-
reux Gaud, qui avait laissé dans la contrée une grande
réputation de sainteté (1).

L'évêque de Coutances, guidé par ce manuscrit,
ordonna de faire l'ouverture du tombeau.

« En présence de plus de vingt mille personnes, dit
« le procès-verbal, on trouva tous les ossements entiers,
« tout vermeils, comme s'ils venaient d'être dépouillés
« de leur chair, et même avec de petites particules de
« chair, tout onctueux, comme s'ils avaient nagé dans de
« l'huile ou du baume, et les gros ossements pleins de
« moelle, non entièrement desséchée, lesquels exha-
« laient une odeur très-suave et très-odoriférante, comme

---

(1) Manuscrits de Jean Huynes et de son continuateur.

« baume et pastilles brûlées, laquelle bonne odeur a été
« sentie de tous les assistans et de tous les soussignés. »

Les sieurs Roussel, docteur en médecine; Charles
Foubert, chirurgien juré et attestateur au bailliage de
Coutances, et David Foubert, chirurgien de cette ville,
furent appelés par l'évêque pour donner leur avis sur cet
événement. Ils déposèrent que cette odeur et l'état où les
ossemens étaient trouvés, ne pouvaient venir d'aucune
cause naturelle, et que l'un et l'autre étaient miraculeux.

Le prieur de la Luserne, qui était présent, attesta, et
une multitude de fidèles attestèrent unanimement avec lui
les circonstances que nous venons de rapporter. L'évêque
donna quelques parties de ces ossemens à l'abbaye du
Mont St.-Michel, au chapitre d'Avranches et à celui de
Mortain (1).

Pendant que le pontife était occupé aux cérémonies de
cette translation, M. de la Bellière-Rainfray, du diocèse
d'Avranches, languissait d'une fièvre continue, qui, depuis trois mois, lui avait ôté tout repos, et le faisait
cruellement souffrir. Les médecins n'avaient pu le soulager. Il entendit le récit de ce qui s'était passé au tombeau de St. Gaud; aussitôt il appela un prêtre et il le
pria d'aller offrir le saint sacrifice de la messe, en l'honneur de ce grand saint, et de lui apporter quelque chose
de ce tombeau vénérable. Sa guérison ne tarda pas; il
alla le dimanche suivant dans l'église de St.-Pair, rendre
témoignage du miracle dont il avait été l'objet. Il alla
également dans celle de Granville, où l'évêque venait
d'officier pontificalement.

L'auteur de la vie de St. Pair et de celle des évêques

(1) Manuscrits de Jean Huynes et de son continuateur.

de Coutances raconte encore un autre miracle arrivé
peu de temps après dans le diocèse d'Avranches, par
l'intercession de St. Gaud: —

« Pierre le Gallais, de la paroisse de Bouillon, dit-il,
« perclus des jambes, ne pouvait marcher qu'à l'aide
« de deux béquilles. Ne trouvant aucun remède à son
« mal, il s'adressa à St. Gaud, s'obligea par vœu de
« faire célébrer le saint sacrifice sur son tombeau, et
« d'envoyer offrir ses vœux et ses prières. Son épouse
« fit le pèlerinage, et à peine était-elle de retour qu'il
« se sentit guéri. C'est ce qu'il nous a attesté de sa propre
« bouche, ajoute l'historien, lorsqu'il vint deux jours
« après déposer ses béquilles auprès du tombeau du saint,
« pour attester sa guérison. » —

M. de Seurré obtint de Louis XIV que le gouvernement du Mont St.-Michel serait rendu aux religieux de
ce Mont (1); en conséquence les prieurs en ont été
gouverneurs jusqu'à la révolution. Après la disgrâce de
Fouquet, qui commandait au Mont St.-Michel par une
de ses créatures, le roi avait envoyé un autre commandant avec trente soldats, et il y avait ensuite nommé
M. de la Cloistière, qui y mourut. . . .

Fouquet occupait Tombelaine par un ancien domestique; il avait fait reconstruire une rangée de croisées
du château, et réparer toutes les ruines. Le roi donna
des ordres pour détruire toutes les fortifications, et
cette île ne servit plus qu'aux fraudeurs de la côte, qui
déposaient au milieu des décombres leurs marchandises
prohibées.

(1) Gallia christiana, t. XI, page 532.

« De nos jours, Tombelaine, dit M. Blondel (1), ne
« présente que des pointes de rochers couverts de ronces
« et d'épines. On y voit encore les restes d'une porte
« garnie de forts gonds de fer, une rue étroite, taillée
« dans le roc, dont le fond est coupé de rouages ; quel-
« ques fondemens de maisons, et une certaine quantité
« de pierres de taille en granit, éparses au milieu d'un
« amas confus de décombres. »

A la mort de M. de Souvré, Louis XIV nomma abbé
commendataire Etienne Texier de Hautefeuille, grand-
prieur d'Aquitaine, chevalier de Malte, et ambassadeur
de l'ordre auprès du roi de France. Cet abbé déchargea
les religieux des réparations auxquelles ils étaient obligés, sans avoir égard au procès-verbal que les chevaliers
de Malte en avaient fait dresser, et il leur donna de plus
son palais abbatial. Il passa aussi avec les religieux un
concordat, où il « leur céda les terres, seigneuries,
« dixmes, cens, rentes, moulins, droits et devoirs du
« prieuré de Cancale et St.-Meloir, les baronnies de
« St.-Jean-le-Thomas et de Brion, avec le fief du pré
« de la Haise ; les fiefs de Bouillon et de Bacilly, avec
« tous leurs droits, appartenances et dépendances quel-
« conques.... à l'exception des nominations et collations
« des bénéfices ». Cet abbé était d'un caractère doux,
et les religieux obtinrent de lui ce qu'ils voulurent (2).

Le même monarque, ayant reconnu qu'il s'était introduit
une infinité de contraventions aux anciens réglemens de
l'ordre de St.-Michel, ordonna à tous ceux qui avaient
été reçus dans cet ordre d'envoyer les titres et les preuves

(1) Auteur de la notice sur le Mont St.-Michel.
(2) Manuscrit du Mont St.-Michel, penès nos.

de leur noblesse et de leurs services , et il chargea ses ambassadeurs de faire les instances convenables auprès des rois , dont ceux qui auraient surpris de pareils certificats de réception se trouvaient sujets , pour leur défendre de se qualifier chevaliers de cet ordre , et il voulut que le nombre de ceux qui seraient admis à l'avenir fût réduit à cent.

Ce puissant monarque enleva aux Normands leurs priviléges et leurs droits. Il voulait qu'il n'y eût qu'un maître et des sujets. Il y eut des réclamations ; tout fut inutile. En même temps il récompensait les uns et délaissait les autres. Il érigea la baronnie des Biards en marquisat. Elle était passée par mariage à Nicolas de Mouy, ensuite dans les familles de MM. de Varinières et de Pierrepont. Le roi y établit une haute justice et un marché. Ce marquisat passa ensuite dans la famille d'Oilliamson , qui possède encore aujourd'hui , avec une petite habitation près des ruines de l'ancien château , quelques faibles débris d'un domaine autrefois si considérable.

Le roi éleva également Louis Godefroy de Pontfou, natif de Pontorson. Il lui déféra tous les droits honorifiques de l'église paroissiale de cette ville, qui était du domaine royal , pour lui et ses successeurs , droits dont ils ont joui jusqu'à la révolution. Cet homme célèbre avait sauvé la vie à son roi, que ses chevaux fougueux entraînaient dans un précipice. Il s'élança et coupa les traits d'un coup d'épée. Les seigneurs de la Luserne furent honorés du titre de marquis , et un membre de cette illustre famille se couvrit de gloire dans les combats de Turin et de Casal.

Au siége de cette dernière ville, François Nicolas Guiton, fils de Charles et de demoiselle Julienne Mellet, reçut une balle dans le genou gauche. Il fit vœu, s'il survivait à l'amputation qu'on devait lui faire, de reprendre l'habit ecclésiastique qu'il avait abandonné pour les armes. Il n'était encore que diacre ; il obtint une dispense du souverain pontife, et reçut le sacerdoce. Il affirma au père des chrétiens qu'il n'avait ni tué ni mutilé personne (1). Le roi, à la recommandation du maréchal de Catinat, sous lequel il avait servi comme officier, lui donna le bénéfice d'une chapelle à Paris ; ensuite il devint chanoine à Avranches et jouit de la terre des Guiton (2), dont il rendit aveu au roi le 12 juin 1728.

La seigneurie et la terre de la Haye-Paisnel étaient passées à Pierre Le Voyer, chevalier, seigneur et baron de Tregoumar. Sa fille unique, Louise Le Voyer, épousa René de Guer, marquis de Pontcalet ; ensuite elle s'en sépara civilement. Elle eut encore un autre procès avec le prieur de Hocquigny. Sa famille a possédé la Haye-Paisnel jusqu'à la révolution.

Alors les procès étaient si communs dans le diocèse d'Avranches, que tous les évêques furent même contraints de faire des lois pour empêcher les prêtres de plaider.

« Nous avons vu avec douleur, disait Roger d'Au-

---

(1) Militiæ sæculari nomen dedit et arma pro regis christianissimi servitio tulit, diversis bellis in quibus homicidia, furta, rapinæ, et alia hujusmodi facinora perpetrantur interfuit. Neminem tamen occidit aut mutilavit, ut amplius habetur in dicta signatura data Romæ. Registre du chartrier de M. le curé d'Avranches.

(2) Nuncupata vulgo de Villiers in cathedrali ecclesia. Autre registre du même chartrier.

« mont, que quelques curés de notre diocèse ne résident
« point en leur paroisse, abandonnent ainsi leur trou-
« peau et négligent le soin des âmes soumises à leur
« conduite, pour vaquer à la sollicitation des procès.
« Nous avons aussi appris que les sergents donnaient
« dans les églises des exploits aux habitants des villages,
« pendant qu'ils sont à la messe paroissiale. »

On trouve aussi dans un autre statut un usage singulier. On présentait un grand verre de cidre à chaque
fidèle après qu'il avait communié.

Ce prélat eut pour successeur Gabriel de Boislève,
natif d'Angers, fils de Charles de Boislève, conseiller du
roi et doyen au parlement de Bretagne. Gabriel de Boislève résida fort peu dans son diocèse; il approuva néanmoins l'établissement d'un séminaire, et, par le même
mandement, il en nomma supérieurs Gombert, curé
de St.-Martin-des-Champs; René Le Prieur, curé de la
Gohannière, doyen rural de Tirpied; et Jean Hamraye,
curé d'Isigny, doyen rural de St.-Hilaire et syndic des
curés du diocèse d'Avranches. Le même prélat se trouva
encore à une assemblée des évêques de Normandie, avec
un docteur de Sorbonne, nommé Pierre Petitie, député
du diocèse d'Avranches.

Il eut pour successeur Gabriel-Philippe de Froulai
de Tessé, fils de René de Froulai, comte de Tessé,
chevalier des ordres du roi, et de Marie, sœur du
cardinal de Sourdis.

« Nous avons jugé à propos, dit-il en entrant dans
« sa charge, de réduire sous certains chefs les ordon-
« nances, que nous désirons que vous observiez dans
« notre diocèse.... Il serait à désirer, mes chers frères,

« que vous eussiez lu avec attention le pastoral de St.
« Grégoire-le-Grand, qui contient d'une manière fort
« élevée toutes les obligations de votre état.... Nous
« emploierons notre autorité pour donner des bornes
« à l'humeur inquiète de quelques prêtres et autres
« ecclésiastiques de notre diocèse, qui aiment tellement
« les procès, qu'ils en entreprennent pour des choses
« de peu de conséquence, et les poursuivent avec une
« opiniâtreté insurmontable.... pour arrêter, autant que
« nous pourrons, les suites d'une inclination si opposée
« à leur profession...... On leur fait dans les tribunaux
« les reproches d'être des plaideurs et même des chi-
« caneurs (1)..... »

On ne voyait à cette époque qu'assignants et qu'assignés.
Pour quelques saules plantés sur le bord d'un marais,
Louis Le Tessier, écuyer, et Gilles Le Page, curé de Pontorson, eurent entre eux une grande contestation. Les paroissiens de Brécey firent aussi un procès à leur curé, qui
refusait d'avoir quatre vicaires, parce qu'alors il n'avait
encore que cent livres pour sa portion congrue. Les bonnes religieuses de l'abbaye Blanche assignèrent le curé
de Coulouvray pour une dîme de sarrasin. On vit une
jeune fille faire un procès à son père François de la
Gervelle, seigneur d'Aucey, parce qu'il s'opposait à son
mariage avec Richard Grandin, fils d'un officier d'Avranches ; elle fut condamnée à passer un mois dans un
couvent (2).

On raconte à ce sujet qu'un étranger en priant Dieu

---

(1) Voyez les statuts de cet évêque, dans le père Bessin.
(2) Voyez pour tous ces procès les coutumes de Normandie.

disait : tu nous a promis , Seigneur, de nous assister dans nos tribulations; tu ne t'en dédiras pas , car tu n'es pas Normand (1).

L'évêque d'Avranches gouverna son diocèse avec une piété , un zèle , une prudence apostoliques. Un officier étranger , qui vint à Avranches , disait de lui qu'il était toujours à l'agonie; parce que , ce sont les paroles de l'officier , « il répète presque continuellement *Jesuus, « Maria* (2) ! »

Il résida fort assidûment dans son diocèse. Pendant son épiscopat , madame de Sévigné passa par Avranches, pour se rendre à sa terre en Bretagne. Jean Angot, fils d'un honnête bourgeois de la ville de Caen (3), vint s'établir à Avranches , en qualité de commis-receveur des décimes du diocèse. Il acheta du roi une charge de secrétaire du petit collége : c'est ce qui a donné la qualité d'écuyer à ses enfans.

L'évêque fit venir une de ses parentes, appelée Marie de Froulai , pour gouverner le couvent d'Avranches , autrefois sous la protection de St°. Anne. Cette abbaye était déchue de son ancienne splendeur. Catherine de Gaston , religieuse de la St°.-Trinité de Poitiers , y était venue avec quelques sœurs, il y avait peu d'années ; mais elle n'avait pu réussir à lui rendre sa ferveur et son éclat. Marie de Froulai mourut avant d'être parvenue à Avranches, et Susanne de Froulai lui succéda.

(1) Devieux.

(2) Manuscrits du docteur Cousin.

(3) Manuscrits du docteur Cousin. On voit aussi ailleurs que le 3 mars 1419, Jean Angot , de Caen, fit sa soumission au roi d'Angleterre Henri V, pour jouir de ses héritages et possessions.

La place de doyen dans la cathédrale fut occupée par Louis le Bourgeois de Heauville, Charles le Bourgeois, François de Carbonnel-Canisy, qui devint ensuite évêque de Lisieux, et enfin par Jacques de Carbonnel-Montreuil.

La mémoire de l'évêque d'Avranches fut en vénération long-temps après sa mort. Il contribua beaucoup aussi à rappeler les protestans à la religion de leurs ancêtres. Pendant son épiscopat eut lieu la révocation de l'édit de Nantes.

« Nous avons jugé, dit le monarque, que nous ne pouvions rien faire de mieux, pour effacer la mémoire des troubles, de la confusion et des maux que le progrès de cette fausse religion a causés dans notre royaume.... Enjoignons à tous les ministres de ladite religion prétendue réformée, qui ne voudront pas se convertir, de sortir de notre royaume ; faisons très-expresses défenses à tous nos autres sujets .... de sortir .... ils pourront continuer leur commerce et jouir de leurs biens sans pouvoir être troublés ni empêchés sous prétexte de ladite religion prétendue réformée. »

Alors un des membres de l'illustre famille des Vivien de la Champagne, lieutenant-général du bailliage d'Avranches, en vertu des ordres du roi, fit démolir, l'an 1685, le prêche de Cormeray, près de Pontorson (1). Sa famille accrut ses possessions dans ce même temps ; elle hérita des domaines des anciens seigneurs de Chéruel à Sacey, et des Douetils de la vicomté de Mortain.

(1) Manuscrits de M. Cousin à la biblioth. d'Avranc., et histoire de l'Avranchin ; manuscrits du savant Huet, penès nos.

Les seigneurs de Brécey rentrèrent dans le sein de l'église. Gabriel-Henri de Vassy-Brécey fit preuve de 64 quartiers de noblesse, lorsqu'il fut reçu chevalier de l'ordre de St-Lazare. Il perdit la vie l'an [illegible], combattant vaillamment à la bataille de Leuse, à la tête de sa brigade.

Le seigneur de Montgommery, appelé Louis, [illegible] également ses erreurs. Charlotte-Françoise de [illegible], de la paroisse de [illegible], évêché de Rennes, abjura aussi le calvinisme à [illegible], à la sollicitation de [illegible] de Verdun-Margotin, chez laquelle elle était [illegible] Georgine. Le 8 décembre [illegible], [illegible] de Verdun, seigneur de Cormeray, abjura également à [illegible] la religion protestante, en présence de Jacques de Verdun, seigneur de la Crenne. « Il n'y a, dit un manuscrit du « temps, que la dame de Brécey qui se soit retirée à « Londres à cause de sa religion, avec quelques domes- « tiques, à laquelle on fait tenir tous les ans sa pen- « sion de dix-huit cents livres. Madame de Fontenay, « par permission de la cour, et quelques domestiques et « religionnaires en petit nombre se sont retirés en Hol- « lande. Il en reste très-peu dans l'élection d'Avran- « ches qui ne [illegible] la religion catho- « lique (1). »

L'évêque mourut l'an [illegible]. L'abbé Brulart de Silleri fut désigné par le roi pour lui succéder. Il vint à Avranches; mais, n'étant point sacré, il ne fut point reçu solennellement. Il y demeura quatre à cinq semaines, et ensuite s'en retourna à Paris. S'étant abouché avec M.

(1) Histoire manuscrite de l'Avranchin, par le [illegible] Huet, penès nos.

l'abbé Huet, qui était nommé à l'évêché de Soissons,
ils consentent de remettre au roi leurs nominations res-
pectives. Louis XIV nomma Huet à l'évêché d'Avranches, et Brulart de Silleri à celui de Soissons.

Pierre Daniel Huet naquit à Caen (1). Son père était
secrétaire du roi et un des échevins de cette ville, il était
né dans la religion protestante.

« J'ai trouvé, disait son illustre fils, parmi ses pa-
« piers, un assez gros livre écrit de sa main, contenant
« des observations et des réflexions pieuses, curieuses
« et ingénieuses, sur les livres divins, qui portent un
« ample témoignage du progrès qu'il avait fait dans les
« saintes lettres. Sa conversion se fit en connaissance de
« cause. Il examina à fond tous les points controversés,
« les prétextes, les raisons de douter, les décisions et
« les motifs de sa détermination. Cela compose un assez
« gros traité de controverse, écrit de sa main, qui au-
« rait eu peut-être son prix, s'il avait été rendu public.
« Le père Gontery, jésuite, fut celui qui lui donna la
« main pour sortir du bourbier de l'hérésie.

« J'ai ouï dire aux amies de ma mère, qu'elle était d'une
« humeur charmante, d'un entretien enjoué, d'un esprit
« délicat et pénétrant, remarquant finement le ridicule
« des choses et des personnes ; qu'on ne pouvait la sur-
« passer dans l'agrément de ses récits, faisant un conte
« de la meilleure grâce du monde. Elle porta le regret
« de son mari à un tel point que, dans les trois années
« qu'elle lui survécut, il ne se passa pas un jour qu'elle

(1) « Mais moi qui suis né à Caen, qui ne suis pas jeune... »
(Lettre datée d'Avranches, écrite par Huet à M. Galland, à Caen.)

« ne lui donnât des larmes , tout ce qui se présentait à
« ses yeux la faisant souvenir de lui et renouvelant sa
« tristesse. Je la perdis à l'âge de six ans, et je n'ai
« jamais senti une si longue et si vive douleur (1). »

Dès cet âge, Huet avait un goût extrême pour l'étude.
« A peine, dit-il, avais-je quitté la mamelle, que je
« portais envie à ceux que je voyais lire. Je me figurais
« mille plaisirs du moment que je saurais lire comme
« eux (2). »

Mais il fut livré à des tuteurs négligens qui le mirent
dans une pension bourgeoise, où, avec peu de secours,
et n'ayant que de mauvais exemples, il ne laissa pas
d'achever ses humanités, avant l'âge de treize ans. Le
père Mambrun, jésuite, lui enseigna ensuite pendant
trois ans la philosophie et les mathématiques.

« Ce fut le premier, dit-il, qui me donna le goût de
« la langue arabe ; et, pour m'y initier, il me fit présent
« de la petite grammaire de Thomas Erpenius, qui excita
« l'amour de cette langue et qui la fit fleurir. J'avais
« aussi, ajoute-t-il, fort négligé la langue grecque dans
« mes premières études, et la poésie avait fait ma prin-
« cipale application. Après ma sortie du collége, je ne
« fus pas long-temps sans reconnaître ma faute, et, pour
« la réparer, je commençai l'étude de cette langue par
« la lecture des poètes grecs. »

Il apprit aussi l'hébreu et s'attacha à Bochart, fameux
ministre protestant à Caen, qui venait de composer un
ouvrage savant, rempli de grec et d'hébreu. A dix-huit

---

(1) Huetiana , ou pensées diverses de Huet, page 315 et suivantes.
(2) Huetiana , p. 3 ; commentaires, p. 16.

ans, il donne une traduction latine des amours de Daphnis et de Chloé. « A l'âge de vingt ans, je me vis « en commerce, dit-il, avec les Sirmond, les Petau, les « Dupuy, les Bochart, les Blondel, les Labbe, les « Bouillaud, les Naudez, les Saumaise, les Heinsius, « les Vossius, les Feldens, les Descartes, les Gassendi, « les Menage. »

Deux ans après, il accompagne Bochart en Suède. La reine Christine veut se l'attacher ; mais il préfère s'en revenir dans son pays natal, et il rapporte avec lui un manuscrit d'Origène qu'il avait copié à Stockholm. De retour à Caen, il se trouve élu membre d'une académie de belles-lettres, et en institue lui-même une de physique, dont il est le chef.

Il raconte une petite vengeance qu'il exerça alors contre un de ses anciens professeurs, qui exigeait avec sévérité une latinité pure et l'observation rigoureuse des règles de la prosodie, ne pardonnant à cet égard aucune faute à ses élèves. « Je l'engageai, dit Huet, dans l'aca- « démie de Caen, à répéter une épigramme latine qu'il « avait autrefois proposée au palinod, et qui avait rem- « porté le prix avec un grand applaudissement. Elle « commence par ces paroles : *Pondera liligeri dum* ...... « Je lui demandai s'il ne m'avait pas enseigné qu'il « n'était pas permis de rien innover, ni de forger de « nouveaux mots dans les langues mortes ; et comme il « ne pouvait pas en disconvenir, je lui demandai s'il « avait trouvé le mot de *liliger* dans quelque auteur clas- « sique. Il répondit que ce mot était formé sur l'analogie « de *lauriger*, dont les bons auteurs se sont servis. « Je répartis que, si cette raison avait lieu, j'allais former

« une nouvelle langue latine, entièrement inconnue aux
« anciens ; que j'aurais le même droit que lui de dire
« *rosiger, violiger, ulmiger*, et une infinité d'autres
« pareils qu'il ne m'aurait pas pardonnés autrefois, mais
« qu'il me pardonnerait peut-être à l'avenir pour faire
« passer son *liliger*. Vous voilà donc pris, monsieur
« mon maître, ajoutai-je, en flagrant barbarisme. Mais
« il y a pis encore ; car, dans ce même mot, vous avez
« fait une faute grossière de quantité. *Liliger* est dit
« pour *liliiger*, étant composé de *lilium* : comme *tibicen*
« est dit pour *tibiicen*, étant composé de *tibia*, ce qui
« rend longue la seconde syllabe ; au lieu que dans
« *tubicen*, elle est brève, ce mot étant composé de
« *tuba*. Que ces deux erreurs entassées dans un même
« mot vous rendent un peu plus indulgent envers les
« nôtres. »

Huet, en Hollande, dans une compagnie de gens de
lettres, explique encore une épigramme grecque, que le
jeune Vossius venait de découvrir. M. Morin, professeur
des langues orientales à Amsterdam, et auparavant
ministre à Caen, vient le trouver et le prie de le
soutenir dans une explication qu'il avait donnée d'un
passage hébreu. Il se lia aussi d'amitié avec un célèbre
Rabbin, chef de la synagogue d'Amsterdam :

« Il me conduisit un jour à sa synagogue avec messieurs
« Blondel, Bochart et Vossius le fils ; il nous plaça dans le
« banc des docteurs, qui était proche du tabernacle, où
« ils resserraient les volumes de la loi, qu'ils déposaient
« sur une estrade haute de deux pieds. Comme j'étais
« fort attentif à toutes leurs cérémonies, il m'arriva de
« poser et d'arrêter mon pied, sans y penser, sur une

« petite corniche de cette estrade. Toute la synagogue
« en frémit d'indignation, comme d'une action qui ten-
« dait au mépris de leur religion. Le bon Rabbin m'en
« avertit aussitôt, et la promptitude modeste et soumise
« avec laquelle je retirai mon pied, me contenant dans
« une posture respectueuse, les apaisa, et même les
« édifia.

« J'eus avec ce bon Israélite de longues et fréquentes
« conférences sur les matières de religion (1); mais je
« fus obligé de revenir en France. »

De retour dans sa patrie, à Paris, Puffendorf, secrétaire de la reine de Suède, bien plus recommandable par
son savoir et par ses écrits que par sa dignité, lui écrit de
s'appliquer à réunir les protestans à l'église catholique,
se rendant garant du succès par la disposition favorable
où étaient les cœurs et les esprits dans les lieux d'où il
écrivait. Bossuet, qui avait eu communication de cette
lettre, y joint ses exhortations; mais il sonde les sentimens des ministres protestans de Paris, et les trouve
opposés.

Dans cette ville, Huet eut une contestation d'un autre
genre avec le père Bourdaloue. Celui-ci soutenait que
l'emploi d'un prédicateur était préférable à celui d'un
homme savant :

« Vous avez eu parmi vous, lui répliqua Huet, deux
« hommes illustres, l'un par la prédication, l'autre par
« son grand savoir; ce sont le père Castillon et le père
« Petau. Je vous fais juge lequel des deux a le plus
« servi l'église et le plus fait d'honneur à votre compa-

---

(1) C'est de lui que Huet parle dans le commencement de sa *Démonstration évangélique*.

« gnie. A peine se souvient-on aujourd'hui du père Cas-
« tillon , tandis que toutes les écoles de théologie de la
« chrétienté retentissent du nom du père Petau et
« profitent de ses leçons. »

Bossuet ayant été nommé précepteur du dauphin ,
le roi lui donne pour adjoint Huet, en qualité de sous-
précepteur.

« Je l'ai vu dès sa première jeunesse , dit Bossuet ,
« prendre rang parmi les savans hommes de son siècle ;
« et depuis j'ai eu les moyens de me confirmer dans
« l'opinion que j'avais de son savoir , durant douze ans
« que nous avons vécu ensemble. Je suis instruit de ses
« sentimens. »

Alors Huet fait paraître des commentaires sur les
anciens auteurs latins , pour l'usage du jeune prince.
Il avait donné d'autres ouvrages remplis d'une vaste érudition. Il avait aussi écrit un roman intitulé le *faux
Yncas* , un autre ouvrage de *l'origine des Romans* , plusieurs lettres galantes à quelques dames ; mais Dieu parla
à son cœur et le retira du monde , et il se donna à lui
sans réserve , comme deux de ses sœurs qui étaient religieuses. L'autre dans le monde servait de modèle , et sa
vie était une continuelle oraison. A quarante-six ans il
prit les ordres sacrés , et fut pourvu aussitôt d'une abbaye.
Bientôt il fut nommé à l'évêché d'Avranches ; c'était dans
l'année 1689 , dans le mois d'octobre ; et , dans ce même
mois, il vint à Avranches , accompagné du père De La
Rue , jésuite. Il n'avait point alors obtenu ses bulles du
pape , et n'était point encore sacré évêque. Il ne le fut
que l'an 1692 , à Paris. Il fit , cette même année , son
entrée pontificale à Avranches.

« Lorsque, suivant le devoir de notre charge, dit-il,
« nous avons pris connaissance de l'état du troupeau,
« dont il a plu à Dieu de nous confier la conduite, nous
« avons été sensiblement consolés de voir que, par
« les travaux de nos prédécesseurs, et principalement
« de monseigneur de Froulai, dont la mémoire sera
« toujours en bénédiction, la bonne semence qu'ils ont
« répandue dans ce diocèse, a jeté de si profondes ra-
« cines et germé si heureusement, que rien n'a pu en
« étouffer les fruits ; néanmoins, comme il était mal-
« aisé que, pendant la longue vacance de ce siége,
« l'homme ennemi ne jetât à la dérobée quelques grains
« d'ivraie dans cette terre si bien cultivée, nous avons
« cru devoir appliquer tous nos soins à arracher le mau-
« vais grain et à purger le champ du Seigneur (1). »

Ce savant prélat s'appliqua à faire fleurir la science
dans son diocèse ; lui-même en donnait l'exemple. On
raconte qu'étant toujours occupé à l'étude dans son cabi-
net, une femme se présenta pour lui parler, et demanda
où il était. On lui répondit qu'il était occupé à étudier,
et que Sa Grandeur ne pouvait donner audience. Ayant
encore reçu la même réponse une seconde fois, elle s'é-
cria : Ah ! quand aurons-nous donc un évêque qui ait
fait toutes ses études! Ce savant, à son lever, à son coucher, durant ses repas, se faisait lire quelque livre par
ses serviteurs. Il avait lu vingt-quatre fois la bible en hébreu, en comparant ce texte avec les textes orientaux.
Tous les jours, dit-il, sans un seul d'excepté, il y em-

(1) Nous possédons un registre manuscrit de ses visites dans son
diocèse, où l'on trouve la description des églises à cette époque ; un
autre manuscrit contenant la liste des nobles qui se trouvaient dans la
partie de son diocèse que l'on appelle l'Avranchin. Il y en avait 260.

ploya deux, ou trois heures, depuis 1681 jusqu'en 1712. Ce travail assidu était cause qu'il avait le teint d'une pâleur extrême. Il était aussi très-sobre. Il ne montra pas moins de zèle pour la piété que pour la science. On raconte néanmoins qu'il récitait son bréviaire en le parcourant seulement des yeux, sans prononcer les mots, et qu'un de ses chanoines s'en étant aperçu, lui en témoigna son étonnement. Je pensais, répondit le prélat, que cela suffisait ; mais puisque ce n'est pas là l'intention de l'église, je renonce à cet usage. Les plus grands génies ignorent souvent les choses les plus simples.

Ce savant évêque fit des statuts qui sont, pour ainsi dire, un traité complet de théologie. Par un de ces statuts, il ordonnait que le prône et l'explication de l'évangile ne dureraient pas plus d'une demi-heure. Il paraît que, dans ces temps, beaucoup de personnes sortaient de l'église pendant le prône. A la fin de ces statuts, on trouve des réglemens pour les droits casuels. On voit que la rétribution due au prêtre, pour une basse-messe, était de six sous ; pour une messe chantée, de dix sous. Chaque prêtre assistant avait à la ville trois sous, et à la campagne deux sous, et il était défendu de rien exiger des pauvres.

Huet, après avoir gouverné son diocèse pendant un espace de près de dix ans, tant en qualité d'évêque qu'en qualité de vicaire-général du chapitre de l'église cathédrale, pendant la vacance du siége épiscopal, sentant que l'air de la ville d'Avranches était très-contraire à sa santé, remit l'évêché d'Avranches entre les mains du roi, le 20 avril 1699. Il se retira aux portes de Caen ; mais des procès vinrent l'assaillir dans sa retraite, et, quoiqu'il eût quelques talens pour la chicane, il s'éloigna et se retira à Paris dans la maison professe des Jésuites, où il demeura jusqu'à sa mort. Deux ou trois jours auparavant, tout son esprit se ralluma, toute sa mémoire lui revint ; il employa ces précieux momens à produire des actes de piété, et mourut tranquille, plein de confiance en Dieu. Il vécut 91 ans, moins quelques jours (1).

Le diocèse d'Avranches avait encore produit d'autres savans pendant la durée de ce siècle. Parmi ces hommes, on distingua Michel Auger, né à Vengeons, en 1620. Il fut nommé curé de Brouains vers l'an 1650, où il établit un séminaire, qui fut le premier qu'on vit dans le diocèse. Jean Hantraye, qui fut curé d'Isigny, naquit à Mesnilthébault. On le choisit pour enseigner l'hébreu et les mathématiques aux évêques d'Héliopolis, de Métellopolis et de Berythe, que l'on destinait pour la Chine. Jean Nicole, natif de la paroisse de St.-Laurent-de-Cuves, en l'an 1629, fut nommé en 1665 à la cure de Carnet, et fut bientôt établi doyen de la Croix. Il fut vicaire-général du diocèse d'Avranches, pendant 21 ans; il fut aussi nommé grand-vicaire par l'évêque de Rennes, pour la partie de son diocèse qui est contiguë à celui d'Avranches. Jean Fleuri reçut le jour à Vernix, l'an 1627. Il fut auteur d'un petit ouvrage destiné à instruire les personnes simples.

André Roger de la Paluelle fut baptisé à St.-James, l'an 1647 : il était fils de Charles de la Paluelle, con-

_____

(1) « Huet, évêque d'Avranches, dit Voltaire, l'un des plus sa-
« vans hommes de l'Europe, sur la fin de ses jours, reconnut la
« vanité de la plupart des sciences et celle de l'esprit humain ». Hist.
générale par Voltaire, p. 161.

seiller du roi, chevalier de St.-Michel, comte de Pontavice, et de Magdelaine de la Luserne. Il fut syndic du diocèse de Coutances et auteur d'un livre, qui a pour titre : *Résolutions de plusieurs cas de conscience*. Pierre Guichart, sieur de Villiers, grand-maître du collége de Navarre, fut un des hommes les plus instruits de son temps.

François Dirois, mort chanoine d'Avranches, en 1692 : c'était un grand théologien, et auteur de l'histoire ecclésiastique de France à la suite de l'abrégé de Mezerai. Benoît, historien, de Mortain ; Bigot de Husson, théologien fameux ; Dom Chollet, religieux du Mont St.-Michel ; Jacques Boyer, né près de Mortain, auteur de plusieurs ouvrages savans ; Jacques de Channevelle, jésuite, philosophe, mort en 1680 ; Jean Pigeon, poète français, mort en 1660. Tous ces savans illustrèrent le diocèse d'Avranches.

Pierre Crestey, natif du diocèse de Seez, fut nommé curé de Barenton par la présentation de madame de Durcet, à cause d'une terre seigneuriale qu'elle possédait en cette paroisse. M. Crestey, persuadé qu'un pasteur ne peut être saint, s'il ne travaille à la sanctification de ses paroissiens, amena avec lui à Barenton huit ecclésiastiques, pour l'aider dans ce grand ouvrage. Il établit un collége à Barenton et il en donna le soin à cinq de ces ecclésiastiques, et en très-peu de temps il s'y trouva plus de trois cents écoliers. Il en vint non-seulement de Normandie, mais de la Bretagne, du Maine et des autres provinces. Après avoir ainsi pourvu à l'instruction des jeunes gens qui sortaient de ce collége, avec de grands sentimens de piété, et après avoir aussssi établi un pensionnat pour les filles, il fonda un hôpital qui subsiste encore. Il y fit venir deux dames religieuses, et fit faire des vœux solennels aux filles hospitalières auxquelles il avait donné la conduite de son hôpital. Elles embrassèrent la règle de St. Augustin. Cet établissement religieux existe encore aujourd'hui. M. Crestey, qui fut doyen du doyenné du Teilleul, dans l'étendue duquel était sa paroisse, mourut à Barenton, le 23 février 1703. On voit encore son tombeau dans l'église de cette paroisse, et les habitans du lieu prétendent qu'il s'y opère des miracles.

Nicolas Montier, natif de la paroisse d'Isigny, au bourg de Pain-d'Aveine, eut pour père Abraham Montier, forgeron de profession, qui était né dans l'hérésie de Calvin, mais qui s'était si parfaitement converti, qu'on pouvait le proposer pour modèle aux plus fervens catholiques. Dès que Nicolas Montier fut prêtre, il alla à Paris, où il fut, pendant quelque temps, dans l'église de Ste.-Opportune en qualité de chantre du chapitre. Il entra ensuite dans la communauté des prêtres qui desservaient l'hôtel-Dieu de Paris, d'où M. Hautraye, son compatriote et son ami, qui était alors curé d'Isigny, le rappela pour l'employer au salut des âmes, et pour remplir les fonctions de vicaire. Ce fut là qu'il commença ses courses apostoliques, prêchant et catéchisant dans divers lieux du diocèse d'Avranches. Il avait coutume de confesser avec l'étole et le surplis, conformément aux réglemens du dernier concile de la province, et de tenir un petit crucifix à la main, pour exciter les pénitens à la componction, à la vue d'un objet si touchant. La providence divine le fit entrer dans le séminaire épiscopal

d'Avranches, qui ne faisait que commencer sous l'épiscopat de M. de Froulai, qui en avait d'abord confié le soin
à M. Gombert, curé de St.-Martin-des-Champs, si
connu dans le même lieu par l'austérité de sa vie, par
sa tendresse pour les pauvres et par son zèle pour le salut
des âmes. Ce fut là que M. Montier fit voir qu'il était aussi
propre à porter les ecclésiastiques à la perfection de leur
état, que le commun des fidèles à la pratique des
maximes de l'évangile. En 1675, il sortit du séminaire
d'Avranches pour prendre possession de la cure de St.-
Hilaire du Harcouet, où il montra le même zèle et la
même piété. Il visitait ordinairement ses malades en surplis, quand il ne sortait point de son bourg ; et quand
il allait les voir dans les villages, il portait son surplis
et même une étole sur le bras, afin de n'administrer aucun
sacrement que sous les habits dont le prêtre doit être revêtu dans ses fonctions. Il travailla vingt ans dans sa cure
avec un zèle admirable ; alors il se démit de sa charge, sans
cesser néanmoins de contribuer efficacement au salut des
âmes. Etant allé prêcher le Carême aux Loges-Marchis,
l'an 1700, il s'y fatigua tellement, qu'il ne put continuer
sa station, et fut obligé à son retour de se mettre au lit,
où il ne résista que six jours. Il mourut le second jour
d'avril. C'est ainsi que, dans ce 17°. siècle, le diocèse
d'Avranches fut illustré par des hommes également célèbres par la vertu et par la science.

CHAPITRE XVIII.

ROIS DE FRANCE.

Louis XV. Louis XVI.

ÉVÊQUES D'AVRANCHES.

Roland François de Querhoënt de Coetanfao, l'an 1700. César-le-Blanc, 1720. Pierre Jean-Baptiste Durand de Missi , l'an 1746. Raymond de Durfort Léobard , 1764. Joseph François de Malide , 1766. Pierre Augustin Godard de Belbeuf , 1774.

Dans ce siècle , comme dans les siècles précédens , le diocèse d'Avranches fournit sa part d'hommes instruits. Les Pontas et les Le Berriais s'acquirent une célébrité méritée. Jean Pontas naquit à St.-Hilaire du Harcouet ; il fit ses études à Caen et les acheva à Paris. Il reçut les

ordres sacrés à Toul , et , trois ans après , il se fit recevoir
à Paris docteur en droit civil et en droit canon. Il devint
vicaire de la paroisse de Ste.-Geneviève-des-Ardens , à
Paris, dont était curé Jean Payen , originaire de St.-
Martin , près Avranches. Pontas fut nommé ensuite sous-
pénitencier de Paris , où il mourut l'an 1728 , à l'âge de
quatre-vingt-dix ans.

On a de lui plusieurs livres de piété ; mais un ouvrage
qui fit beaucoup de bruit en son temps fut son grand
dictionnaire des cas de conscience. Il reçut des félicitations
de tous les savans de l'Europe ; car alors tous les hommes
instruits faisaient un cours de théologie, que l'on appelait
les hautes sciences. Son ouvrage était le meilleur qui eût
paru en ce genre. Collet , qui puisait dans les bons écrits
de son temps , le retoucha en quelques articles , et on le
regarda comme un chef-d'œuvre.

M. Le Berriais naquit à Brécey , où quelques-uns de
ses parens existent encore. Il se fit bientôt connaître par
ses talens , et fut appelé pour faire l'éducation de M.
Gilbert des Voisins , président à Mortier du parlement
de Paris. Ce fut dans ce même temps , à Paris , que se
déclara son goût pour l'horticulture , et il fit dès-lors
concevoir des espérances, qu'il a plus que réalisées dans
la suite. Il en fit une étude particulière et s'y appliqua
entièrement. Il devint le premier agriculteur et le premier jardinier de l'Europe. Il fut aussi un botaniste distingué. Il ne se contentait pas de savoir le nom des
plantes, de les cultiver , il en connaissait les vertus , en
expliquait, avec la plus grande facilité et la plus grande
bonté , la nature , la forme , les qualités et les usages.
C'était en se promenant avec quelques amis à Avranches ,

dans son jardin, qu'il donnait ses agréables leçons. Le traité des jardins du célèbre abbé Le Berriais fit oublier l'instruction sur les jardins fruitiers et potagers de la Quintinye, que l'on regardait depuis long-temps comme un excellent ouvrage.

On regrettera toujours son grand manuscrit, orné à chaque page des plantes qu'il expliquait et qu'il avait dessinées ; la mort l'empêcha sans doute de le faire paraître. Il est entre les mains de personnes qui n'en connaissent probablement ni le mérite ni la valeur.

Le diocèse d'Avranches produisit encore Jacques Parrain, baron des Coutures, né à Avranches. Après avoir été officier dans sa jeunesse, il quitta les armes et se consacra à l'étude des sciences. Il se distingua par sa critique ; il donna des commentaires sur la Bible, l'esprit d'Epicure, de Socrate, d'Apulée, et, en 1692, une bonne traduction du poète Lucrèce, avec des notes. Il mourut au commencement de ce xviii°. siècle, l'an 1702. Pierre Champion, jésuite, historien, né à Avranches, mourut l'an 1701. Nicolas Firmin, carme, connu sous le nom de père Pascal, également né à Avranches, mourut l'an 1704 ; il est auteur de plusieurs traités de théologie. Julien Bellaise, théologien, mourut en 1711. Son ouvrage sur les conciles de Normandie fut publié par Dom Bessin.

Féron, horloger à Paris, inventeur du quantième perpétuel, ancien et nouveau ; d'un fusil vraiment original, avec lequel on peut tirer jusqu'à vingt coups par minute ; d'un affût de canon.... naquit à St.-Laurent-de-Cuves.

Julien Dubourg-Leveé en 1710, au Fresne-Poret,

près Sourdeval, d'une famille ancienne de cultivateurs, fit ses premières études au collége de Mortain, et les acheva à Rennes. Il s'appliqua principalement aux mathématiques et aux sciences physiques ; il fit des progrès rapides dans la géographie et l'hydrographie, et publia en 1765 « les connaissances préliminaires de la géographie. » Il composa d'autres ouvrages qui sont restés inédits.

François Richer, né à Avranches en 1718, avocat au parlement de Paris, fit un ouvrage qui a pour titre : *Traité de la mort civile*. Il a aussi rédigé la dernière édition des arrêts d'Augeard, et celle des lois ecclésiastiques de d'Héricourt, mises dans leur ordre naturel. M. Langlois, intendant des finances et conseiller d'état, aussi originaire d'Avranches, connaissant le mérite de François Richer, se l'attacha particulièrement. Adrien Richer, son frère, était historien. On lui doit un abrégé chronologique de l'histoire des empereurs, la vie des hommes illustres, comparés les uns avec les autres, depuis la chute de l'empire romain, jusqu'à nos jours ; un essai sur les grands événemens par les petites causes, ouvrage traduit en plusieurs langues ; enfin, l'histoire de nos plus illustres marins.

Jacques Henri Roupnel, né à Mortain en 1722, conseiller au parlement de Rouen, donna au public, en style pur et élégant, d'excellentes notes sur la coutume de Normandie. Boihineult, né en 1720, est auteur d'une bonne traduction des psaumes, avec des notes. Le Timonier Desartons, né à Avranches en 1748, composa le poème de la Louisiade et celui de Constantin-le-Grand ; les sujets étaient heureux. Dans ses poèmes d'un faible mérité, on trouve parfois de la verve et même quelques éclairs de génie. Le Bourgeois de Heauville, grand doyen d'Avranches, donna d'excellentes règles pour la poésie. Hervé fut jurisconsulte ; et M. Cousin, docteur de Sorbonne, curé de St.-Gervais d'Avranches, a laissé manuscrits vingt volumes in-folio, de recherches curieuses sur l'Avranchin et les affaires les plus importantes qui se sont passées en France, de son temps.

On doit encore citer M. de Verdun de la Crenne, capitaine de vaisseau et major des armées navales. Il fit des voyages dans les mers du Nord, et rédigea, avec le chevalier de Borda, des observations astronomiques très-utiles aux navigateurs.

Ce seigneur se distingua aussi par sa piété. Il fonda à Avranches et il dota de 1200 francs de rente perpétuelle un établissement destiné à former des institutrices, qui se dévouent à soigner les malades au fond des campagnes, et à instruire les enfans de l'un et de l'autre sexe.

On vit aussi, dans le diocèse, des hommes d'une piété éminente. Pierre Barbot, prêtre, mourut en odeur de sainteté à Avranches. Jean Dubois fut regardé également comme saint. Il était curé de St.-Jean-de-la-Haize, et supérieur des missions. Jérôme de Bragelongne, prêtre, docteur en théologie, archidiacre d'Avranches, fils de Jacques de Bragelongne, conseiller du roi en tous ses conseils, et de Marie Memin, fut également célèbre par sa piété. Sa famille était originaire de Bourgogne. Il avait un air de bonté et de mortification extraordinaires. Il était surtout rempli de zèle et d'amour pour les pauvres et les malades. Il fut le restaurateur et le principal bienfaiteur de l'hôpital de St.-James, où il résidait et où il est mort. Les pauvres y prient encore pour lui. Il faisait régulièrement la visite des églises de son archidiaconé. Le curé de chaque paroisse et les principaux habitans paraissaient devant lui ; il les interrogeait, écoutait leurs plaintes et leurs réclamations, et faisait une enquête de l'église et du cimetière. Au-dessous de chaque article était écrit ce qui suit : « Voilà ce qu'ont signé le curé et les principaux paroissiens du lieu (1) ».

A Tirpied, il trouva huit prêtres attachés à l'église paroissiale, et maître Bertrand Badier, acolyte titulaire de la chapelle de Notre-Dame-de-Crux. Il y en avait également huit à Carnet et dix à Pontorson. La paroisse du Luot avait pour curé Gabriel Briosne, bachelier de Sorbonne ; celle de Servon, Louis Auray, licencié aux lois, ancien grand-chantre et chanoine de l'église cathédrale d'Avranches ; et celle de Subligny, Nicolas Guard, bachelier de Sorbonne. En cette même paroisse était né Nicolas Masure, docteur de Sorbonne.

Louis Menard et Hervé Bagot, prêtres à St.-James, accompagnaient l'archidiacre dans ses visites. Dans la visite de 1708, il trouva Oresve, curé de St.-Martin-de-St.-James, établi dans le prieuré. Un incendie avait dévoré son église ; il n'en resta que les murailles et la tour ; elle ne fut point rétablie, parce qu'elle était trop petite. Ce curé eut un procès avec Charles Guiton. Il avait brisé les écussons des Guiton, qui étaient peints sur les vitraux de l'église de St.-Jacques ou du prieuré, et il en avait enlevé les pierres tombales. Cette famille, oubliée dans les bienfaits des rois de France, avait déjà eu

(1) Manuscrit de l'hôpital de St.-James, penès nos.

la douleur de voir une famille rivale briser ses bancs dans l'église St.-Martin , et avait été obligée de recourir à la justice. Elle fut encore défendue dans cette nouvelle violence , et le curé , à qui on l'avait conseillée ; fut condamné à remettre les choses à leur lieu et place ; mais les écussons ne purent être rétablis , parce qu'alors le secret de faire ces sortes de peintures sur verre était perdu (1).

L'abbaye de la Luserne produisit également, au commencement de ce xviii°. siècle, des hommes aussi distingués par leur rare vertu que par leurs grands talens. Jean Etheart avait été enfin nommé par le roi , pour gouverner l'abbaye de la Luserne , après trois ans de vacance ; il en prit possession le 5 septembre 1700. Les louanges de cet homme de bien étaient dans la bouche de tout le monde. François Le Lorain , docteur de Sorbonne et vicaire-général de la congrégation de l'Etroite Observance de Prémontré , disait de lui qu'il avait rendu les plus grands services à son Ordre , et qu'il brillait parmi tous ses frères (2). Le successeur de Jean Etheart à l'abbaye de la Luserne , appelé Hyacinthe Jean des Noires-Terres , chanoine régulier de la même Observance , professeur de philosophie et de théologie , homme des plus instruits de son temps ,

(1) Les procédés de la peinture sur verre ne sont plus un secret perdu. On peut voir, depuis quelque temps, dans l'église de Ste.-Elisabeth, à Paris, cinq beaux et grands vitraux ainsi exécutés, sous la direction de M. le comte de Noë, d'après les cartons de M. Abel de Pujol , et qui sont supérieurs de beaucoup à ce que faisaient nos pères. Ces vitraux sont un don de la ville de Paris.

(2) Quid mirum si ob præclara ejus in dilectam congregationem merita a rege sapientissimo remuneratore abbas nominatus sit Lucernæ , qui toto jamdudum lucebat in ordine et toti par erat prælucere ecclesiæ.

« laissé à la postérité .... de sa vie. Voici comme
il en parle .... de .... à la prière de ses
« enfants les religieux de la Trappe .... de com-
« poser son .... funèbre .... Cela me dédommage
« aussi de la perte que j'ai faite d'un ami avec qui
« j'étais lié d'une union très étroite depuis ......
« six ans, en me représentant ses grandes actions et
« ses vertus. ....

« Jean Etheart joignit dans .... à l'étude
« des sciences humaines et de la philosophie il
« fit de grands progrès au collège .... chez les
« pères Jésuites ....
« .... Il se trouva également ....
« de piété, et chercha bientôt un asile dans un mo-
« nastère, pour y mettre à l'abri son innocence. Le
« maître des novices admira souvent en lui les fruits
« prématurés d'une vertu solide, un air tout à la fois
« gracieux et sérieux au dessus de son âge, un silence
« continuel, une si ardente charité envers tous ses
« confrères, qu'il se chargeait souvent lui seul des
« choses qui regardaient le devoir de plusieurs, pour
« les soulager tous ...... Ce fut son grand zèle à ne
« prêcher jamais que la pure vérité des maximes chré-
« tiennes, et à les soutenir avec fermeté dans toutes
« les occasions qui se sont présentées, qui le rendit
« comme l'on sait, si agréable au roi Louis XIV. »

Le père La Lande, ...
témoignage de sa foi (1). Il se ....

(1) Antepatrum nostrorum doctrina impacti .... studiorum
magistros nec hora, nec novi loqui unquam .... illud verum quod vetus, id falsum id erroneum quod novum.

de la congrégation des réformés de l'Ordre de Prémontré l'an 1675 , où il condamna, avec les autres
pères, les erreurs des Jansenistes , et où il reçut les
bulles des souverains pontifes Innocent X et Alexandre
VII (1). Les religieux de la Luserne s'assemblèrent
aussi, et certifièrent que jamais aucun d'eux n'avait enseigné quelqu'une des cinq propositions extraites du
livre de Jansenius, qu'ils n'avaient jamais avancé ou
soutenu cette doctrine, qu'ils souscrivaient au jugement
du souverain pontife (2). Cette déclaration fut signée
par Gilles Le Than, prieur ; Pierre Guerard ; Guillaume
Raoul, sous-prieur ; Philippe de Marguerit ; Etienne
Anctil, distributeur des aumônes ; Victor Roussin ; Denys Blin, proviseur ; Casault ; Nicolas Boscain, lecteur
de philosophie ; Turpin, Dominique-le-Feuvre et Buf-
fard, tous chanoines de l'abbaye de la Luserne.

« Jamais , continue Hyacinthe des Noires-Terres ,
« Jean Etheart n'eut une conduite moins sage, moins
« prudente , moins animée de l'esprit de religion et
« de charité. On sait à quelle extrémité de ruine et
« de misère l'abbé commendataire, qui l'avait pré-
« cédé, avait réduit la Luserne, cette ancienne maison,

---

(1) Nos enim omnes tanquam veri sanctæ romanæ catholicæ ecclesiæ filii constanter.... etc. Continuation des annales de Prémontré,
par Hyacinthe des Noires-Terres.

(2) Nos infra scripti canonici regulares sanctissimæ Trinitatis de
Lucerna congregationis antiqui rigoris Ordinis Præmonstratensis tes-
tamur nullum unquàm apud nos docuisse ullam è quinque propo-
sitionibus ab Innocentio X damnatis, prædestinationem physicam
aut prædestinationem ante prævisa merita tenuisse, scientiam mediam, aut gratias sufficientes negasse, nullum denique a communi
congregationis nostræ doctrina fuisse alienum. In quorum fidem has
præsentes a singulis subsignatas et sigillo nostro conventuali commu-
nitas dedimus in prædicto nostro monasterio sanctissimæ Trinitatis de
Lucerna , etc.

« autrefois si illustre en noblesse[1], et abondante en
« biens ; jusqu'à que ce dernier abbé commenda-
« taire avait voulu en chasser les moines pour substi-
« tuer en leur place des étrangers afin que s'en étant
« attribué tous les biens ; il put faire un simple bé-
« néfice d'une abbaye si riche qui ... et si con-
« sidérable ; ce qui n'eût encore suffi qu'à peine pour
« contenter sa cupidité, et ce fut dont le roi prévint notre
« défunt abbé, rétablissant en sa faveur cette abbaye
« en règle. Vous trouverez, lui dit le roi, cette an-
« cienne abbaye dans une étrange désolation ; mais,
« après tout, comptez sur ma bonté et sur ma pro-
« tection pour l'intérêt de toutes les affaires qu'il vous
« conviendra d'entreprendre et de suivre selon le droit
« et la justice ; comme je fais fond moi-même, en
« vous nommant abbé de la Luzerne, sur votre bonne
« foi ; sur votre zèle, votre piété et votre savoir-faire,
« pour bientôt la remettre en son premier état, tant
« pour le spirituel que pour le temporel. Notre abbé
« n'eut pas plutôt pris possession de sa maison, qu'il
« rétablit par sa prudente et sage économie les bâti-
« mens les plus ruineux et les affaires les plus déses-
« pérées, et renouvela l'esprit de St. Norbert, notre
« grand patriarche, dans toute sa rigueur. De là, l'exac-
« titude et le bon ordre avec lequel vous y voyez en-
« core présentement observer toutes choses ; comme
« dans les temps que l'Ordre était dans son bureau :
« l'abstinence, le jeûne, le silence et la régularité.
« De là, l'empressement dans tous les religieux à se
« trouver au signal de la cloche, à tous les exercices
« de la communauté. De là, leur ferveur à chanter

« jour et nuit les louanges du Seigneur ensemble dans
« l'église. De là, l'esprit de retraite, de pénitence,
« d'union et de charité, que l'illustre défunt a laissé
« en dépôt, comme par testament, dans cette sainte
« maison. De là, ces belles et doctes conférences, ces lec-
« tures spirituelles et morales, qu'il a établies cer-
« tains jours de la semaine. De là, ces entretiens édi-
« fians qu'aux Dimanches et Fêtes notre vertueux abbé
« a continué de faire à la communauté, jusqu'à ce que
« ses forces aient été épuisées. De là, enfin, sa charité
« paternelle : on le voyait dans la maison visiter les
« malades quatre à cinq fois le jour, les consoler,
« récréer et divertir avec cet air gracieux, qui lui était
« si naturel. Il faisait enlever de sa table ce qu'on
« avait préparé pour sa bouche, pour ragoûter le ma-
« lade et fortifier le faible et le convalescent. Combien
« de fois voyant ses religieux fatigués de travail péni-
« ble, des confessions et prédications aux jours des Di-
« manches et des Fêtes, ou des voyages nécessaires pour
« le bien de la maison, les a-t-il obligés de prendre
« du repos, pendant qu'afin de les pouvoir soulager,
« lui-même avait la charité de se substituer jour et nuit
« en leur place aux exercices du chœur et de la com-
« munauté ! Il savait consoler et encourager ses reli-
« gieux ; aussi ils l'aimaient comme un tendre père.
« Les étrangers trouvaient en sa maison, comme dans
« la leur propre, tout ce qui était nécessaire à la vie,
« et s'en retournaient pleins d'admiration de sa préve-
« nance et de ses attentions. Il employa aussi les ou-
« vriers, pendant tout le temps qu'il fut abbé de la
« Luserne, pour leur donner à eux et à leur famille

« les moyens de subsister. Ces bâtimens rétablis et
« nouveaux, surtout ce beau cloître élevé par ses soins
« de fond en comble pour la troisième fois depuis la
« fondation de cette ancienne abbaye, ces lambris en-
« richis d'un si bel ordre d'architecture, qu'on voit de
« tous côtés ; ce tombeau renouvelé de l'excellent et
« noble abbé de la Bellière, un de ses prédécesseurs,
« qu'il s'était proposé pour modèle dans sa conduite et
« dans ses charités, et ces beaux ornemens que vous
« voyez déployés devant vous ; tiennent un langage
« muet, mais éloquent, et annoncent son esprit de cha-
« rité pour tous les ouvriers, et son grand zèle pour
« l'entretien et la décoration de la maison du Seigneur.
« Mais qui pourrait peindre son amour pour les pau-
« vres ? Dans une extrême disette, où la communauté
« avait à peine le nécessaire, il voulut que les pauvres
« ne manquassent de rien, non pas même d'habits,
« dont il avait chez lui en magasin, et de remèdes en
« temps de maladie. Combien de fois ne l'a-t-on pas
« surpris et vu, dans le dessein qu'il avait de consoler
« en personne les pauvres qui réclamaient sa charité,
« les chercher à la porte du monastère, et là leur
« distribuer lui-même de sa main la meilleure par-
« tie de ce qui avait été présenté à sa table !

« D'autres fois il enlevait à ses propres besoins de
« l'argent, qu'il chargeait quelques personnes de piété
« de faire parvenir à des pauvres honteux, pour n'avoir
« d'autres témoins que Dieu seul de ses bonnes œuvres.

« Qu'un homme de ce mérite n'était-il immortel pour
« servir de perpétuel modèle de vertu ! Il s'attendait
« de perdre de jour en jour cette vie périssable et mor-

« telle ; il s'y préparait depuis long-temps , ainsi qu'il
« l'écrivit à un de ses amis un mois avant le jour de son
« décès. Il renouvela ses vœux avec une ferveur qui
« toucha tout le monde, reçut les derniers sacremens ,
« et porta en triomphe la vertu jusques dans le
« tombeau. »

Celui à qui on doit le récit de cette belle vie, Hyacinthe
des Noires-Terres, fut nommé par le roi , le 24 décembre
de l'an 1712 , pour lui succéder ; le souverain pontife
approuva ce choix. On doit à ce savant divers ouvrages (1) , et quelques pièces de vers.

Voici quelques strophes d'une ode latine, qu'il composa
en l'honneur de son vertueux prédécesseur, et qui re-
présente parfaitement la situation de l'abbaye de la
Luserne :

Ut poli monstres iter , et sodales
Dirigas , ingens Ludovicus unum
Plurimos inter , placitis Lucernæ
        Præficit oris.

Incolæ discunt , alacris voluptas
Occupat mentes : hilari loquela
Principis laudes propriumque donum
        Tollere certant.

Saxa jucundum sonuêre carmen ,
Omnibus plaudit tua sylva ramis ;
Nomen et pulchrum Driades puellæ
        Cortice scribunt.

(1) Je possède un volume trouvé à la Luserne , composé par lui , où
il y a des sermons, des pièces de vers , des thèses de philosophie , des
relations de ce qui s'était passé de son temps dans les chapitres généraux de son Ordre , etc.

Montis exultant juga summa, pratum
Floribus ridet, geminique rivi
Lympha decurrens recreat jocoso
Murmure valles.

Ce savant abbé conduisit ses religieux dans les sentiers de la vertu ; il annonçait la parole de Dieu dans les églises voisines avec un succès extraordinaire. On n'en a pas encore perdu entièrement le souvenir. Son successeur fut Jean-Baptiste Pelvé ; ensuite Pierre René Cuvigny, à qui nous devons beaucoup de renseignemens sur la fondation de son abbaye ; un autre appelé Dutot, de Caen, et enfin Bernardin Gautier de Lespagnerie, qui fut le dernier abbé de ce monastère (1).

L'abbé de la Luserne jouissait dans ces derniers temps d'un revenu de 4,193 l. 6 s. ; le fief de la Luserne lui rapportait, tous les ans, 201 demeaux de froment, 202 d'avoine, 14 gélines et 10 pains ; les halles et le marché d'Avranches, 800 l. Les religieux avaient un revenu de 5,441 l. 2 s. 8 d. Les moulins de l'abbaye étaient affermés pour 340 l., avec trente ruches de seigle et cinq livres de sucre.

Le tiers lot pour les charges de l'abbaye était de 6,110 l. 13 s. 2 d. L'abbé avait la moitié des dîmes de St.-Pierre-Langers, affermées pour 120 ruches de seigle, 60 d'avoine, et 700 bottes de paille.

Les religieux étaient obligés d'acquitter trois messes, tous les jours, dont la première, par ancienne réduc-

(1) L'auteur du Neustria pia en compte de plus : Geoffroi-le-Bouclier, Marin de Cauroy ou de Cauron, Ivelin et Michel ; mais on ignore le temps où ils ont vécu.

tion, pour les fondateurs ; la seconde, en l'honneur de la
Vierge, et enfin la grand'messe conventuelle. Ils célébraient, tous les ans, trois services solennels pour les
bienfaiteurs, 21 messes pour les seigneurs de St.-Pierre-
Langers, 15 pour un seigneur Ponfoul, et 56 pour
d'autres particuliers.

Cette communauté, qui était ordinairement composée
de 15 à 18 religieux, tant prêtres qu'étudians en philosophie et théologie, fut réduite dans ces derniers
temps à 7 religieux, parce que ce séjour était fort mal
sain, étant dans un fonds humide et marécageux, entouré
de toutes parts de bois et de coteaux. « Les maladies y
« régnaient depuis près de 40 ans, dit un religieux de
« la Luserne, nommé Fellecoq, procureur de cette
« abbaye en 1766, lorsque le dernier abbé a entrepris
« de dessécher un marais, de détourner une rivière, de
« pratiquer des canaux souterrains, d'aplanir une mon-
« tagne qui, en masquant la maison, y concentrait un
« air empesté. Ces travaux ont été si heureux, qu'au-
« jourd'hui les chanoines jouissent de la santé la plus
« parfaite (1). »

Quand la révolution arriva, ils avaient tous une conduite régulière, et se retirèrent, chacun, dans sa commune respective, avec des biens mobiliers que le gouvernement leur distribua (2).

On ne doit point encore oublier un doyen du chapitre
d'Avranches, élu l'an 1704, aussi distingué par sa piété
que par ses talens. Gabriel Artur de la Villarmois, d'A-

(1) Manuscrit de l'abbaye de la Luserne, pensà noş.

(2) C'est à tort qu'un savant antiquaire de ce département les a ac-
cusés d'inconduite.

vranches; établit en cette ville une école de ... de la
doctrine chrétienne; et leur procure un logement commode. Cette institution exerça une salutaire influence;
le spectacle des vertus, du bonheur, qui régnaient, parut
les élever, frapper les esprits. C'est quelque chose que
d'inspirer à une génération tout entière l'amour de
Dieu et l'amour des hommes. ... ... ou
prévenir les mauvais ... par ... ... que
de les réprimer par ... ...
philosophie, a dit Montesquieu, ...
c'est la religion qui arrête le doute. ... ...
d'encourager l'étude des sciences, ...
... ...
sera un ... ... Cet homme vénérable fut doyen ... ...
Il vit bien ... ... La premier qui succéda à Huet, ... françois de Coëtlogon ... ... sé-
naire de Bretagne. On lui doit l'établissement de l'ado-
tion perpétuelle du St.-Sacrement, ...
de son séminaire celui de la congrégation ... ...
de la Ste.-Vierge et de St.-Louis de ... ... le
collège d'Avranches. Un de ces prêtres, ... distingué, appelé Gabriel de la ... ... le
séminaire de la Carière, ... de grands
prédicateurs.

L'évêque, l'an 1713, alla à Ducey voir M. ... de
Montgommery (1). Un petit ... qui vécut en juge,
fut le dernier rejeton de cette célèbre famille (2). Au

(1) Marquisat de M. ...
(2) Chartrier de M. de Guiton.

commencement de l'administration de ce prélat , Philippe de France , duc d'Orléans , vint camper à Pontorson , avec 8,000 hommes , pour protéger les côtes de Bretagne et de Normandie. Ce prince , qui était comte de Mortain et qui fut régent du royaume , se rendit au Mont St.-Michel avec une suite nombreuse.

Etienne Texier de Hauteteuille en était encore abbé commendataire. Il eut pour successeur Jean Frédéric , baron de Bebenbourg, chancelier de l'Electeur de Cologne et son principal ministre ; ensuite Charles Maurice de Broglie. Celui-ci , à l'imitation de son prédécesseur , allemand de nation , qui avait choisi pour son grand-vicaire et son représentant au Mont St.-Michel le prieur de cette abbaye, lui confia les mêmes pouvoirs. Mais bientôt il voulut user de tous ses droits, et ôta aux religieux le pouvoir de nommer aux bénéfices. Bien loin de se soumettre aux ordres de leur supérieur, qui intervint, et de leur abbé , alors en grande recommandation à la cour , ils nommèrent à toutes les cures qui vinrent à vaquer. Le conseil-d'Etat les condamna ; mais M. de Broglie se laissa fléchir , et consentit , l'an 1749 , à une transaction : « Il laisse auxdits prieur et religieux du Mont « St.-Michel la présentation aux cures de St.-Pierre du « Mont St.-Michel, de St.-Pierre-de-Boucey, de Curey , « de St.-Sulpice-de-Macey , de Servon , de Notre-Dame « d'Ardevon, de St.-Pierre d'Huisne, de Beauvoir, de St.-« Martin-des-Pas, de la chapelle Hamelin , de Genêt , « de St.-Michel-des-Loups, et de Bays ou Bacilly (ce « qui compose en tout treize bénéfices dans le diocèse « d'Avranches). Notre-Dame de Pontorson et toutes les « autres cures dépendantes de ladite abbaye furent grande recommandation. Voici les revenus de l'abbaye dans ce temps, tiré d'un manuscrit...

L'évêque d'Avranches confirma dans sa ville épiscopale la réunion du prieuré de Montgoz à l'abbaye d'Avranches.

(2) Gros registre de tous les revenus du diocèse d'Avranches.

A la mort de Marie de Beaux-Oncles, prieure de Moutons, et de Susanne de Froulai, qui gouvernait le couvent
d'Avranches, Huet avait fait nommer une supérieure
générale des deux monastères ; c'était Marie-Magdeleine
de Madaillan de Montataire, religieuse de la Ste.-
Trinité de Caen. Elle fit sa résidence à Avranches,
appela auprès d'elle les religieuses de Moutons, et voulut que son monastère portât le nom de Prieuré de
Moutons. Elle mourut l'an 1704. Marie de Servon, originaire de Bretagne, religieuse de St.-Sulpice de Rennes,
fut appelée ensuite par M. de Coetanfao, et nommée
pour la remplacer.

Pendant son gouvernement, le prieuré de St.-Michel-
du-Boscq vint à vaquer par le décès de sœur Cécile
d'Arclays de Montamy. Elle présenta, suivant l'ancien
usage, au marquis de Rothelin, baron de Varenguebec,
deux de ses religieuses, pour en nommer une à son
choix. C'étaient sœur Marguerite Pilon, et sœur Catherine Dubois, fille du marquis de St.-Quentin. Le marquis refusa, et en nomma une autre. L'évêque de
Coutances, qui était son parent, refusa également les
provisions du prieuré de St.-Michel-du-Boscq. Plusieurs
seigneurs se transportèrent inutilement au château de
Brécey, où se trouvait alors l'évêque : ce furent Gabriel
Philippe Dubois de St.-Quentin, prêtre ; Nicolas Lu-
rienne, prêtre, chapelain dans l'église cathédrale d'A-
vranches ; Pierre Auger, doyen de Mortain, dont il est
dit dans les registres de l'église de Mortain, qu'il devait donner à dîner les jours de Pâques et de Noël aux
officiers du chœur, et qu'il devait également un repas
au prédicateur du Carême ; et enfin Jean - François

Pitheard, écuyer, seigneur de St.-Jean. (1)

L'abbesse de Montivon, fut obligée d'intenter un procès au baron de Varaquebec qui demeurait à Paris. Pendant ce temps, la dame de St.-Quentin établit Jean Duchesnit son procureur, pour prendre possession de St.-Michel-du-Bosog. Il y fut mis opposition par une dame nommée Delory, qui y était entrée, elle leur ferma la porte. La religieuse Marguerite Piton, ayant obtenu de l'archevêque de Rouen, des provisions, se transporta à son tour, avec un notaire, à St.-Michel-du-Bosog. Laissons parler l'homme de loi. S'est présen-
« tée devant la porte de l'église du prieuré, dame Pi-
« ton De Flieux, et après une dudit dame et nous
« notaire avons clenché la porte, nous l'avons trouvée
« fermée et barrée, sans qu'on ait voulu nous l'ouvrir,
« avons néanmoins fait lecture à haute et intelligible
« voix du visa, en à laquelle prise de possession per-
« sonne ne s'est opposé, ensuite nous nous sommes
« transportés au parloir, et après avoir sonné la cloche,
« serait venue, une demoiselle à nous inconnue, laquelle
« n'a voulu dire son nom, et nous a répondu que les-
« dites dames religieuses sont au notaire, et, ce fait,
« s'est présenté, noble dame Geneviève, Farvoch de
« Maison, prieure de St.-Michel-du-Bosog, laquelle
« a déclaré protester de nullité, ayant pris posses-
« sion il y a plus d'un an sur la nomination, dudit sei-
« gneur de Batholin. (2)

C'est ainsi que trois ou quatre religieuses se dispu-
taient ce petit prieuré. Marie de Vassy, succéda à Marie

(1) Registre des revenus de l'église de Mortain, perdu nos.
(2) Manuscrit de l'abbaye de Montivon, perdu nos.

de Servon. Dans ce temps, le revenu de leur abbaye se montait à la somme de 2,687 liv. ; savoir : treize métairies, affermées pour le prix de 1,910 liv. ; les dîmes du Mesnilthébault, 200 liv. ; rentes, 297 liv. ; un moulin dans la paroisse de Moutons, affermé 130 liv. ; une terre dans celle de Tournay, diocèse de Bayeux, 150 liv. ; les réparations et frais divers se montaient à 1,215 liv. ; il ne leur restait que 1,472 liv. Il y avait dans la communauté vingt religieuses, quatre sœurs converses, quatre domestiques. Cette communauté était pauvre et endettée. Tel fut le compte que rendit noble dame Marie de Vassy. Marie Angélique Le Fournier de Vargemont lui succéda ; elle était originaire de la ville d'Amiens. Elle arriva à Avranches le 8 octobre 1749, et mourut le 23 novembre 1755, à l'âge de 52 ans. Le roi nomma alors madame Faouc de Jucoville, religieuse de l'abbaye de Cordillon, au diocèse de Bayeux. Elle n'accepta point, et Sa Majesté nomma madame de Pierrepont, religieuse de l'abbaye de la Ste.-Trinité de Caen. La dernière abbesse qui gouverna l'abbaye de Moutons, se nommait sœur de Coëtlogon ; et quand la révolution dispersa les religieuses, sœur Magdeleine Ponfoul était prieure ; sœur de Camprond, sous-prieure : les autres se nommaient sœurs Goret de la Grandrivière, Regnault, Dubreul, Richer, Marie Anne Nicolle, Hélène Baillon, Charlotte le Boucher, Louise De Bordes, Marie Gauquelin, Esther Gauquelin, Françoise De Bordes, Elisabeth Des Hayes, Claire Pouilly et Marie Le Monnier (1).

(1) Manuscrits du chartrier de M. le curé d'Avranches.

L'abbaye Blanche fut gouvernée, après Marie Madeleine Marie, par Geneviève de la Roque et mademoiselle Geraldin. Cette abbaye avait un revenu de 4,546 liv. ? s. ? d. Il y avait 16 religieuses et neuf sœurs converses. Madame de Roque était la dernière abbesse.

M. de Coetanfao mourut l'an 1719, et eut pour successeur César Le Blanc, fils de Louis Le Blanc, maître des requêtes de l'hôtel du roi, et frère de Claude Le Blanc, secrétaire d'état au département de la guerre, sous la régence du duc d'Orléans. Il fut sacré à l'église des Invalides, à Paris, le 1er mai 1720, par l'archevêque de Rouen, son oncle, assisté des évêques de Meaux et de Clermont ; en présence de plusieurs autres prélats, et avec le plus grand appareil.

C'était le père Massillon qui était alors évêque de Clermont. L'année suivante, il fut nommé abbé commendataire de Savigny. Après la mort de Toussaint Marie de la Vieuville, le roi avait nommé titulaire de cette cardinal de Judson, qui, étant décédé l'an 1718, eut pour successeur un prêtre de Séez, nommé François Gaulier, ambassadeur du roi en Angleterre.

Massillon lui succéda. Ce célèbre prédicateur dut à son mérite les bienfaits de son roi. Il n'avait de bénéfice que celui de l'abbaye de Savigny, qui fut vaut 22,000 liv., et les charges pouvaient monter à 4,200 liv. Il possédait, dans le diocèse d'Avranches, le pré et l'étang de la Forge, les dîmes au trésaut, de Virey, la ferme, les prairies, les fiefs, les rentes et les dîmes de Brécey, la dîme et le fief de Montroy, la dîme de Sourdeval, le moulin de la Bite et celui du Prey, le moulin

Gisland, le terme du Dinget, les prairies de la Lande de la Bretoune, les fiefs aux environs de la forêt de Normandie et dans les bois de Marcilly, le fief Veyral, les terres et les dîmes de Chaupierren, le fief Pabren, l'herbage derrière le logis abbatial et le grand jardin, le droit de pêche et quelques arpens de bois dans la forêt de Sarigny. (1)

Voilà le compte qu'il rendit dans l'assemblée générale du clergé de France. A cette époque la ferveur régnait encore dans son abbaye. A deux heures du matin, on disait Matines de la Vierge ; après quoi on faisait la méditation et on disait Matines canoniales. A six heures, Prime se disait ensuite au chapitre, où on lisait le Martyrologe, une des chapitres de la règle de St. Benoît, et on y chantait les prières accoutumées. A neuf heures, on chantait Tierce, la Messe de communauté et Sexte ; à onze heures on chantait encore None ; suivait le repas, pendant lequel on faisait une lecture de l'Écriture-Sainte et de quelque livre de piété. A quatre heures, les religieux chantaient Vêpres. A cinq heures, ils allaient au réfectoire et y entendaient encore une lecture pendant leur repas. A six heures, la communauté se rendait au chœur ; pendant un quart d'heure on y faisait une lecture de St. Bernard ; on chantait Complies ; on méditait quelques instans, et ensuite chaque religieux se retirait pour prendre quelque repos. Il y avait dix-huit religieux, dont les revenus montaient à 10,469 liv. 12 s. 6 d. Ils en employaient 2,400 en aumônes, et 650 à exercer l'hospitalité envers les étrangers. Ils avaient outre cela diverses charges. (1).

Massillon mourut, plein de jours et de mérite, à près de quatre-vingts ans. Il eut pour successeur dans son abbaye François Odet d'Aydie. La même année que Massillon fut nommé abbé de Savigny, Henri-Xavier de Belsunce, évêque de Marseille, fut nommé abbé de Montmorel. Il succéda à François de Beauvais. On connaît les vertus de ce pieux évêque et son dévouement sublime. L'abbaye de Montmorel lui rapportait 8,677 liv. de revenu, mais il y avait des charges, et ses religieux, qui devaient être au nombre de dix-huit, jouissaient de 5,009 liv. avec aussi quelques charges. Jean-Baptiste Antoine de Brancas, archevêque d'Aix, fut encore abbé commendataire de Montmorel. De Panterés clôt la liste de ces abbés. Il était chanoine et sacriste de St.-Victor-de-Marseille, vicaire-général du diocèse de Mâcon, et aumônier de madame Adélaïde de France (2).

L'évêque d'Avranches mourut le 11 mars 1746; il avait administré son diocèse l'espace de 26 ans. C'est lui qui réforma le Bréviaire dont nous nous servons aujourd'hui, et qui adopta le Rituel de Rouen, en tout ce qui n'était pas contraire, comme il en avertissait dans son mandement, aux usages et aux règlemens du diocèse d'Avranches (3). Il eut pour successeur Pierre Jean-Baptiste Durand de Missi, docteur en théologie de la sacrée Faculté de Paris. Ce prélat donna aux Eudistes la

_____

(1) Manuscrit d'un religieux de Savigny, appelé F. P. M. Bonnet, prieur de l'abbaye de Savigny, page ...

(2) Manuscrit de Montmorel ...

(3) Voyez les manuscrits du d. Cousin.

direction d'un vaste séminaire qu'il fit bâtir. Ce fut lui qui établit la coutume de distribuer des prix dans le collége d'Avranches, à la fin de chaque année, pour encourager les élèves. Sans cesse occupé de son diocèse, il y fixa constamment sa résidence. Le mardi 3 avril 1764, de grand matin, on apprit à Avranches la nouvelle de sa mort ; il décéda à son château de Missi, à trois lieues de Caen.

Voici comment s'exprimaient ses chanoines en annonçant sa mort :

« La mémoire de ce que monseigneur de Missi a « fait, s'est retracée dans tous les esprits, et le récit « de ses rares qualités a fait le sujet de toutes les con- « versations. On s'est rappelé à l'envi l'innocence de « ses mœurs, la régularité de sa conduite, la droiture « de ses intentions toujours portées vers le bien ; sa « délicatesse de conscience, sa sensibilité sur les mi- « sères de son peuple, son empressement à soulager « toute espèce d'indigence, les secours qu'il a fournis « dans toutes les communautés de cette ville, sans les- « quels elles étaient prêtes à succomber. L'abondance « de ses largesses pour la décoration de son église ca- « thédrale, ou le don qu'il a fait d'ornemens riches, « de vases précieux, sera pour nos neveux, d'âge en « âge, un monument éternel de sa piété et de sa reli- « gion. On a publié avec complaisance la sincérité de « son attachement à la vraie doctrine de l'église, son « amour tendre et filial pour cette mère commune des « fidèles, sa douceur dans le gouvernement de l'église « particulière confiée à ses soins, son attention scru- « puleuse à n'admettre dans le sanctuaire, ou à ne con-

« fier l'exercice des fonctions saintes qu'à ceux qu'une
« capacité reconnue et ... éprouvée en ren-
« daient dignes ; on s'est rappelé enfin tant d'autres
« vertus chrétiennes et épiscopales dont parle l'apôtre
« à son cher Timothée ; et on s'est écrié : nous som-
« mes deux ... pour toujours les votre tendre
« père ... »

M. l'abbé Raimond de Durfort-Léobard, aumônier
du roi, fut sacré évêque dans la chapelle du château
de Versailles, et il prit possession de son évêché par
procureur, le 25 novembre 1764 ; il établit pour cet
effet Louis-Philippe de St.-Germain, seigneur de Parigny, archidiacre, grand-vicaire et official d'Avranches.

Ce prélat écrivit de Tours un mandement à son clergé et
à ses diocésains, ordonnant des prières publiques pour
l'âme du dauphin ; c'était le 24 janvier 1766 : « qu'il est
« affligeant pour nous de n'avoir que des larmes à ré-
« pandre pour la première fois que nous avons occasion
« de vous faire entendre notre voix ! Mais comment pour-
« rions-nous les arrêter depuis la nouvelle du malheur
« affreux que nous éprouvons avec le meilleur des
« rois ! ... »

La même année, au mois de mai, on apprit qu'il
avait été transféré à l'évêché de Montpellier. Le roi lui
donna pour successeur M. de Malide, né à Paris, fils
de Louis de Malide, capitaine aux gardes françaises,
brigadier des armées du roi ; et l'an 1774, il fut
également transféré à Montpellier. Avranches versa
des larmes abondantes quand on apprit son change-

direction d'un vaste séminaire qu'il fit bâtir. Ce fut lui
qui établit la coutume de distribuer des prix dans le
collége d'Avranches, à la fin de chaque année, pour
encourager les élèves. Sans cesse occupé de son diocèse,
il y fixa constamment sa résidence. Le mardi 3 avril
1764, de grand matin, on apprit à Avranches la nouvelle de sa mort ; il décéda à son château de Missi, à
trois lieues de Caen.

Voici comment s'exprimaient ses chanoines en annonçant sa mort :

« La mémoire de ce que monseigneur de Missi a
« fait, s'est retracée dans tous les esprits, et le récit
« de ses rares qualités a fait le sujet de toutes les con-
« versations. On s'est rappelé à l'envi l'innocence de
« ses mœurs, la régularité de sa conduite, la droiture
« de ses intentions toujours portées vers le bien ; sa
« délicatesse de conscience, sa sensibilité sur les mi-
« sères de son peuple, son empressement à soulager
« toute espèce d'indigence, les secours qu'il a fournis
« dans toutes les communautés de cette ville, sans les-
« quels elles étaient prêtes à succomber. L'abondance
« de ses largesses pour la décoration de son église ca-
« thédrale, ou le don qu'il a fait d'ornemens riches,
« de vases précieux, sera pour nos neveux, d'âge en
« âge, un monument éternel de sa piété et de sa reli-
« gion. On a publié avec complaisance la sincérité de
« son attachement à la vraie doctrine de l'église, son
« amour tendre et filial pour cette mère commune des
« fidèles, sa douceur dans le gouvernement de l'église
« particulière confiée à ses soins, son attention scru-
« puleuse à n'admettre dans le sanctuaire, où à ne con-

« endroits dangereux ; de manière qu'il fallait faire mille
« et mille détours avant d'arriver. On voyait de très-près
« ce fort qui étaient illuminé, dans l'attente des princes ;
« on croyait qu'on y touchait, et l'on tournait toujours
« sans l'atteindre. Nous entendions un bruit lugubre de
« cloches qu'on sonnait en l'honneur des princes, et cette
« triste mélodie ajoutait beaucoup à l'impression mélan-
« colique que nous causaient tous ces objets nouveaux.
« C'est bien de ce château qu'on peut dire qu'il est posé

« Sur un rocher désert, l'effroi de la nature,
« Dont l'aride sommet semble toucher les cieux.

« En effet, son étendue est prodigieuse et on ne
« peut s'en faire une idée. Son aspect est très-imposant
« par ses tours, ses fortifications et son architecture
« gothique, qui le rend plus vénérable. Nous entrâmes
« d'abord dans une citadelle, où étaient des hommes habillés
« en soldats, c'était des forts, ... des élèves.
« C'est une cour protégée par de petites tours ; c'est
« encore aujourd'hui le corps-de-garde, où l'on dé-
« posait toute espèce d'armes, qu'on pouvait avoir sur
« soi ; on passe encore sous deux autres portes et dans
« une autre cour, et l'on arrive enfin au bas de la rue,
« où sont quelques auberges.
« On n'envoyait dans cette forteresse des troupes
« qu'en temps de guerre ; mais, en temps de paix, c'était
« le prieur qui était commandant du fort. Après avoir
« passé la citadelle, nous entrâmes dans la ville, qui
« était très-petite et fort pauvre. C'est une longue rue
« extrêmement étroite, qui va toujours en montant et

« en tournant, et dans laquelle on ne peut aller qu'à
« pied. »

Il y en a encore une autre petite, large de trois pieds,
ou environ, dans laquelle on entre par une voûte, sous
l'autel du chœur de l'église. On peut la suivre pour arriver au château ; mais il est plus commode de s'y rendre
par l'autre rue, ou en se promenant sur les remparts.
Bientôt, à l'extrémité de ces deux rues et de ces remparts, on trouve « des escaliers très-raides et très-hauts ;
« il faut monter environ quatre cents marches. De temps
« en temps on trouvait des repos ; c'est-à-dire, de petites
« esplanades remplies d'herbages et de ronces, et allant
« toujours en montant. Cette grimpade est la chose la
« plus fatigante qu'on puisse imaginer ; nous étions tout
« en nage, quoiqu'il ne fît pas chaud. »

Alors on arrive à la porte du château, flanquée de
deux tourelles ; on monte ensuite au corps-de-garde, que
l'on traverse, et l'on parvient à la porte de l'abbaye, où
l'on trouve bientôt la salle des Chevaliers, bâtie au commencement du xiie. siècle. On monte ensuite à l'église.

« Après avoir traversé l'église, il fallut encore monter
« un escalier qui nous conduisit aux appartemens, qui
« sont grands et propres. Au-dessus de ces logemens, il
« y avait encore quatre cents marches qui menaient à un
« belvéder placé au sommet de ce fort.

« L'air y est très-vif, mais sain ; on buvait de l'eau
« de citerne, qui n'était pas mauvaise. L'hiver y est ex-
« trêmement rigoureux et commence avec l'automne ;
« il n'y fait jamais chaud. Quelques maisons de la ville
« ont de très-petits jardins ; et quelques habitans, des
« vaches. Mais les religieux étaient obligés de prendre

« ailleurs leurs provisions, même du pain ; parce qu'à
« cause de la cherté du bois, on n'en faisait point au
« Mont St.-Michel.....

« Après la messe, nous parcourûmes toute la mai-
« son ; nous vîmes une énorme roue, au moyen de la-
« quelle, avec des câbles, on montait par une fenêtre
« les grosses provisions pour le château ; on attachait
« ces provisions sur la grève avec des câbles qui tiennent
« à une grande roue posée dans l'intérieur du fort, à
« une ouverture de fenêtre ; et la roue, en tournant, hisse
« et enlève tout ce qui est attaché au câble.

« Je questionnai les religieux sur la fameuse cage de
« fer ; ils m'apprirent qu'elle n'était point de fer, mais
« de bois, formée avec d'énormes bûches, laissant entre
« elles des intervalles à jour, de la largeur de trois à
« quatre doigts. Il y avait environ quinze ans qu'on n'y
« avait mis de prisonniers à demeure ; car on y en met-
« tait assez souvent (quand ils étaient méchans, me
« dit-on) pour 24 heures, ou deux jours, quoique ce
« lieu fût horriblement humide et malsain..... Alors
« mademoiselle et ses frères se sont écriés qu'ils au-
« raient une joie extrême de la voir détruire. A ces mots,
« le prieur nous dit qu'il était le maître de l'anéantir,
« parce que M. le comte d'Artois (Charles X), ayant
« passé quelques mois avant nous au Mont St.-Michel,
« en avait positivement ordonné la démolition..... Pour
« y arriver, on était obligé de traverser des souterrains
« si obscurs, qu'il y fallait des flambeaux ; et, après avoir
« descendu beaucoup d'escaliers, on parvenait à une af-
« freuse cave, où était l'abominable cage. J'y entrai avec
« un sentiment d'horreur... M. le duc de Chartres, avec

« une force au-dessus de son âge, donna le premier coup
« de hache à la cage.......

« Je n'ai rien vu de plus attendrissant que les trans-
« ports et les acclamations des prisonniers pendant cette
« exécution. C'était sûrement la première fois que ces
« voûtes retentissaient de cris de joie. Au milieu de tout
« ce tumulte, je fus frappée de la figure triste et conster-
« née du suisse du château, qui considérait ce spectacle
« avec le plus grand chagrin. Je fis part de ma remarque
« au prieur, qui me dit que cet homme regrettait cette
« cage, parce qu'il la faisait voir aux étrangers. M. le
« duc de Chartres donna dix louis à ce suisse, en lui
« disant qu'au lieu de montrer à l'avenir la cage aux
« voyageurs, il leur montrerait la place qu'elle occupait...

« Je fus charmée d'avoir vu ce lieu si triste, mais sin-
« gulier, ce château amphibie, rejeté tour-à-tour par
« la terre et par la mer ; car ce Mont est, pendant
« une partie du jour, une île isolée au milieu des
« flots, et, pendant l'autre partie, il se trouve posé sur
« une vaste étendue de sable aride. »

Le collége d'Avranches fut aussi bâti pendant l'épiscopat de M. de Belbeuf, par la libéralité des Avranchinais.
L'an 1780, l'évêque posa la première pierre du pont
Gilbert, reconstruit sur la Sée. Les chanoines se propo-
saient de réparer à neuf le chœur de la cathédrale, qui
menaçait ruine.

*Voici les noms des chanoines qui, en 1790, compo-
saient le chapitre d'Avranches :*

MM.

De St.-Germain, doyen, prébende qui valait 700 livres;
Denis, chantre;
Fourny, chanoine de Tanis, trésorier;
De Bigeat, chanoine de
Mariette, chanoine de
Autin, chanoine de
Herlocy, chanoine de
Venard, chanoine de Monceaux,
Loivet, chanoine d'Agon;
Dauguet, chanoine de la Lande, au Val-St.-Père
De Battireville, chanoine de Villiers, deux tiers des
    grosses dîmes de cette paroisse,
Allain, chanoine de Picauville;
Bastard, chanoine de St.-Ovin,
Teinière, chanoine
De Gervets, chanoine de
Corbin, chanoine
Serci, chanoine de St.-Gervais,
Sébert, chanoine de St.-Jean;
De Gaston, chanoine de Ponteaubault; cette prébende
    valait 71 l.
Anqueuil fut aussi élu chanoine.

Voici les noms des six vicaires de la cathédrale :

MM.

Raulin ;

Masson ;

Fildesoye, prêtre, chanoine de St.-Quentin et chapelain
de St.-Maur ;

Massue, chapelain de St.-Louis ;

Theault, chapelain de la Magdeleine ;

Josseaume, chapelain de St.-Etienne.

Ces six vicaires devaient au chapitre des rentes pour
leurs maisons ; le premier devait... 1 l.

Le second 0   1 s.

Le troisième 0   0   9 d.

Le quatrième 0   1   6

Le cinquième. 0   7   0

Et le sixième 0   0   6. (1).

Un homme, pour sa maison située dans la rue du
Pot-d'Etain, devait au chapitre 6 l. et 1/2 millier d'é-
pingles. Il y avait un fief à St.-Jean-de-la-Hèze, qui lui
rapportait, tous les ans, 6 raseaux de froment, 5 gélines et 30 œufs ; un autre à Montviron, 6 gélines et
60 œufs ; ailleurs, on lui devait 19 s., 1 géline, 2 chapons
et 10 œufs. A la fin de l'année, le trésorier apportait au
chapitre 250 œufs. Les chanoines, les vicaires et les
archidiacres avaient pour tout revenu 17,050 l. C'était

(1) Registre des revenus du chapitre d'Avranches, chez M. Bigot,
à Brécey.

le chapitre le moins riche du royaume ; néanmoins, dans l'inventaire ou état des titres du clergé d'Avranches (1), on voit des sommes immenses qu'il avait fournies aux rois de France (2).

Les rentes, les fiefs, un grand nombre d'églises, le comté de Mortain, le chapitre de cette ville, l'évêché d'Avranches, les vieux castels, les abbayes, les monastères, presque tout ce qui a fait le sujet de cette histoire ; la Révolution a tout dévoré.

Malheureusement la plupart des religieux du diocèse d'Avranches menaient une vie qui était loin de répondre à la sainteté de leur état. Ils avaient besoin d'une réforme, que la sagesse des évêques et celle du roi martyr n'eussent pas manqué sans doute d'introduire parmi eux. Dieu, lassé de les attendre, mit le sceau de la mort aux portes des lieux saints qu'ils habitaient, et les ferma pour toujours. L'Archange abandonna son temple aux puissances du mal, et ce lieu, consacré par tant de saints et glorieux souvenirs, n'est plus qu'une prison......

(1) Manuscrit précieux, passé nos.

(2) Le plus ancien titre qui soit relaté dans cet inventaire, est une bulle de Grégoire IX, qui demandait des secours à l'évêque d'Avranches ; c'était en 1237.

POÈMES

ET FRAGMENS DE POÈMES

DU XIVᵉ. SIÈCLE,

Extraits des Archives du Mont Saint-Michel.

Une réaction remarquable s'est opérée de nos jours en faveur du moyen-âge, si long-temps traité avec un superbe dédain et laissé dans un intérieur oubli. Après l'avoir jugé et condamné sans examen, on s'est enfin mis à l'interroger et à l'entendre. Les monuments laborieusement exposés et soigneusement décrits reçoivent partout le tribut d'une admiration sincère et profonde. Une patiente et active curiosité fouille ses vieilles archives et met au grand jour les légendes, les chroniques, les annales, les poésies qu'elles renferment. Ces précieux débris, échappés à tant de naufrages, ont déjà fourni d'abondantes richesses à l'histoire, à la philosophie, à la littérature et aux beaux-arts. C'est surtout en Normandie que le moyen-âge, pour prix des travaux dont il est l'objet et de la justice qui lui est enfin rendue, a livré le plus de trésors. Les *Essais historiques sur les Bardes, les Jongleurs et les Trouvères normands et anglo-normands*, du savant abbé De La Rue, nous en donnent la preuve en même temps qu'ils répandent une vive lumière sur les origines de la langue française et sur l'histoire nationale. Plusieurs abbayes normandes étaient au moyen-âge l'asyle des lettres et des sciences aussi bien que le sanctuaire de la piété, et elles ont eu la gloire de compter parmi leurs religieux un grand nombre d'hommes non moins distingués par leurs talens et leurs lumières que par leurs vertus ; le Mont St.-Michel revendique à ▓▓▓▓▓▓▓▓▓▓▓▓ part de cette gloire. Le chartrier de cette abbaye célèbre a conservé de curieux manuscrits restés jusqu'à ce jour à peu près complètement inconnus. Nous devons à un respectable ecclésiastique, M. l'abbé Desroches, la communication d'un certain nombre de petits poèmes, ou fragmens de poèmes du 14°. siècle, qu'il a extraits de ces manuscrits. Nous ne doutons pas que le public éclairé n'accueille favorablement et ne lise avec intérêt ces poésies qui plaisent par la naïve et gracieuse simplicité du style, et quelquefois par la touchante expression du sentiment.

Extraits

DE

PLUSIEURS PETITS POÈMES

PAR UN PRIEUR DU MONT SAINT-MICHEL

L'Auteur que nous avons cité à la page 109 de ce
second volume (1), débute dans tous ses poèmes par
une sentence morale. Il n'a mis en vers que des sujets pieux.

LE TOMBEL DE CHARTROSE.

Ce petit poème est une dédicace; il nous fait connaître
l'auteur appelé le prieur Eustache, religieux de l'ordre

(1) A la page 109, première ligne, au lieu de composé, lisez écrit.

de St. Bruno ou des Chartreux. Ce prieur composa son
ouvrage l'an 1330, comme il le dit lui-même dans les
dernières lignes du manuscrit :

La veille saint Lorens lan mil. IIIe et trente
Fu cest chant translate sil est qui sen demente.

Un prieur du Mont St.-Michel au prieuré de Mont-
Dol, nommé Nicolas Delauney, transcrivit tout l'ouvrage
l'an 1400, le 23 de février, et c'est ce manuscrit que
nous possédons à Avranches ; une note à la fin du manuscrit nous l'atteste :

Scriptum in villa Dolensi anno Domini M°. IIIJ^{co}.
vicesimo tercio mense februarii.
    Lectores cari curetis queso precari
    Pro scriptore Deum salvet ut ille reum.
        Per me fratrem Nicholum Delauney prior de Monte Dolis.

La dédicace commence ainsi :

A ses tres chiers seignours et peres
Le prieur Eustace et les freres
De la Fontaine Notre Dame
Un chestif recomande same
Ainz que la mort qui vient le coprs
Du tout en sa prison le tiegne
Et pour ce quil vous en souviegne
Cest petit livre vous presente
Et Dieu par sa pitie consente
Quen tel grace le recuilles
Quen vos oraisons laccuilles
Avec les aultres trepasses
Il ne veult plus mes cest asses
Et nul ne lui doit contredire

Ja crestien nen sera pire . . . . . .

. . . .

Et en sera . . . .
Pour qui elle est en rime mise
Car le vulgal les rimes prise
La mesure dedens enclose
Leur délite plus que la prose . . . . .

. . . .

O vous chartroux mes bons amis
Je ne vous ay mie trasmis . . . .
C'est livre ci pour vous apprendre . . .
Mais jeusent à li faire prendre
Par vostre main auctorise . . . . .
Destre leu et recite . . . .

Après ce préambule ou cette espèce de dédicace, l'auteur passe à un autre sujet qu'il a ainsi intitulé :

. . . .

. . . . . . II. . . . . . .

. . . .

LE DUC DE SARDAIGNE. . . .

. . . .

Au besoing voit on ses amis
Et plus grève secors promis . . . . .
Que s'il ne fust point attendu . . . .
Quant il nest au besoing rendu . . . .

. . . .

Le duc de Sicile vint faire la guerre au duc de Sardaigne : le premier se nommait Estorge, et l'autre Eusèbe :

Vint li dux Estorge asegier . . . . .

. . . .

Par aguet et par tricherie
Car lautre duc ny estoit mie

. . . .

Le duc de Sardaigne vit arriver d'un autre côté une armée toute blanche.

Ci comme par tout ceulx regardoient
Ceulx qui en la garde guetoient

. . . .

Une grant blanchor devers destre
Si ne sceurent que ce peut estre

. . . .

Devers la blanche chevauchie
Transmist por savoir et enquerre
Sil portoient ou paix ou guerre
Et de quel pais il estoient
Et pour quel cause ainsi erroient
Les blans armez daultre partie
Choisirent en lor compaignie
Quatre des leur semblablement
Quil envoierent ensement
Pour respondre a ceulx qui venoient
De ce que demander vouloient
Ainsi com il sentrencontrerent
Celx de Sardaine saluerent
Les blans armez paisiblement
Et celx moult amiablement
Leur salu tantost leur rendirent

. . . .

Contre vos anemis venon
Et avecques vous nous tenon
Nous te feron a double rendre
Tout ton droit au duc de Sezile

Ja rien ne li vauldra sa guile

. . . . . .

Par devant le duc chevauchoient
Qui bien xx mille eschieot

. . . . . .

Li dux Estorge a repentir
Contraint de la paour divine
Par celestiel discipline
Demanda paix.

. . . . . .

Saint Maiol labbe de Clignis
Qui la fut pris par mesprison
En tint o moult dautltre prison
En la guerre que jay comtée
Quar il estoir en la contrée
Pour abbaies visiter.

III.

DE SAINTE GALE QUI NE SE VOULT REMARIER

Ou il est demonstre que len doit plus penser de la beaute de lame
que du corps laquelle fait orgueillir soy priser et le corps
folement desirer.

NOTA. Les additions en petit texte, intercalées entre le titre et le texte,
sont tirées d'une espèce de table qui se trouve à la tête du manuscrit. Cette
table est d'une autre main et d'une époque plus moderne.

En cel temps que les Gotz regnerent
En Ytalle que moult greverent
Il ot a Rome une pucelle
De hault lignage riche et belle
Gale fut par son nom nommee
Qui attourna cuer et pensee

A Dieu des son petit aage

. . . .

A un Romain de grant lignage
Fut mariee en sa jonesce
Mes pou en dura la liesce

. . . .

De son mari veuve devint
Et a son hostel sen revint
Triste ploreuse et adoulee

. . . .

Labit du secle delessa
Et au joug si son col plessa
A saint pere o les bonnes dames
Qui pour faire belles lours ames
Les corps forment enlaidissoient
Quar en abstinence vivoient

. . . .

Or avoit donc en usage
Que pres du lit ou el jesoit
Tous temps par nuit mettre fesoit
Deux chandelles qui y ardoient
Quar tenebres mal li faisoient

. . . .

Une nuit gesoit moult grevee

. . . .

Si vit entre les. 11. lumieres
Devant son lit saint Pierre ester
Quel cognut bien sans arreter

. . . .

Comme sage et devote ancelle
Quest ce meschir seigneur dist elle
Me sunt mes pechez pardonnez
. . . . Saint Pere amiablement
Li dist vienten omoi en gloire

De tes pechez bien te peux croire . . . . . .

E Jesus Christ plain pardon te feray . . .

. . . .

Elle demanda le salut d'une de ses compagnes.

Quo moi vienge adur honesté . . . . . .

Cestoit une . . . .

Sur toutes les autres la noit . . . .

Et a saint Pierre rechasnoit . . . .

Quel venïas en sa compagnie . . . .

St. Pierre répondit :

Et celle de quoi tu me probes . . . .

Vendra es par . . . .

Dedens. xxx. jours . . . .

Apres ces mots . . . .

La vision sesvanoite . . . .

St. Gale fit venir l'abbesse, lui raconta cette vision
et mourut trois jours après ; et la religieuse pour laquelle elle avait prié mourut dans les trente jours, suivant la prédiction.

§. IV.

DE SAINT PAULIN DE NOLE QUI FUT EN SERVAGE POUR
AUTRUI COMME SON PASTOUR

Ou il est note que les . . . . et son corps
mesme . . . .

Le poète commence par une notion d'astronomie.

Cil philosophe . . . .

Fist dasteronomie maint code
En une isle qui a nom Rode
Et trouva par prouvable enqueste
Si come il dit en la mageste
Que toute la terre et la mer
Que solon le monde clamer
Vers le firmament si poi monte
Quil na vers li raison ne conte
Fors a. 1. petit point massis
Emmy un tres grant cercle assis
Mais pour ce que ceste sentence
A qui ne sceit de la science
Seroit a croire trop amere
Vezci une raison bien clere
Qui len fait demonstracion
Quar en quicumques region
Ou il a place bien assise
Nostre Orient tousiours devise
Le ciel en . n. egaulx parties
Qui fussent aultrement parties
Se la terre eust quantite
Daucune sensibilite
Vers la grandeur du firmament
Quar greigneur fust se dieu mainant
La part qui ne fust pas veue
Que celle sur terre apparue
Moult est donc le ciel grant et large
Et cest monde a petit demarge
Qui tant nous semble grant et lei
Uncor sur le ciel estellei
Est cellui ou les sains habitent
Qui en tous vrois biens se delitent

De toutes choses terriennes

Plusieurs jadis et riche et jeunes

Sachies tout le monde guerpirent

Et lors corps moult sovvent afflirent

Moult en y ot a grant merite

Pour gaaigner le hault empire

Ou ils regnent ore perdurable

. . . .

Paulin ot nom, et fut de Nole

Une grant cite riche et plaine

Qui siet en campaigne rommaine

Bien loing de Champaigne de France

Cil Paulin se prist des enffance

A Dieu et a tous biens amer

Moult li sembla le monde amer

. . . .

De quanquil ot se delivra

Et es povres Dieu tout livra

Son avoir et son heritage

Et fut en maint pelerinage

. . . .

Mais il ne les peut onc avoir

Quil ne fust assez rougeoss

Et par son grant bien colou

De garder la cachie de Nole

. . . .

Le roi qui ot nom Gonseriz :

Et nomme pour lemperie

Mais pour les . . . .

Fist tantost son ost . . . .

. . . .

Qui peut deffendre lempire

Quar si comme aves oi dire

Il meismes se destruioient
Par les contens quentreulx avoient
Et si nest nulle chose ou monde
Qui plus les roiaumes confonde
Qui sunt dennemis envais
Comme quant la gent dun pais
Ont entreulx contens et hayne
Vegece ainsi le determine
Et Saluste nel desdit mie

. . . .

Qui fust aux armes pros et sage
Le roi Genseris en Cartage
Prist donc Rome legierement

. . . . . .

Apres ce corut par campaigne
O sa compaignie griffaigne
Par bourgs par villes par citez
Firent assez dmiquitez
Et les crestiens moult greverent
Si quen Auffrique en amenerent

. . . .

Lors fu saint Paulin en grant cure
Des chaitifs et des exilliez

. . . .

Mais il ne trouva nulle chose
Lors que son corps tant seulement

. . . .

St. Paulin s'offrit en la place du fils d'une pauvre
femme ; le roi y consentit.

Puis li enquit quil savoit faire
Sire dist il je ne suy sage
Certainement de nul ouvrage
Fors tant que bien coultiveroie

Un beau jardin le je reve ....

Se plut au ....

Si saccorda ....

Le saint évêque, devenu jardinier, réussit dans son travail que Dieu bénit , et le don de prophétie lui fut aussi
accordé ; il prédit la mort du roi , qui , épouvanté de ses
paroles, lui demanda qui il était :

Si li a dit vroiment sire

Evesque suy de ma-cost ....

Mais a tant ....

Que je fais vo ....

....

Alors le roi renvoya le saint évêque, et tous ceux qu'il
avait faits prisonniers avec lui, sans aucune rançon.

....

....

V.

DE SAINT JOHAN LE DAMASCIEN EXEMPLE DE PATIENCE ET
DE BONNES ŒUVRES

A qui la Virge Marie rendist la main ...... qui luy fut coupee
par envie ou est recommandee patience en tribulation et avoir
recours a Dieu sans murmurer ....

A Damas la ....

Qui fut ou temps d'anticquise ....

Le chief du roiaulme de Sire ....

Cel prodomme dont je vueil dire ......

Commença et lui doint ....

Johan fut par son nom ......

Le jour qu'il ....

De Damas le ....

Fut surnomme toute sa vie

....

En XII ans il sceut ades lire
De touz les VII. ars de science
Sur touz fut de bonne eloquence
Pour bien toutes paroles dire
Bel et bien sceut chanter et lire
Et si nestoit homme vivant
Mielx dictant ne mielx escrivant

.   .   .   .

Il se consacre à Dieu :

Pour lamour de lie se rendi
Assez jeune en une abbaie
Et fut virge toute sa vie

Il s'emploie tout entier au culte de la St°. Vierge :

Quil servoit de cuer humblement
Et li chantoit devotement
Trestouz les jours par fin usage
Ses hores devant son ymage
Et apres quant il fut fait prestre
Il ne pouvoit plus aese questre
Qua celebrer messe de lie

.   .   .   .

Et a sa loenge disoit
Oraisons antiennes et proses

.   .   .   .

Les plus puissans de la contree
Li bailloient o reverence
Lors enfans pour clergie apprendre

.   .   .   .

Il fut pris par les Perses et emmené en captivité ; sa
dévotion envers la St°. Vierge ne fit que s'en accroître :

Une nuit .   .   .   .

Il ne dormoit pas plainement
Ne nestoit veillat droitement
Estes vous la dame des vierges
Plus resplendissans que nule cierges

La main de ton petit enfant
Peut dedens leglise couppée
Quen puis ge
Beau fils pren un Dieu
Se li dist el
Ta main te peut
Restorer en sante entiere
Celli qui forma sans matiere
Le monde et tout humain lignage

La main lui fut rendue.

DE SALAÏON ET DE SAINT THOON

Ou dun Frere qui embloit chascun jour un pain pour manger se-
grettement et li sen desiste par le sermon de St. Thoon ou sunt
loees confession et bonne abstinence

Jadis les bons moines
Si comme en lors vie est escripte
Tous les jours en tous temps jeunoient
Et a lor disner point mangeoient
Les plusors de muller cuisines
Mes derbes crues et racines

Ou des fruis es desers trouvez

Les febles ou mains esprouvez

Ou qui telx fruiz pas ne trouvoient

Pain et sel et de leau avoient

Et pois a compte et a mesure

Sil usassent par aventure

De miel ou doile en lor viande

La solemnite fust mult grande

Ou lors hostes mult honnourassent

Mais chars ne vins ja ne goutassent

Senfirmete nel faist faire

En cel temps si comme desclaire

Le livre des collacions

Entre les nobles campions

Qui bien tindrent foi crestienne

En la contree Egiptienne

Fut saint Theon un bon abbe

Qui de pluseurs fut mult gabe

.   .   .   .

Les grans biens du ciel et pesa

Quar il fist tant que il les a

Combien que ceulx poi le prisassent

Qui prisent les biens qui tost passent

.   .   .   .

Vint un jene homme humble et benigne

Appelle fut Serapion

Mais moult estoit de pou daage

Quant il entra en hermitage

Il fut trop entrepris dun vice

.   .   .   .

Le jeune homme se corrigea de son péché de
gourmandise.

VII.

DE CEUX QUI CAROLERENT UN AN POUR EMPESCHIER LE DI-
VIN SERVICE

Ou il est noté que l'iglise est la maison Dieu et refuge des pecheurs
pour Dieu prier et que nul doit festoyement dansi en lieu
sainct

Qu'il est pou de gens ....
Qui Dieu ne saincte iglise honourent
Plus tost a la taverne ....
Boire les blanc vins et les rouges ...
Ou a .... (places publiques)
....
Mil et dix ....
Puis que le fils Dieu ....
Es flancs de ....
Pour ce qu'il nous ....
Que par Eve et Adam ....
La veille de ....
Si que l'istoire ....
Un prestre ....
En l'ounour saint ....
....
Et foles gens ....
Hommes et femmes ....
Qui trop malement ....
Par lor chant ....

....

Et le prestre fut moult espris
De grant deul. . . . .

Le pasteur voulut les engager à assister à la Messe e
à cesser leur jeu, ils le refusèrent ; alors :

Si pria Dieu de la vengeance
Et dist de cuer moult en malaise
Je requier a Dieu quil lui plaise
Et a saint Magne le martir
Que vous ne puissez mes partir
Devant un an de la carole
Si que il o dit la parole
Dieu la tint agreable. . . .

. . . .

La compaignie demora . . .
Ne nuit ne jour repos navoient
Touz temps come devant chantoient
Lun pie apres laultre mettant
Mais Dieu les esparna de tant
Que noif ne pluie ne tempeste
Ne lor fist de tout lan moleste
Ne fain ne soif nes empira
Ne lor robe ne dessira
Mais tout malgre lor caroloient
Et du tourniement estoient
Trop forment dolens et lassez
Plusors essaerent assez
A traire les dillec a force
Mais ne lor valoit une escorce
Et quicumque sen entremeist
Un page autre tant y feist
Comme tous les fors dAllemaigne

. . . .

Les folx en blasmoient le prestre
Qui lor avoit tel pesne aoree

. . . .

Quant la fin de lan fut venue
. . . .
. . . .

Larcevesque Osbert de Coloigne
Que lor dolour et lor vergoigne
Venist . . . .
La veille de Noël la vint . . . .
Donc es carolours bien avint
Quar Dieu par li les deslia . . . .
Et il les reconcilia . . . . . .
Devant lautel moult doulcement . . . . .
Mais a .XI. besognes acodoprenet . . . .
Et aussi a une des fames . . . .
De partirent des corpedes ames . . . . . .
Dont tous les voisins sesbahirent
Les aultres sans nuller dormirent . . . . .
Trois nuiz et trois jours tout ensemble . .
Plusors comme feuille de tremble . . . . .
Toute lor vie puis tremblerent . . . . .
Ainsi les folx qui chantoulberent . . . . .
Loffice divin par lor gige . . . .
Furent punis pour lor outrage . . . . . .

. . . .
. . . .
. . . .

. . . .
. . . .
. . . .
. . . .
. . . .
. . . .

VIII.

DUN ESTUDIANT QUI APPARUT A PARIS A SON MAISTRE
APRES SA MORT

Ou il est monstre que len ne doit pas apprendre pour vaine glore ne
pour richesses mes pour cognoistre son creator et le servir

Jaques de Gutrie mist listore

. . . .

Qui lot a Paris la cite
Un maistre regent en logique
Mult prisie et moult auctentique
Descoliers fut forment ame

. . . .

Fu son acomte. ı. bacheler
Dont le nom ne seey reveler
Mais il avoit en la science
Sur touz les autres excellence
De bien respondre et dargner
La mort vint o li disputer
Et il ne la peut rebuter
Par subtillete de sophismes
Quar elle fait telx sillogismes
Qui concluent par droite force

. . . .

Un jour apres lenterrement
Son bacheler qui mort estoit
Sapparut a li soudement
A cler jour tout visiblement
Nescey es prez ou en chemin

Une chape de parchemin
Vestu a sa mesure faicte
Par dehors escripte et portraicte
Tout a plain devant et derriere
De menue lettre escoliere

. . . .
. . . .

Le maitre

Fu moult forment espovente

. . . .

Et que celle chape vouloit
Et que raison li fust rendue
De celle lettre ainsi menue
Le clerc respondit tost au mestre
Poures nouvelles de son estre
Et li dist ces lettres petites
Qui sunt parmi ma chape escriptes
Sunt sophismes de vanitez
Et autres curiositez
Ou jadis mon temps despendi
Et a Dieu de rien nentendi
Mais il ny a lettre si breve
Qui de son pois plus ne me greve
Que se la tour de celle eglise
Estoit dessus mon col assise

. . . .

Et le chaitif li degouta
En la paulme une sole goute
Qui tantost passa parmi toute
Et doultre en oultre li perca
Adonc dist le chaitif halas

. . . .

A son maistre plus ne parla
Moult desprisa puis vaine gloire
De logique ne sentremist
En lordre de Cisteaux se mist

. . . .

Et il dit en sen allant :

Ad logicam pergo que mortis non timet ergo.

IX.

DUN JEUNE HOMME QUI ENTRE EN RELIGION ET FUT TEMPTE DU PECHIE DE LA CHAR

Ou il est note que len doit fort batailler contre les temptations non despriser les temptus mes humblement les reconforter

Quant cesti nouvel champion
Vit que ceste temptacion
Si asprement sur li couri
Il en fu moult espaouri
Quar bien vit que toute sa force
Ne li vauldroit pas une estorce
Quil ne fust vaincu tout de cours
Se dieu ne li faisoit secours

. . . .

Il alla a .i. viul hermite
Quil cuida pour le grant aage
Quil fust tres saint homme et tres sage

. . . .

Et dist je vien a vous beau pere
Quar jay une bataille amere

Si vous requier par charite
Qua garir ma fragilite
Le veillart qui mais ne sentoit
Langoisse qui lautre temptoit
Fist lesbahi trop malement

. . . .

Si li dist assez de laidure

. . . . . .

Et li fist moult malvaise chiere

. . . . . .

Lexemple en est ci tote clere
Quar mielx valoit le jeune frere
Qui se confessoit humblement
Que le viul vivant chastement
Qui le jeune homme despisoit
Tout desespere sen alla

. . . .

Pourquoi labbe bien entendi

L'abbé rassura le jeune solitaire en lui citant les exemples de tous les saints qui avaient éprouvé de pareilles tentations.

X.

Ou il est note que len doit pacientement souffrir et endurer les paroles de la malegent

Saint Narcis fut moult vaillant homme
Si comme de ce le renomme
Saint Eusebe de Cesaire
Un jour defailli luminaire
A cel prodome que je di
Et fut tout droit le samedi
Devant la resurection
Et il fit sans dillacion
Emplir les lampes deaue pure
Et la mua en la nature
De crasse huile par sa priere
Qui rendit lumerie plus clere
Que sel fust de basme fetice
Et Dieu maint autre benefice
Par ses mains a plusors prestoit
. . . .
Par son bienfait de Dieu ame
Des mesdisans fut diffame
Et pour sa loiaute hai
. . . .
Je nay pas peu bien trouver
Quel terme ce fu en listoire
. . . .

Puis quil y vit la dignite
De son estat si molestee
Et pour ce quil avoit amee
Vie de contemplacion
Loing de toute habitacion
Sen fuy assez prestement
Et demoura si longuement
Sans estre veu ne sceu
Quar aultre evesque fut esleu

. . . .

Mais Dieu qui met tout a saison
Selon sa noble pourvoiance
Prist des.III.tesmoings vengeance

. . . .

L'innocence du patriarche fut reconnue et il fut rétabli en son siége.

XI.

COMME SAINT AMBROISE EVESQUE DE MILAN SE DESLOGEA
DE LOSTEL QUI NAVOIT UNQUES EU ADVERSITE ET
FONDIT TANTOT APRES SON PARTEMENT

Ou il loe adversite et blame prosperite mondaine

Kalendre chante plus en cage
Quel ne feroit au vertboscage
Aussi sert plus Dieu et honoure
Cil qui en la cage demoure.
Daucune temporel destreice
Que qui par mundaine leesce
Au desir de son cuer foloye

Qui est ici touz temps en joye
Ne peut es biens du ciel attaindre

. . . .

Je ne scey la date de lan
Que saint Ambroise de Melan
Qui alloit a la court de Rome
Se herberga chiez cel riche homme
Si fu forment esmerveillie
Que lostel vit appereillie
Com se ce fust pour lemperiere
Ny ot varlet ne chamberiere
Qui ne fust vestu richement

. . . .

Quar de tous les grans biens habonde
Que len peut trouver en cest monde

. . . .

Ce riche assura à saint Ambroise qu'il n'avait jamais
éprouvé en sa vie ni maladies ni adversité, et qu'il n'a-
vait eu que des succès.

Quant saint Ambroise ot escoute
Ces motz il fu tout esbahi
A ses gens dist tantost ahi
Levez de ci ny arrestez
De tost fuir vous apprestez

. . . .

Quant. I. petit esloignez furent
La terre soudement souvri
Qui ens en abisme couvri
Cel riche homme et toutes ses choses

XII.

COMME LE FILS DU CONTE DE CRESPI DELESSA SON HERITAGE
POUR CE QUIL VIT LE CORPS DE SON PERE PUANT
ET DEFFAIT EN SON CERQUEUL

Ou il loe penser a la mort et au dernir jugement

. . . .

Quar ceulx demourer ny pouvoient
Si avint que ceulx qui trayoient
Le comte de sa sepulture
Virent un cor si grant ordure
Et si tres grant puour sentirent
Qua bien poi que ceulx ne mourirent
Qui furent au sarqueul ouvrir
Sans la caroigne recouvrir.

. . . .

Le fils du conte loi dire
Qui tout esbahi en devint
Tantost pres de la fosse vint
Voier quil avoit ou sepulcre
Qui ne sentoit mirre ne sucre
Mais une puour trop amere
La vit le filz le corps son pere

. . . . . .

De paour seigna son visage
Et son piz mainte faiz bati

. . . .

Et tout en plourant sescria
Hee Dieu pere comme ci a
Un tres horrible mireour

XIII.

COMME LEMPERIERE OTHES FIST OCCIRE. 1. VAILLANT COMTE
FAULSEMENT POUR CE QUE SA FEMME LUI FIST CROIRE
QUE IL LA PRIOIT DE VILLENNIE

Ou il blasme croire de legier occire homme tost se repentir a tart
et la grace des princes

Ou temps du roi Robert de France .
Qui en vuillesce et en enfance
Tint tousiours saincte eglise chiere
Il ot a Rome un emperiere
Qui fut Othes le tiers nomme
Le tiers fut pour ce sournommé
Quavant li este y avoient
Deux aultres qui tel nom portoient
Et touz tindrent moult bien lempire
. . . .
Cest fol amour qui touz affole
Ceulx qui se mettent a sescole
: . . . .

Un comte s'attira la haine de la reine en rejetant les
coupables propositions de cette princesse, qui n'avait ni
pudeur ni retenue. Elle entreprit de se venger en accu-
sant injustement le comte auprès de l'empereur, qui ne
soupçonnait pas une telle perfidie.

Lendemain vint vuier sa femme
Qui pas ne pense a sauver same
Ains sefforce quel soit perie

Tout enflamme de felonnie
Sassist pres de lie lemperiere
El cognut tantost a sa chiere
Quil estoit de corout trouble
Mais sel peut il sera double

. . . .

Lemperiere qui ne savise
De nulle desloial femtise
Li comanda que tout revele

Elle lui fait un récit faux ; le comte est condamné.

Et lempereriour enflamme
Contre li de mortel hayne

. . . .

Que la sentence estoit donnee
Quil eust la teste coupee
Tant estoit ire lemperiere

. . . .

Lors prist tout le peuple a plourer
Pour li par grant compassion

. . . .

L'épouse du comte, tenant en ses mains la tête san-
glante de son mari, parut devant l'empereur et lui dé-
couvrit la perfidie de la reine.

Et le chief en ses braz tenant
Sapparut devant lemperiere
A seure et hardie chiere
Dont toute la court seffroia
Et celle sans nul deloi a
Mis lemperiere a parlement
Fai moi dist el. r.jugement
De quel mort est drois qui cil muire

Qui a tort fait autre destruire
Othes qui se ne sappercevoit
Sur qui le coup choier devoit
La sentence a tantost rendue
Que qui sans raison autre tue
Il doit par droit perdre la teste
Lors li fu sa responce preste
Tu es homicide dist elle
Qui par la desloial femelle
De ta femme feis occire
Le mien seigneur a grief martire

. . . .

L'empereur alors reconnut sa faute et tâcha de la reparer.

XIV.

D'UN HOMME QUI EMPRUNTA LE SAMEDI DE PASQUES UNE
PUCELLE......

Et la nuit ensuyvant la vigile estme son emblème le dymenche et au
vus, jour mourut et audit au Sambdi et fut inoque.

Cili dont juy la parole enquise
Vint en samedi a l'esglise
Devant la resurrection
Non mie par dévocion
Mais par dignité ou par usage
Qui pour autre en bel usage
Comme maintes gens sans cesse
Se remuent pour autre richesse.

Cet homme débauché voulut participer comme les
autres aux saints mystères, en profanation fut punie la
mort.

XV.

DUN ARCHEDIACRE QUI OCCIST SON EVESQUE

Pour avoir la croce et le jour de son entree morut soudeinement
ou il blasme entrer fraudeusement es biens de leglise et mal en user

Il ot en la terre Tiesche
Ou il a moult de gent griesche
Un evesque de grand renon
Mais mon livre de li le non
Ne de sa cite ne mensaigne
Fors quil navoit en Allemaigue
Prelat de sa perfection

. . . .

Les povres a milliers paissoit
Et de preescher ne cessoit
Il fist convertir Angleterre
Il appaisa la fiere guerre
Que le fort roi de Lombardie
Avoit a ceux de Romainie

Cest evesque que touz lamoient
Fors les chetifs qui desiroient
Apres sa mort avoir sa croche
Chaitif est qui de tel pie cloche

. . . .

Aussi comme le dit Saluste
Cil font aucune chose juste
Si la font il en male entente

. . . . le desloial traitre

Quar par haste davoir le mitre
Ou la dignite qu'il desire
Il fait cil qui la tient occire

. . . .

L'archidiacre, devenu évêque et assassin, fut poursuivi
par la vengeance divine et condamné par le roi.

XVI.

COMME LORDRE DE CHARTROSE FUT TROUVEE ET FONDEE

Pour occasion dune voix qui fut oye a Paris es exeques dun escolier

A ceulx qui ont cuer de bien faire
Pour ce vuil .i. comme retraire
Qui moult est bon et prouffitable
Mais il nest mie delectable
A ceulx qui aavoir estriyent
Touz lors delitz tant que il vivent
Qui ci .i. poi de temps florissent
Et puis assez briefment perissent
Et dempnez en linfernal gouffre
De lestang de feu et de soufre
Dont james ne retourneront
Hee las chetif ceulx qui sont

. . . .

En lan mil. vii et iiii vings
A Paris entre les divins
Qui lisoient theologie
Ot .i. maistre de grande clergie
Dont je ne truis mie le non
Mais il avoit si grand renon

De bien gouverner ses escoles
Que chacun doir ses paroles
Avoit grant joie et grant desir
En cel temps quil estoit regent
Que la mort qui prent toute gent
Le fist partir de ceste vie

. . . .

Ci come en la fosse devoient
Mettre le corps enseveli
Il issit une voiz de li
Qui sescria horriblement
Et dist ces mots par jugement
De Dieu juste suy accuse

On rapporta le corps à l'église ; on fit de nouvelles prières :

Le mort cria je suy jugie
Par juste divin jugement

Le corps fut encore exposé un jour, et le clergé et les fidèles offrirent leurs prières ; ensuite pour la troisième fois on se mit en devoir de le descendre dans la fosse :

Le mort cria en ceste guise
Je suis mis à condampnement
Par juste divin jugement
Lors furent moult marris sans doubte
Les clercs et lassemblee toute
De celle voiz qui fut ore

. . . .

Quar en listore ne truis mie
Quil vesquist de malvese vie
Mais a mon encient espoire (vraisemblablement)
Quil fut dampne par vaine gloire

Dolens furent de laventure

. . . .

Mais sor touz aultres un des mestres

. . . .

Il estoit chanoine de Rems

. . . .

Il appela plusieurs de ses écoliers, se retira dans la solitude et fonda l'ordre des Chartreux.

XVII.

DUN HERMITE

Qui perdit un pain que Dieu lui enveoit chascun jour pour ce quil cheait en peschie par vaine glore en quoy il est note que len doit avoir recours a Dieu en temptations et tribulations sanz soy glorifier suir les bonnes compaignies et fuir les malveises

Saint Jehan li anachorite
Dit quentre les moines dEgipte
Ot a son temps un moult prodome
De qui le nom mie ne nomme
Mais moult forment le loe et prise
Quar il estoit en toute guise
Tres curieux de tout bien faire
En desert ou nul ne repaire
Oultre Luques une cite
Loing de toute communite
Avoit la fosse en lieu de celle
Ou il se boutoit pour la grielle
De la chalour desmesuree
Du soleil qui fait la contree

Par son grant chault toute brehaigue

. . . .

Cil prudons en cel hermitage
Tout seul fors que des sauvagines
Vesqui derbes et de racines

. . . . :

En laage de sa vuillesce
Le roi du ciel par sa largesce
Le voult tant vo solé honnourer
Quil li pourvint sans labourer
Le pain dont il se soustenoit
Quar quant manger le convennoit
Comme nature le demande
Il trouvoit preste la viande
En sa fosse sur une table
Un pain de blanchour merveillable
Et de delectable saveur
Donc a la divine faveur
Joieusement graces rendoit

. . . .

Cil qui cuidoit estre delivre
De tous les engins au deable
Perdi puis la divine table
Par sa fole presumption

. . . .

Lennemi qui tout mal attice
Qui vit de quel pie il clocha
De vaine glore larrocha

. . . .

Ja estoit en son cuer enclose
Une pensee orde et vilaine

Qui les foulx au secle ramaine

. . . .

Mais , après cette rude épreuve, la providence le ramena à de meilleurs sentimens.

XVIII.

DE GREGORE LE SIXTE QUI DESTRUIT LES LARRONS DE ROME

Ou il est demoustre que len doit tousjours faire justice et blasme ceulx qui pour dons et presens laissent les malves impugnis

Quant Henri filz Conrrat tenoit
Lonnour qui lors appartenoit
A lempire de Romanie
Un apostole par folie
Pour or quil receut se demist
Et fit tant que son siege mist
En lieu de lile marcheant
Mais il en devint mescheant
Quar cel Henri qui fu prodome
Le chassa assez tost de Rome
Et de toute la dignite
Lors fut eslect en la cite
Le bon cardinal Gratien
Qui fu grant theologien
Et proux en euvre et en parole
Selon lusage lapostole
Clame fu le sixte Gregore
En cel temps comme dit listore
Quil fu nouvel pape ordene

Par négligence du sene
Et par la deffaulte ensement
Des rectours que malvesement
L'eglise devant li gardoient
Tous les chemins d'Ytale estoient
De larrons et meurtriers pourpris
Si que a peine en tout le pourpris
De Rome pelerins passassent
Que les larrons ne derobassent
Et souvent asses en tuoient
Par grand orguil armes alloient
A plain marchie en la cité
Uncor de lour auttorité
Estoient les offrendes prises
Sur les aultelz etes eglises
Malgre que les prestres en eussent
Quar en peril de mourir fussent
Ceulx qui losassent contrediré
Le pape en ot et duel et ire
Quar chacun jour len vint la pleinte
Si lor manda non pas par creinte
Mais par amour premierement
Et lor preecha doulcement
Qua paix les pelerins lessassent
Et ques offrendes ne touchassent
Qua eux pas nappartenoient
Mais rien a faire nen laissoient
Pour beau dire ne pour priere
Car villain cuer a tel maniere
Qui plus le prie et plus sen daigne

. . . .

Le pape employa alors la force et parvint à les dompter.

XIX.

DE SAINT ALEXIS QUI FU XVII ANS CHIEZ SON PERE COME
POUVRE

Qui delaissa son pere et sa mere et femme et toutes richesses mon-
daines pour vivre povrement et servir a Dieu et demoura
XVII ans chiez son pere sanz estre cogneu

Il ot en cel temps de jadis
A Rome .1. noble crestien
Qui ot a nom Eufemien
Et tenoit court aussi planiere
Com se ce fut .1. emperiere
Quar III^m hommes le servoient
Qui parmi ses palais alloient
Comme filz de contes parez
. . . .
Et fame assez mours raisonable
De hault lieu avoit espousee
Qui Aglaes estoit appellee
Tous les jours III tables tenoient
De poure gent quilz repaissoient
. . . .
Dieu lor donna a lour priere
Un filz qui ot nom Alexi
. . . .

On lui fit étudier les sciences:

Quar science o chevalerie
Cest ferme tour sur roche assise
Cest fine esmeraude en or mise
Ceux qui plus amerent science

A tesmoing de ceste sentence
Le grant roi Alexandre Ameine
David Cesar et Chalemene
Qui tous de la clergie sceurent
Et sur touz glore et poair eurent
. . . .

Les légendaires nous ont fait connaître la vie de saint Alexis.

X X.

COMMENT LE ROI DANGLETERE SOUNAIN FUT MORT QUI VOULT TAILLER LEGLISE SAINT EMONT ET SOUMETTRE A TREU

Ou il est note que len ne doit tailler le peuple ne les gens deglise sans juste cause.

Apres la persecucion
Que fist parmi la region
DAngletere Ingar le cruel
Quant au regne perpetuel
Monta par glorieux martire
Le roi Eemont qui fu sire
Du pais devers orient
Les Danois par fol escient
Vouldrent regner sur Angletere
Et mainte faiz par loi de guerre
Ont il en rille roi Danois
Mais ceulx du pais Demanois
Comme la force avoir poaient
Si aigrement se relevoient

Quil ne lessassent en lor miarche
Qui ne fust mort ou en servage
Tant que du noble Anglois herage
Vint allestant le fils Emont
Un des plus prous de tout le mont
Et fu nourri lonc temps en France

. . . .

Le premier des Anglois sans doubte
A qui la segnourie toute
De toute Angletere appendi
De son lignage descendi
1. roi qui Eldreiz fut clamez
Bon de soi mes qui diffamez
Fut du pechie Estrold sa mere
Quar il avoit .1. aisne frere
A qui Estrild estoit marrastre
Pour le regne a son fils attraire
Si lot mais tant li fu contraire
Fortune ce nous dit le compte
Quil regna tousiours a grant hote
Quar tout meschief li avenoit
Le roi Sounain qui lors tenoit
Danemiarche le guerroia
Mes le roi Eldreiz sesmoia
Ci fui pour saulver sa vie
Au duc Richart de Normandie
Qui Suer il avoit espousee
Et fist Sounain en la contree
Maint occise et maint grant dommage
Quar trop avoit cruel courage
Et le cuer fier et orguilleux

. . . .

Quant il ot asses tourmente

Le pais a sa volente

. . . .

Il se fist lors roi couronner
DAngletere sans contredit
Mais si comme listore dit
De roi soulement le nom tint
Car en ses faiz il se contint
Touz temps comme cruel tirant
Qui soulement est desirant
De guerre son propre avantage
Si dit Aristote le sage
Qui desclaira apartement
Quun roi plus qua soi proprement
Entent qua son peuple profite

. . . .

Tousiours sefforca de grever
Clers et bourgeis et paisans
Il avoit bien pres de dix ans
Sa tirannie demenee
Quant il li plut que la contree
Levast un general treu

. . . .

Et commanda que sans delay
Sans esperner ne clerc ne lay

. . . .

Veissez femmes grant deul faire
Hommes doloser enfans braire

. . . .

Ce méchant roi fut frappé de mort.

Et Eldreiz vint de Normendie
Et en Angletera ysnellement
Et son regue o paisiblement

XXI.

DUN PRISONNIER QUI NE POAIT TENIR EN LIENS PAR LES
PRIERES DE LEGLISE ET DE SON FRERE . I . S.
ABBE EN ANGLETERE

Ou il est note que prieres et bienfaiz sunt noritures pour les mors et
pour les vifs

> Vroy amour ne se peut celer
> Loial ami sans appeler
> Mainte faiz au besoing secourt
> Esbahi nest en nulle court
> Qui leal amy peut conquerre
> Mais il est poi de foi en terre
> Le monde est faulx et desloial
>
> . . . .
>
> Par nuit quant ses gens dormoient
> Mais si come ceulx le laissoient
> Qui au soir lavoient lie
> Il estoit tantost deslie
> Et si ieust par aventure
> Aucune nuit en lieure
> Si desliast il lendemain
> Sans aide dumaine main
>
> . . . .
>
> Le conte et ceulx de sa maison
> Si li enquistrent la chaison
> De cest segret desliement
> Et sil portoit segretement
> Ou aucun brief ou caraudiere

Qui li feist en tel maniere

. . . .

Mais cesti noble prisonier
Nestoit larron ne mescreant
Si lor respondit en oiant
Je ne sai rien de sorcerie
Ne ne cren unques en ma vie
Que nul secours en puisse nestre
Mais jay . I . frere qui est prestre
En mon pais ou il sejorne
Qui cuide quant je ne retorne
Qui jaye este occis es presses
Si ay espoir quil chante messes
Et fait chanter pour mon salu
Autre brief ne ma rien valu
Mais icesti me fait aie

. . . .

Le prisonnier fut renvoyé en son pays.

XXII.

DUN CHEVALIER QUI PARDONNA LA MORT DE SON PERE

Pour lonnour de la passion de J. C. et luy homage pelerin en Jerusa-
lem le crucifix il acolina ou il est demonstre que nous
devons amer les bons et avoir compassion des
malves et pardonner benignement
toutes injures.

Deux chevaliers nes dAllemaigne
Jadis ne sai par quel engaigne

. Par mainte faiz sentre assaillirent
Lautre occist o ses propres mains
¯ . . . ¯ . . . . .
Mais li fu sa guerre doublee
Quant il cuida quel fust passee
Quar . I . chevalier prouz et sage
Filz du mort. . . . . .
Quant le chaitif merci li crie
Et a ses piez chaer se lesse
. . . ¯ . . . ¨ . .
Unques de rien ne le greva
Mais de terre le releva
. . . . ¯ . . .

Le chevalier , qui avait pardonné pour l'amour et la
passion de Jésus-Christ , fit le pélerinage de Jérusalem :

Le chevalier ne tarda gaires
Quent il ot acheve sa guerre
Pour secourre la saincte terre
Prist la croix par devotion
Et passa sans dillacion
Avec plusieurs la mer a nage
Puis alla en pelerinage
Tout droit a la saincte cite
Ou Dieu par sa benignite
Souffri jadis en forme humaine
. . . .
Quent il fut entre en leglise
Sur le saint sepulcre fondee
Devant la croix emmi levee
Alla orer par bon courage
La virent plusieurs que lymage
Du crucifix isnellement
Li enclina parfondement

XXIII.

DE SAINT SERVUEUL QUI SAUVA LAME DE LI POUR VIVRE
EN POUVETE

Qui fu malade povre et impotent toute sa vie ou il nous est note
que nous devons porter et souffrir en patience toutes
les paines et tribulations que Dieu nous
envoie et mercier Dieu sans
murmurer.

Povre fu de bien temporel
Et de la sante corporel
Mais encontre ceste destreice
Il ot de vertus grant richeice
. . . .
Lonc temps jeut en ceste moleste
Dessoubz le porche S Clement
A bon gre et souffrablement
Qui rien de lettre ne savoit
De ses livres se faisoit lire
Et le sens de la lettre dire
A pelerins religieux
. . . .
Il connut bien certainement
Quil estoit pres de trespasser
Au pas quil avoit a passer
. . . .
Lame du saint corps desseura
Et .i. odour ceulx abeura
Qui furent presens si tres fine
Quonquues encor roi ne roine
Neurent si bon eleotuaire

XXIV.

DUN CLERK QUI LA FOULDRE COMPOSTA POUR CE QUIL TE-
NOIT MALVESEMENT LES BIENS DE SEGLISE.

Jay veu advocaz qui dient
Mal de harz ait chose bien faite
Pour ce que le conteux lour haite
Ou lours villains gaims attendent
Pour ce quanquil pevent entendent
A paix et charite destruire
Et a faulses causes instruire
Et bien quil y ait grans perilz
Et dient entre jeux et riz
Par lour convetise puncise
Quil nest nulle cause malvieise
Qui peut son advocat paier
Dieu peut bien .i. poi delaier
A punir telz iniquitez
Mais ceulx ne seront ja quittez
Qui dampnez en enfer ne saient
Qui paix et charite guerroient
Pour mettre deniers en lour bourse
Tousiours lour entente la course
Mettent en delitz et en joies
Emplement lors arches de monnoies
Et lors hostels de garnisons
Chevanchent destriers et frisons
Et acquerent grans heritages
Pour soi entrer en haulx lignages
Et pour poures gens exillier

Quent vendent au .... millier

Ou pis denfer ....

Ou trop tart lours petites ......

Se bonnes causes bien ....

Et les malveises refus........

Et preissent juste salaire ......

Nul ne peust dehe mal ....

Quar advocat pour ....

Si come saint Augustin devine ......

Sans pechie vendre ....

Jasdit ce que droit ....

Ne peut juge sans pechie vendre ......

Cil clerc qui ....

Pour estre au ....

De prendre un ascun avoir honte ......

Partout prist la ou il peut prendre ......

Es uns emprunta sans .... rendre ......

Les aultres par ....

Travailla sans garder raison ......

Par orguil et par convoitise ......

Tant fu aigres en toute emprise ......

Qua peine li peut ....

Rien quil desire ....

Quar se daucune chose ....

Desir donc ioir ne peust ....

Tout nen fust ....

De li ne juste ....

Cil qui li osoit ....

Faisoit daucun cas ....

Dont il avoit dueil et dommage ......

Es uns nuisoit ....

Ou par li ou par ses complices ......

Et autres fraudes et malices ......

Opposoit tout apertement
Tant ont mene cest errement
Gens puissans et malicieux
Encontre les religieux
Qui lont lours volente atteinte
Il nest abbaie si saincte
Qui sans lour licence pourvoie
Neis .1. clerc pour bien quen li voie
. . . .
Tousiours qui plus a plus desire
Rien ne peut a homme suffire
. . . .
Quant le clerc tint en paix leglise
Quil ot malvesement acquise
Moult fu fier moult tint a grant glore
De ce quil avoit la victore
De la querelle a tort meue
Contre droit et raison eue
. . . .
Vint en leglise dune ville
Ci escouta en levuangile
Dieu essausse qui sumilie
Quar par tel parole est fenie
Levangile de la domee
Si tost quil lout escoutee
Cest faulx dist il apertement
Quar se je me fusse humblement
Vers mes ennemis contenu
Je ne peusse estre avenu
Es grans richesces que jay ore
Il navoit pas mis hors encore
Tout lorguil quil pensoit adire
Que Dieu li monstra aperte ire

Et une fouldre ....
Enstre en la bou.............
Com .i. glaive ....
Qui voltns ....

XXV.

D'UNE FEMME JUIESSE QUE LA VIRGE MERE DELIVRA DE
MORT POUR CE QU'ELLE SA REQUIST DEVOTE-
MENT PUIS SE CONVERTIST ET VESQUIST
SAINTEMENT

A une cite bien peuplée
Qui Sigoble est appelée
Et siet ou regne de Castille
Une juiesse jeune et belle
Fut accusée d'avoultire
Et el ne sen sot escondire
Si fu par ceulx de sa lignée
Selon lors loy à mort jugée
Quar juifs en la region
D'Espaigne ont jurisdiction
Dessus lour peuple en la maniere
Qu'en lors chaistivoisen premiere
En Babilone la ....
Car rois et princes lor ....
Pour le grant treü qu'il en prennent
Mais honteusement y mesprennent
Ceulx qui leur argent en reçoivent
Quar entre crestiens ne deivent
Avoir nuls offices royaulx
Les faulx traistres desloiaulx

Qui aront par [illegible]
Lovement [illegible]
Et car [illegible]
Pervertist [illegible]
Pour maintenir [illegible]
Si sunt il [illegible]
Partout le [illegible]
Despis [illegible] et [illegible]

. . . .

Mais [illegible] a [illegible]
Que je [illegible]

. . . .

Quant li [illegible]
De la [illegible]
Par la [illegible]
Jentes [illegible]
Desgarder [illegible]
Et des [illegible]
Vinrent a [illegible]
La donc la [illegible]
Devoit estre [illegible]

. . . .

Assez gemissoit et ploroit
Et les cotes en [illegible]

. . . .

Ho dist el tres douce Marie
Mere Dieu virge pardurable
Se tu es si tres honnorable
Comme auctorité [illegible] dire
Et que tu ne [illegible] despise
De ceulx qui ont en toi fiance
Garde moi par ta grant puissance
Que je ne soie ici perie

Et james a jour de ma vie
De toi servir ne retroiray

Le Seigneur le sauva de la mort, et les chrétiens

A moult grant joie la receurent
Et a leglise lamenerent
Et juifs en fuye tournerent
Tous marriz de ce quil veoient

XXVI.

DUN LARRON QUI FU III JOURS PENDU SANS MORT OU D'UN CHEVALIER

Qui en son enfance ne voulu que pou apprendre puix fu pendu par ses mesfais et vesquit pour iii jours puiz fu despendu et se confessa et fu sauve

Les enfans de riches lignages
Qua homme ne font reverence
Ne a Dieu point dobedience

. . . .

Mais qui en lour petit aage
Les voulist .i. petit contraindre
A estre humbles et a Dieu craindre
Et qua ourer sacoustumassent

. . . .

Quant Federic estoit en vie
Qui fu noiez en Armenie
Dont tant fu dolereux dommage
Que puis sa mort tout le voiage
De faire es crestiens secours
Oultre mer vint puis en decours
Il ot en lempire de Rome

Ce truis escript .i. gentilhomme
Riche baron de haut parage
Qui ot de loial mariage
Un filz trop belle creature
Quar bel et bien lavoit nature
De touz ses membres bien forme

. . . .

. . .   bien nous tesmoigne Aristote
Que nul nest sage par nature

. . . .

Cest enfant dont je tiens parole
Ne peut rien apprendre a lescole
Pour les folx qui le decevoient
Quar par mainte faiz li disoient
O chaistif tu naras ia pris
Quant tu aras trestout appris
A . B . K . Q . et Fa Mi Re
Moult y aras le poil tire
Puis seras .i. prestre cognu
Voire par Dieu moine locu

. . . .

Tu te deusses bien esbatre
Avec les gentils dommoiseaulx
Saver des chiens et des oiseaulx

. . . .

Sa lettres fust tant demonre
Quil sceust en .i. monstier lire
Son pere nen faisoit que rire

. . . .

Saconstuma premierement
Et a mentir hardiement
Ne doubta vaillant .i. bouton
Puis devint lecherre et glouton

Toutevois .1. moult bon usage
Quar son mestre en son jeune aage
Li ot appris pas noublia
Cestoit dire Ave. Maria
Et la patenotre ensement
Diz faiz aussi semblablement
Chacun jour en toutes saisons
Les .111. premieres oraisons
Disoit par grant humilite
En lonnour de la Trinite
Les .v. apres pour le memoire
Des v plaies au roi de gloire
Et de la saincte passion
La 1x⁰ en veneracion
La 1x⁰ en lieu derriere garde
De lange qui lavoit en garde
Et lonnour du Saint Sacrement

Il demandait encore à Dieu la grâce d'avoir un prêtre
à sa mort, et celle d'y communier.

Plus ne disoit ne plus napprist

Bientôt ses excès le rendirent chef de brigands.

Qui de li firent chief et prince
Tant fu sa force redoubtee
. . . .

Les larrons tantot le guerpirent
Pour lours corps sauver senfuirent
. . . .

Le chef fut pris par les troupes envoyées contre lui, et
il fut condamné à être pendu.

Quar pres de mourir se senti
A merveilles se repenti
. . . .

On le croyait mort dans son supplice ; on monta pour dépendre le corps , mais on le trouva plein de vie.

Et le pendu dist simplement
De par Dieu qui le monde estore
Souef mostex je vif euncore

. . . .

Il demanda un prêtre pour se confesser et communier, ce qu'on lui accorda, et ensuite

Les yeux clos son chief inclina
Tout a pais sa vie fina

XXVII.

DE CELLI QUI VESQUIT EN LA CURROIRE (1) TOUT UN AN PAR LES OBLATIONS DE SA FAME

Qui faisoit celebrer pour chacun jour et y offroit pain vin et chandelles de cire.

Plusours dient par felonnie
De toutes femmes vilennie
Et parlent sans exception
Que ce seroit abusion
Que fame vesquit longuement
Ne bien ne vertueusement
Quar toutes sunt putes ou foles
Ou sourquidees de paroles
Le commun ceste reule en baille
Mais il nest reule qui ne faille
Ceste est faulse bien est prouve

(1) Carrière.

Quar len en treuve et atrouve
Plusieurs et vuilles et jennettes
Qui de ces .III. vices sunt nettes
Et vivent si de vie honneste
Que chacun en doit faire feste
Bien est voir trop sunt grans les sommes
Des fames si sunt il des hommes
Qui se contiennent folement
Mais qui pourroit certainement
Les bons et les malves cognoistre
Il verroit poi le nombre croistre
Des bons hommes oultre les fames
Qui samort a blasmer les dames
Ja son pris nen amendera
Mais des sages tenu sera
， Pour mesdisant en toutes places
Quar il en est a dieu les graces
Des chastes loiaux et senees
Qui bien doivent estre loees

. . . .

Dans une carrière , plusieurs hommes furent écrasés par les décombres, excepté un seul : sa femme

Villotiere ne jaugleresse
Chacun jour fist dire une messe

On trouva ensuite son mari sain et sauf, et

Les clers a haulte voiz et clere
Te Deum laudamus chanterent
Les seins et les cloches sonnerent

XXVIII

DE LA DESHONNESTE QUE LEN FIST AU PAPE FORMOSE

Et comment plusieurs des ymages de Rome firent reverence a son
corps apres sa mort

.   .   .   Il fut tant diffame
Que par envie et par trayson
Que mettre le fist en prison

.   .   .   .
De son sepulcre le jeterent
Labit de pape li osterent
Avec .ii. doiz de la main dextre

XXIX.

DE DEUX HOMMES DONT LUN ACCORDA A PAIZ A LA RE-
QUESTE DE S. APOLLONES ET LAUTRE NE SY
VOULUT ACCORDER QUI MOURUT DE
MALE MORT.

Jadis ot une grant discorde
Si que saint Jeroisme recorde
Entre .ii. villes bien peuplees
Ou regne dEgipte fondees
En lune crestiens avoit
Lautre de Dieu nen ne savoit
Mais les idoles aouroient

.   .   .   .
Que le jour de cet estour vint
Saint Apollones y sourvint

Qui moult les pria de paiz faire
Mais il ny pot unques attraire
Un grant Sarrazin mestreu
Que paiens ourent esleu

. . . .

Mais occis fut moult asprement

. . . .

Et sitost comme il fut tue
Touz les paiens le champ guerpirent

XXX.

DE S FOURSI QUI PRIST LE DON DE LUSURIER DONT IL
FUT CORRIGIE

En quoy il est note que len ne doit point recevoir les dons ne presens des malves

Touz dons ne sunt pas bons a prendre
Trop en sunt plusieurs a reprendre
Qui sunt si covctoux davoir
Que ce quil pevent savoir
Qui vient dusure ou de rapine
Ja nen refuseront saisine

. . . .
. . . .

Les basses gens quant la noblece
Daulcuns des saints oient descrire
Dient par courout et par ire
Dieu hait tousiours qui est egent
Il ne sainctist fors riche gent
Les poures sunt en touz pais
De Dieu et du monde hais

Mais cest .i. tres malves langage
Quar nul na vers Dieu avantage

XXXI.

DE SAINT PANUCHES ABBE

Qui resquit faire service a qui il estoit pareil en bonte de vie en quoy
il est desmonstre que len ne doit homme despire en quel
office quil soit car en touz estatz se peut
on sauver.

Quant il ot vescu longuement
Bien et religieusement
Un jour fist a Dieu oraison
Quil li feist demonstraison
A quel saint il seroit semblable
Ou regne des cieulx pardurable
Et Dieu maintenant li tramist
Un saint ange qui li pramist
Jouxte ce quil vouloit requerre
Tu seras per a un juglerre
Qui pourchace a sa simphonie
Parmi une ville sa vie

XXXII.

DE ORIGENES QUI MESERRA EN SA DOCTRINE CONTRE CEUX
QUI FONT LE CONTRAIRE DE CE QUILS PRECHENT.

Bien preeschoit et bien vivoit
Et qui contre li escrivoit
Il li savoit trop bien respondre

Et si les mescroians confondré
Que ceulx qui bien le cognoissoient
Encontre li parler nosoient
Pour sa merveillouse doctrine
A Cesare de Palestine
Le fist un evesque venir
Pour escoles illec tenir
Et il les y tint noblement

. . . .

Quant Alexandre tint lempire
Qui fu ne de Sarrazin pere
Mais crestienne estoit sa mere
Il le manda et honnoura
Tandis com o li demoura
Sans venir a conversion
Oit sa predication
Et lemperiere commanda
Cesser la persecucion
Par sa bonne intercession

. . . .

Helas en ceste mortel vie
Pour vertus ne pour grant clergie
Na point de leesce seure
Cil qui mist tel peine et tel cure
Pour saincte eglise enluminer
Et pour les aultres doctriner
A la parfin sentroublia

XXXIII.

LE CHANT DU ROUSSIGNEUL.

Ceux qui puissans et riches a tousiours estre veulent
Entendent es vroiz biens qui ainsi croistre seulent

Quar touz biens temporelz se reboinent et meulent
Et ceulx qui plus les prisent plus en la fin sen deulent
Donques pour eschiver maniere dennieux
A ceulx qui des bons motz oir sunt curieux
Vuil tout abandonner cest present gracieux
Qui ne men sera mendre ne meins delicieux
Le chant du roussigneul fist cest dictie clamer
Le maistre qui le fist et ny a que blamer
Quar cel chant nous ensaigne a le aulment amer
Cil qui fist ciel et aer et la terre et la mer
Ou nom de cel seignour et de sa reverence
Qui tout peut et gouverne par sa grant sapience
Selon ce quil vouldra donner moi la science
Cest dictie vuil rimer qui ainsi se commence
Roussigneul qui repaires quant le temps assouage
Pour noncer le depart du froit temps yvernage
Tu qui par ton doulx chant esbaudis maint courage
Vien a moy je ten pri si me fai un message
La ou aller ne puis me va sans respiter
Cest mon loial ami par ton chant visiter
Et les ennuiz du monde hors de son cuer giter
Quar je nel puis helas a present visiter
Pour Dieu frans oiseaulx mes deffaultres supploie
Salue moi celli qui est toute ma joie
Di li comment mon cuer qui tout a li sottroie
La touz tems en memore en quelque lieu que soie
Di li par charite quil ne men troublit mie
Certes noun fera il ce croi ja en sa vie
Mais ainsi fait qui aime soit sens ou soit folie
La ou le cheval court a lesperon legrie
Daucun enquiert pourquoi je tes li a ce faire
Saches que jay oi de toi tels mours retraire
Dont qui bien en saroit le mistere a point traire

A la loi Jesus Christ ny aroit rien contraire
Entent donc cher ami cest oisel et escoute
Et retien le mistere et la figure toute
Que le saint Esperit ens en ton cuer te boute
La celestel musique tensaignera sans doubte
Len dit de cest oisel quant sa mort est prouchaine
Quil monte sur .i. arbre qui est despines plaine
Puis tent le bec a mont et de chanter se paine
Tant que la mort li oste lesperit et lalaine
Par doulx chant devant laube son creatour honnoure
Et que quant le jour croist a chanter sesvigoure
A merveille sefforce entour la premiere houre
Et ne fait en son chant ne pause ne demoure
Cest oisel debonnaire qui nest fel ni rebelle
Occi fier fin et fi si menu comme gresle
Et siffles en son chant sans mettre ora entremelle
Une houre a forte voiz et aultre faiz plus gresle
Et quant a tierce vient son doulx chant si hault leve
Qua poi que sa gorgete de hault chanter ne creve
Tant a son cuer grant joie tout soit sa vie breve
Et tousiours plus sefforce combien que son corps creve
A medi plus forment de chanter se travaille
Tant que de hault chanter se ront toute lentraille
Occi fi fin et fier chante sans arretaille
Tant que labour le vaint et que a la mort baille
Quant le jour vient a nonne lavoiz afeble et casse
En chantant chiet de larbre quar sa vertu li passe
Illec trait a la mort et pipe a sa voiz basse
Quant le jour avesprist dessoubz larbre trepasse
Briefment de cest oisel as oi la nature
Mais si comme jay dit toute semioiseure
Et loisel et sa fin sunt de grant bien figure
Donques le roussigneul bonne ame segnefie

Qui est toute abrasee de charite roussie
Et a moult plaisant chant nuit et jour sestudie
Quant el pense au pais de pardurable vie
Larbre espinoux ou chante et fait sa demourance
Cest oisel vers sa fin cest vivre en penitance
Et larbre de la croix avoir en remembrance
La couronne despines et la croix et la lance
Les houres de cel jour sunt les grans benefices
Qua homme a dieu donne li doulx pere propices
Et encor li promet pardurables delices
Mais li plusours en usent come chaitifs et nices
Par le main puis entendre notre creacion
Prime de Jesus Christ est lincarnacion
Tierce sa vie au monde medi sa passion
Nonne sa mort et vespres son sepulcredion
Des le matin commence son doulx chant a crier
Cest a son creatour du cuer glorifier
Et de bouche ensement loer et mercier
De ce quil la daigna si noblement crier (créer)
Ainsi cest roussigneul par sa grant devocion
Rent au main a dieu grace de sa creacion
Par le chant gracieux dont jay fait mencion
Qui nest pas tant en bouche com en affection
Apres se tourne a prime lors haulse sa voix clere
Quar le temps acceptable recorde et considere
Quant prendre fourme humaine envoi a Dieu le pere
Son cher fils pour nous traire de linfernal misere
Tel chant recorde et chante cel roussigneul a prime
Quant vient le jour a tierce lors en son cuer emprime
Quel paine Dieu souffri quel travail et quel lime
Pour ensaigner le monde que pechie envenime
Lors vient medi du jour adonc la passion
Du doulx Jesus Christ met en recordacion

Lors mue son doulx chant en lamentacion
Quar de plourer ne fine par grant componction
A nonne estuet de larbre cest roussigneul descendre
Qui ne peut tant est fieble le bec a mont estendre
Quant voit le chief enclin son seignour lame rendre
Et son dextre coste de la lance pourfendre
A vespres quant Joseph le chevalier ose
Avec Nicodemus le prodome allose
Le corps de Jesus Christ orent en sepulcre pose
Lors est cest roussignol du secle depose
A chaiscun bel doulx frere de ces ditz bien conviegne
Efforce que ton ame tel roussignol deviegne
Et quant tu seras tel Jesus Christ ty mainctiegne
De moi par charite devant Dieu te souviegne

FIN DU DEUXIÈME ET DERNIER VOLUME.

TABLE DES MATIÈRES

DES DEUX VOLUMES.

TOME PREMIER.

CHAPITRE IV.

CHAPITRE V.

CHAPITRE VI.

CHAPITRE VII.

CHAPITRE VIII.

CHAPITRE IX.

CHAPITRE X.

CHAPITRE XI.

CHAPITRE XII.

CHAPITRE XIII.

TOME SECOND.

CHAPITRE XIV.

CHAPITRE XV.

CHAPITRE XVI.

CHAPITRE XVII.

CHAPITRE XVIII.

FIN DE LA TABLE.

ERRATA

DU PREMIER VOLUME.

Page 13, ligne 1re., *remarquons encore que cette église offre*, lisez: *cette pierre offre*. —39, ligne 2, rétablissez ainsi la phrase: *frappées et non coulées*. —62, ligne 18, *compesait*, compesait. —82, ligne 23, *Souani*, Souane. —90, ligne dernière, *Arefaste sœur*, Arefaste frère. —99, ligne 5 des notes, ajoutez: le Mont Itier fait partie du village d'Hubers. —101, ligne 8, *d'Averdon*, Ardevon. —110, ligne dernière des notes, *Marartinière*, Martinière. —117, ligne 14 des notes, *inferemus*, inseremus. —131, ligne ..., *Argon*, Argou. —177, ligne 4 des notes, *pour un*) pour un ... 6 des notes, 1134, ... —179, ligne 4, *Dulhomme de*, et ... Dulhomme et de. —180, ligne 1re., *de Guillaume de choix*, au sieur de Montaigu. —223, ligne ..., *permit au chapitre*, permit à l'évêque d'Avranches. —226, ligne 14, 1074, 1174. —241, ligne 13, *Miche*, Michel. —256, ligne 7 des notes, *ecclesiam*, eleemosinam. —262, ligne 29 des notes, *Tilouges*, Tilauges. —Id. *père*, frère. —282, ligne 11, effacez ces mots *parce qu'elle était trop éloignée*. —293, ligne dernière des notes, 1168, 1160. —316, ligne 10, ajoutez après le mot Tedvin *ou Redvin*, selon le manuscrit de Thomas Le Roy. —331, ligne 6 des notes, *Ricardus*, Achardus. —Page 332, ligne ..., *rendit*, encore. —335, ligne 25, après ces mots *les tours* ajoutez: au bout de l'église. —341, ligne 7, *par le successeur de cet archevêque*, par ce même archevêque. —341, ligne 11 des notes, *Philippus*, Hugo. —345, ligne 13, *dilata*, ditata. —383, ligne 17 des notes, 89, 789.

ERRATA

DU SECOND VOLUME.

Page 8, ligne 5 des notes, *ad regi*, lisez a d. — ...
ligne 5 des notes, *namman*, *naman*ou *naman* ...
lignes 11 et 35, effacez le point à la fin de la ... —
30, ligne 23, *sunt*, sunt.—38, ligne 11, *ramen...*
... —56, ligne 3, *sa*, son.—53, ligne 21, *Kx ... il*
est probable que ce petit village, St°.-Anne. Il est ...
que cette chapelle.—57, ligne 18, *St°. Anne*, ...
—77, ligne 8, *Blonville*, Blonville.—85, ...
dernière et dernière, *Raynal*, Fermey. ...
800, 100.—... *Martin ... compad*, ...
23, *mecta ... lacata*, ligne 20, *meduine*
—11 ..., ligne 3, effacez *à la prière de ses frè...*
ligne 6 des notes, après le mot Aubert, ajou...
moins une ancienne prose favorise ce senti...
ligne 19, *de Pouchet*, des Touches.—144, ligne ...
Carpentier, Le Charpentier.—187, ligne 10, ...
chu abellin.—... , ligne 10, après le mot Marti...
tes: tenait un fief de Hanbert de sa...—234, ...
morts, marie.—255, ligne 29, *s'ils se mett...*
mettait.

Nota. Les vers de Wace cités dans ce volume, l'ont ...
quelques copies des manuscrits de cet historien. Suivant l'é...
M. Pluquet, qui nous parait plus correcte, ceux qui se trouv...
page 253 de notre histoire sont transposés; ils se rapportent ...
laume-la-Conquérant.